Ⓢ新潮新書

鈴置高史
SUZUOKI Takabumi

米韓同盟消滅

785

新潮社

はじめに——日本が大陸に向き合う日

この本の目的は米韓同盟が消滅しかかっていると日本人に知らせることにある。米国の後ろ盾を失えば、韓国は表向きは中立を唱えるだろうが、実質的には中国の勢力圏に入る可能性が高い。朝鮮半島は日清戦争以前の状態に戻り、百数十年ぶりに日本は大陸と直接向き合うことになる。

トランプ（Donald Trump）政権と金正恩（キム・ジョンウン）政権は「北朝鮮の核放棄」と「米韓同盟の廃棄」を取引し始めた。第1章は「同盟消滅」に向かう現状を分析する。そのうえで近未来の朝鮮半島を予測する。

反米的で民族の和解を掲げる文在寅（ムン・ジェイシ）政権は同盟廃棄に協力的だ。韓国の親米保守は米国との同盟を失うことに絶望感を抱く。だが、米国から見捨てられる以上、どうしようもない。

はじめに——日本が大陸に向き合う日

米国の軍事行動なしに、北朝鮮に核を放棄させられるかは現時点で不明である。北朝鮮が核を持ち続ける場合、韓国はそれを民族共有の核として活用しようとするであろう。それどころか、文在寅政権には北朝鮮の核武装を助けるフシさえある。「南北の和解」を名分に、北朝鮮への経済援助に乗り出したのだ。

「米韓同盟がなくなるなんてことがあり得るのか」と驚く人が多い。しかし第1章で示す数々のファクトをご覧いただけば、かなりの人が納得するはずだ。

それでも腑に落ちないという人のために、第2章で韓国人の歴史観・世界観を紹介する。朝鮮半島の王朝は長い間、中国大陸の王朝に服従してきた。韓国人にとって、米国から中国の勢力圏に戻るのはさほど衝撃的な出来事ではない。着なれた服に取り換える感じさえある。

それでもなお、韓国の米国離れが理解できないと言う向きもあるだろう。第3章はそんな人のために「韓国人の判断ミス」を説明した。

21世紀に入ったころから韓国社会は熱狂の下にある。韓国人は突然に自信を付け、世界は自分の思うようになると信じ込んだ。米国から見捨てられるとは想像もせず「米中両大国を操る大韓民国」という妄想に酔っていたのである。

酩酊した韓国は儒教国家に先祖返りもした。それを見て「韓国を捨てる韓国人」が出始めた。第4章ではそんな動きを書いた。同時に、隣国がそれほど急速に変わっているというのに、なぜ日本人が気付かないかも分析した。

日本では韓国嫌いが定着した。それは当然だ。国を挙げて日本の悪口を世界で言って歩く国に好意など持ちようがない。ただ、告げ口外交に気をとられるあまり、日本の安全保障に大きな影響を与える朝鮮半島の地滑り的な変化を見落としがちだ。

朝鮮半島に大陸勢力が入りこんで来るたびに、日本人は不安にかられ戦ってきた。巨大化した唐と戦った白村江の戦い（663年）。李氏朝鮮を西欧型属国に再編しようとした清との日清戦争（1894―1895年）。清に代わって李氏朝鮮を属国化し、南下を図ったロシアとの日露戦争（1904―1905年）である。

一方、大陸の勢力下に入った朝鮮半島を放置したこともあった。日本まで攻めてきたモンゴルとは2度にわたって戦ったが、朝鮮半島に逆上陸はしなかった。ただ、その時も国の守りは厳重に固めた。

さて今回、日本人はどうするのだろう――。

米韓同盟消滅——目次

第1章

離婚する米韓

「同盟に未練はない」との思いで一致

（2018年5月22日の米韓首脳会談）

写真：ロイター／アフロ

１　米韓同盟を壊した米朝首脳会談

２０１８年６月12日、トランプ大統領と金正恩委員長はシンガポールで会った。史上初の米朝首脳会談は米韓同盟消滅の号砲となった。

「ミュンヘン会談」と悲鳴

韓国の保守は悲鳴をあげた。野党第１党、自由韓国党の洪準杓（ホン・ジュンピョ）代表は自身のフェイスブックで以下のように書いた。

・米朝首脳会談は桂・タフト協定、１９３８年９月のヒトラーとチェンバレンのミュンヘン会談、１９７３年のキッシンジャーとレ・ドク・トのパリ和平協定を連想させる、米国が一方的に金正恩に乗せられて失敗した会談だ。

・ＣＶＩＤ（Complete, Verifiable, Irreversible Denuclearization ＝完全で検証可能、不可逆的な非核化）に対する保証はどこにもないというのに韓米合同演習を中止し、在韓米軍の撤収もし得るということは、ひたすら金正恩の要求を聞く一方、得たものは何もないという大失敗の会談だった。

ミュンヘン会談の例えは日本人にも理解しやすい。金正恩委員長は非核化を約束したが、核武装を続けている。ズデーテン地方の領有を認めてくれれば、これ以上の領土要求はしないと言ったドイツと同じだ。「ヒトラーを信じたチェンバレン」と「金正恩を信じたトランプ」は重なって見える。

一方、桂・タフト協定、米越のパリ和平協定は韓国人特有の恐怖感を表す。朝鮮半島は日本の勢力圏にあると米国が認めた前者は、日韓併合の伏線となった。米国がベトナムから兵を引くと北ベトナムに約束した後者は、南ベトナムの崩落につながった。いずれも米国が小国を見捨てた事例である。

米朝首脳会談直後のトランプ大統領の記者会見を聞いた韓国の保守が「米国に見捨てられた」とショックを受けたのも無理はない。

大統領は米韓合同軍事演習の中止をはっきり宣言した。北朝鮮との対話の雰囲気を作るためと称したが「カネのかかる戦争ゲーム」とも呼んで、演習そのものに否定的な姿勢を示した。

この首脳会談前に北朝鮮は韓国を通じ、合同演習の中止は求めないとのメッセージを伝えていた。これから考えても、トランプ大統領自身が演習をやめたがっていることは間違いない。

在韓米軍も撤収へ

合同演習を欠いた同盟は頼りにならない。異なる国の軍隊は日頃から肩を並べて演習しておいてこそ、いざという時に共に戦える。

記者会見でトランプ大統領は「今すぐではない」としながらも「朝鮮半島の3万2000人の米軍兵士を故郷に戻す」とも語った。

北朝鮮が侵攻してきた時に在韓米軍が存在しなければ、第2次朝鮮戦争への「巻き込まれ」を嫌う米国が、韓国を軍事的に助けない可能性が高まる。米韓同盟に自動介入条項はない。「導火線」たる在韓米軍は韓国にとって有事の米軍支援の担保である。

会見だけではない。米朝共同声明でも米国は韓国を見捨てると示唆した。米朝は4つの合意のうち第1項で「新たな関係を確立する」と約束した。第2項では「朝鮮半島で

図表① 米朝共同声明の「4項目合意」

1. The United States and the DPRK commit to establish new U.S.-DPRK relations in accordance with the desire of the peoples of the two countries for peace and prosperity.

   （米朝両国民の平和と繁栄への希求に応じ、米国と北朝鮮は新たな関係の確立を約束する）

2. The United States and the DPRK will join their efforts to build a lasting and stable peace regime on the Korean Peninsula.

   （米国と北朝鮮は朝鮮半島で持続的で安定的な平和体制を築くため、共に努力する）

3. Reaffirming the April 27, 2018 Panmunjom Declaration, the DPRK commits to work toward complete denuclearization of the Korean Peninsula.

   （2018年4月27日の板門店宣言を再確認し、北朝鮮は朝鮮半島の完全な非核化に向けた努力を約束する）

4. The United States and the DPRK commit to recovering POW/MIA remains, including the immediate repatriation of those already identified.

   （米国と北朝鮮は戦争捕虜および戦闘中の行方不明者の遺骨返還を約束する。身元を特定済みの遺骨の早急な返還も含む）

注）Joint Statement of President Donald J. Trump of the United States of America and Chairman Kim Jong Un of the Democratic People's Republic of Korea at the Singapore Summit（2018年6月12日）から引用。

持続的で安定的な平和体制を築くため、共に努力する」と謳った。

これら2つの項目により米朝は、休戦中に過ぎない朝鮮戦争の終結を宣言したうえで国交を樹立、さらには平和協定を結ぶと約束した。北朝鮮が米国や韓国の敵でなくなれば、在韓米軍の存在理由には疑問符が付く。

では、米韓同盟は「駐留なき安保」で踏みとどまるのか、あるいは同盟の解消まで進むのか。北朝鮮の非核化を約束した第3項は米韓同盟廃棄に道を開いた。「2018年4月27日の板門店宣言を再確認し」とあるのが曲者だ。韓国と北朝鮮による板門店宣言のポイントは以下である。いずれも主語は「南北」だ。

・核のない朝鮮半島を実現する。
・今後、それぞれ、責任と役割を果たす。
・朝鮮半島の非核化のための国際社会の協力を得るため積極的に努力する。

北朝鮮は「核のない朝鮮半島」という言葉を「北朝鮮の核の廃棄」と「米国が韓国に提供する核の傘の廃棄」を同時に実施するとの意味で使ってきた。その2つの実現に向け、南北は責任を持って国際社会――米国を説得しようと合意したのだ。

米国も共同声明に「板門店宣言を再確認し」と盛り込むことで、北朝鮮の核放棄と引き換えに、韓国に提供する核の傘の放棄、つまりは米韓同盟の廃棄を約束したことになる。

テレビを通じ意思を確認

米国は、北朝鮮の使う「核のない朝鮮半島」という言葉の含意を十分に知っている。トランプ大統領も米朝首脳会談の約1カ月前の5月10日、「半島全てを非核化する」(denuclearize that entire peninsula) と語った。半島の南半分も非核化の対象であることを明確にするために、あえて「全て」(entire) を入れたと思われる。

アンドリュース基地でポンペオ (Mike Pompeo) 国務長官と、彼が取り戻した3人の韓国系米国人を出迎えた時のことだ。

北朝鮮から戻った政府専用機の横で会見したトランプ大統領は記者から「何が最も誇らしい成果か」と聞かれ「これ(3人奪還)もそうだが、半島全てを非核化できればそれが最も誇るべき成果になる」と答えた、その一節だった。

大統領が全世界に向けた中継放送で「半島全てを非核化する」と肉声で語ってみせることにより米国は「北が核を放棄すれば、韓国には核の傘を提供しない」との約束を担保したのである。

一方、ほぼ同じ時刻に朝鮮中央テレビは「敬愛する最高領導者、金正恩同志におかれては米合衆国国務長官を接見された」という番組を放送した。アナウンサーは以下を読みあげた。
・席上、マイク・ポンペオ国務長官は金正恩同志に、ドナルド・トランプ米合衆国大統領の口頭メッセージを精忠にお伝え申し上げた。
・最高領導者同志におかれてはトランプ大統領の口頭メッセージをお聞きになられ、大統領の新たな対案により対話を通じ問題解決することに深い関心を持つことに対してと、朝米首脳対面（会談）に積極的な態度を採っていることに対し、高く評価され賛意を表された。

北朝鮮も「米大統領の新たな対案」――北朝鮮の核放棄と米韓同盟の廃棄の交換――

に最高指導者が応じたと、テレビ放送を通じ担保したのだ。

「韓国は中国の一部」

洪準杓代表はフェイスブックで「金正恩の口車に乗せられ、トランプが騙された」と訴えた。だが、事態はもっと深刻だろう。なぜなら、トランプ大統領は騙されたのではなく、自分の意思を貫いたからだ。

トランプ氏は就任前から米韓同盟に否定的だった。捨てるつもりの同盟と引き換えに非核化を実現できるのなら、願ってもない話だ。

2016年3月21日、大統領候補だったトランプ氏はワシントンポスト（WP）に米韓同盟のコストが高すぎると不満を語った。

・韓国は豊かで大変な工業国家だ。だが、我々はしていることへの正当な対価を受け取っていない。我々はいつも船や飛行機を送って戦争ゲームを行う。というのに、かかった経費のほんの一部だけ支払ってもらっているのだ。

・（「アジアに関与することで米国は利益を得ていないか」との質問に）個人的にはそう

は思わない。

大統領に当選後も「韓国は歴史的に中国の一部だった」と述べ、韓国を中国の勢力圏に戻してもいいと示唆した。習近平主席との会談直後の２０１７年4月12日、ウォールストリートジャーナル（ＷＳＪ）に語った。

・彼（習近平主席）は中韓の歴史に話を進めた。北朝鮮だけではなく朝鮮半島全体についてだ。数千年の間……多くの戦争があった。そして韓国は事実上、中国の一部であったのだ。

同盟を廃棄して核戦争を防ぐ

ハーバード大学ケネディスクールのアリソン（Graham Allison）教授はニューヨークタイムズ（ＮＹＴ）に寄稿した「Thinking the Unthinkable With North Korea」（２０１７年5月30日）で、この米中首脳会談に関連、中国が北朝鮮の非核化と米韓同盟廃棄の取引を提案したと明かした。

『Essence of Decision』（邦題『決定の本質』）の著者として有名なアリソン教授はクリントン（Bill Clinton）政権時代に国防総省のスタッフとしてウクライナなどの核兵器廃棄に関与している。

・習近平主席の側近は新たな東アジアの安全保障の構造を米中が検討すべきと提案済みである。

・彼らは指摘する。韓国における米国のプレゼンスは歴史の偶然の結果だ。１９５０年に北朝鮮が韓国を攻撃しなかったら米国も介入しなかった。もし中国が責任を持って金正恩体制を取り除き、北朝鮮を非核化し、中国に友好的な韓国の下で半島を再統一したら、米国は韓国から全ての米軍基地を撤去し韓国との同盟を終わらせることはできないか？――と。

・ほとんどの米国の大統領は、この構想を受け入れないだろう。だが、トランプ氏は新しもの好きだ。この際、核戦争を防ぐという必要性が発明の母にならないだろうか？

アリソン教授が指摘するように、非核化と米韓同盟の廃棄の交換はトランプ政権だからこそ可能になる。ただ、もう1人「新しもの好き」の指導者がいることを忘れてはならない。文在寅大統領だ。

文在寅大統領は「対米従属こそが諸悪の根源」という発想の持ち主だ。韓国の歴代大統領は米韓同盟を外交の基軸に据えていた。左派の金大中（キム・デジュン）氏や文在寅氏の盟友の盧武鉉（ノ・ムヒョン）氏でさえ、本心はともかく公式には米国との紐帯を訴えた。

北側に立った文在寅

ところが米朝間で軍事的な緊張が高まると、文在寅大統領は北朝鮮側に立った。2017年8月15日、大統領は以下のように演説した。

・朝鮮半島で再び戦争を繰り返してはなりません。朝鮮半島での軍事活動は大韓民国だけが決めることができ、誰も大韓民国の同意なくして軍事活動はできません。

・政府は何があっても戦争だけは止めることでしょう。

「大韓民国の同意なくして軍事行動はできない」と、米国の先制攻撃を牽制したのだ。戦争回避を狙っての発言に聞こえるが、米国が先制攻撃という威嚇を使って北朝鮮に核を放棄させようとしたさなかだった。

こんな発言をすれば米韓の結束を乱し、北朝鮮を調子付かせてしまう。北朝鮮が核を放棄しなければ米国の攻撃の可能性が高まる。これを考えれば、決して平和を求めての発言とは言えない。米軍関係者からは「韓国の裏切り」を非難する声があがった。

韓国を叱責したトランプ

実際、北朝鮮は調子に乗って同年9月3日、6回目の核実験を実施した。怒ったトランプ大統領は即座にツイッターで文在寅大統領を叱責した。北朝鮮ではなく韓国を非難したのだ。

・韓国はようやく分かってきた。私が言ってきたように、北朝鮮との対話などという宥和策は意味がないことを。北朝鮮は1つのこと（核武装）しか頭にないのだ。

文在寅氏は大統領選挙の時から、米国を裏切り北朝鮮に寄りそう姿勢を打ち出していた。同年4月13日、候補者の討論会で司会者から「もし、米国が北朝鮮に軍事行動を実施しようとしたら、どうするか」と聞かれ、こう答えた。

・まず、米国の大統領に電話し、我々との同意がない米国の一方的な先制攻撃は認めないことを知らせ、留保させる。次に、全軍に非常命令を下し、国家非常体制を稼働する。
・ホットラインを初めとする複数のチャネルを通じ、北朝鮮に対し米国の先制打撃の口実となるような挑発を即刻中断するように要請する。その過程では中国とも協調する。

北朝鮮に対し、米国の先制攻撃を知らせる、と言ったのだ。それでは先制攻撃ではなくなってしまう。中央日報のコラムニスト、チョン・ヨンギ氏は「金正恩委員長にとって文候補は攻撃の情報を事前に知らせる有難い韓国人で、米国にとっては戦争の機密を敵国に渡す信じられない同盟になり得る」と頭を抱えた。

米国への憎悪をあおった左派

1987年の民主化まで、韓国の歴代政権は北朝鮮との対立を名分に人権を抑圧した。それに反発した人々は強権的な政権の背後には米国がいると考え反米感情を高ぶらせた。反米左派の思想家、李泳禧（リ・ヨンヒ）氏は『転換時代の論理』で「米帝国主義は世界の諸民族の内紛に付けこんで軍隊を送り、覇権を維持している」と米国に対する憎悪を理論化し、韓国人に大きな影響を与えた。

文在寅氏も大学生の時からこの本を愛読し、2017年の大統領選挙の前には「国民が読むべき1冊の本」として挙げた。自伝『文在寅の運命』では、李泳禧氏の論文や著書に大きな衝撃を受けた結果、米国に深い不信感を抱くに至ったと語っている。

・米国を無条件に正義と受け止め、米国の主張は真実と思う。それに反する勢力はとにかく叩くべき悪と決め付ける——。そんな我が社会の姿を（李泳禧氏が）丸裸にしたのだ。彼の論文と本を通じ、手本とすべき知識人の秋の霜のような姿勢に出合うことができた（131ページ）。

青瓦台も「同盟打ち切り」

朝鮮半島が対決から対話ムードに転じると、文在寅政権はますます米国離れを明確に打ち出した。

大統領の本音を代弁すると韓国で見なされる文正仁（ムン・ジョンイン）統一外交安保特別補佐官は米外交専門誌「フォーリン・アフェアーズ」（Foreign Affairs）への寄稿「A Real Path to Peace on the Korean Peninsula」（２０１８年4月30日）で「平和協定が締結されれば、在韓米軍の持続的な駐留を正当化しにくくなる」と書いた。

米韓同盟の打ち切りに大統領のブレーンが言及したのだ。文正仁・特別補佐官という1人の不規則発言ではない。青瓦台（大統領府）は「反米親北」の人々で占められている。

中枢組織である秘書室の秘書官31人のうち、政権ナンバー2の秘書室長を含め61％の19人が左派の学生運動か市民運動の出身者だ。保守系紙、朝鮮日報が２０１８年8月8日に報じた。根っからの「反米親北」政権なのだ。

２０１８年4月27日、板門店で文在寅大統領は金正恩委員長とひしと抱き合ったうえ、米韓同盟廃棄を示唆する「板門店宣言」に署名した。「米帝に分断された我が民族」の一体化の回復にこそ、この政権の存在意義があるのだ。

「本当に統一したいのか」

2017年11月15日の朝鮮日報によると、同年11月7日に訪韓したトランプ大統領は、文在寅大統領に「統一は必ずせねばならないのか」と聞いたという。

アリソン教授の指摘した中国の提案「北朝鮮の非核化と韓国主導の統一」が念頭にあったのだろう。ただ、それは「米韓同盟の廃棄」が条件だ。

米国が中国案を進める際、韓国の同意を取り付けておく必要がある。韓国から足にしがみつかれ、同盟維持を懇願されても困るからだ。韓国の歴代政権ならほぼ、そうしたであろう。

トランプ大統領の質問にはもう1つ意味があったに違いない。韓国人は「統一はわれらの願い」「日本をはじめとする周辺国が統一を邪魔している」などと言いつつも経済的な困難と、中国と国境を接する恐怖から、大多数が早急な統一を嫌がっている。この点からも韓国の言質をとっておく必要があると米国は判断したのだろう。

文在寅大統領は「統一はせねばならない」と答えたという。これで米国は同盟廃棄を了解させたと理解したであろう。統一と同盟廃棄は事実上、セットになり始めたからである。

米韓同盟の消滅は中国だけでなく、ロシアにとってもありがたい話だ。日本は統一朝鮮が中国の傘下に戻ることを見越して苦い顔をするだろう。しかし自力で朝鮮半島の非核化を実現できない以上、米中が主導するこの構想に反対できない。

この状況はSF小説で語られる「惑星直列が引き起こす天変地異」を思い出させる。北朝鮮の核問題が煮詰まった2017年1月、「カネのかかる米韓同盟は不要」と考える大統領が米国に登場した。

5月には「米韓同盟によって民族が分断されている」と考える大統領が韓国に生まれた。偶然にも、思惑が一致する政権が米韓で同時に発足した結果、あり得ないと考えられていた米韓同盟の消滅が突然に始まったのだ。

国民は北との宥和を支持

では、韓国の親米派はどう出るのか。冒頭に紹介した自由韓国党の洪準杓代表のフェイスブックには続きがある。

・トランプの基本認識は南北（朝鮮）が合作に走った以上、朝鮮半島から抜けられるとの信号と見るほかない。
・これを防ぐ道は投票しかない。大韓民国の現実はこれほど暗澹とし、切迫している。皆が投票所へ行こう。

洪準杓代表も、左派政権が北朝鮮との提携に走ったのをいいことに米国が面倒なこの半島から足ぬけする構図、と読んだのだ。「皆が投票所に行こう」と書いたのは、米朝首脳会談の翌6月13日が統一地方選の投票日だったからである。

結果は保守の惨敗だった。17の広域自治体の知事・市長選挙のうち、14地域で左派の与党「共に民主党」が当選。自由韓国党は2地域で勝ったに過ぎなかった。

同時に実施した国会議員の補欠選挙でも12議席のうち11議席を「共に民主党」にとられた。国会では左派系議員が半数を超えた。

国民は北朝鮮との宥和を推進する文在寅政権を支持したのだ。南北首脳会談を「偽装平和ショー」と批判していた洪準杓氏は代表を辞した。

転向を宣言した親米保守

自由韓国党も北朝鮮敵視政策の放棄を余儀なくされた。代表代行に就任した金聖泰（キム・ソンテ）院内代表は韓国の放送局、ＭＢＣのインタビューに答え「転向」を宣言した。

・時代の変化とトレンドをしっかりと読まない、守旧的で冷戦的な（我が）党の姿は、今回の選挙で国民の決定的な判断材料となったようだ。

・４月27日の南北首脳会談と６月12日の米朝首脳会談を通じ、国際社会に第一歩を踏み出した金正恩委員長の姿勢と態度に再びだまされるとしても、いったんは私たちが変わらなければならないと考えるようになった。

韓国の親米保守は、対話ムードに抗せなくなったのだ。韓国の政界から北朝鮮との対決を主張する党派が消滅した。それは米韓同盟の死守を叫ぶ勢力が消えることも意味した。

2 「根腐れ」は20世紀末から始まっていた

米韓同盟は20世紀末から根腐れが始まっていた。共通の敵がなくなったからだ。

異なる道を選んだ日韓

米韓双方に同盟に極めて冷淡な大統領が同時に登場した。それが米韓同盟消滅を呼ぶと第1章第1節で書いた。ただ、米韓が共通の敵を失っていたことも見落とすべきではない。そんな同盟はほんの少しのショックでも壊れるだろう。

冷戦終結後、韓国はソ連、中国と国交を結んだ。仇敵、北朝鮮の後ろ盾を奪うのが主な目的だったので、韓国は中ソとの関係を極めて大事にした。

ことに中国とは予想以上に経済面で関係が深まり、2007年には対中輸出額は対米・対日を合計した額を超えた。韓国はまず、経済面で「中国圏入り」したのだ。

ここで日韓は異なる道を歩き始めた。日本の対中輸出も急増したが、中国への警戒は緩めなかった。ソ連を共通の敵としていた日米同盟が、冷戦終結後は中国を共通の仮想敵に選んだからだった。

北朝鮮と中国のミサイル攻撃を防ぐためのミサイル防衛（MD）が日韓の立ち位置の差を明確に示す。21世紀に入った頃、日本は米国と共同でMD網の構築に動いた。一方、韓国は米国の呼び掛けに応じなかった。中国の圧力からである。

MDは韓国を米中間で板挟みに追い込んだ。韓国は中国の顔色を見て、THAAD（＝サード、地上配備型ミサイル迎撃システム）の在韓米軍への配備を拒否し続けた。中国は米韓が共同で運営するMDだけでなく、米軍が独自に運用するTHAADの配備の容認も「韓国が中国に逆らう証拠」と見なしたのだ。

韓国が中国の言いなりになっていくのを見て、次第に米国は米韓同盟の存続可能性に疑いを深めた。中国はMDやTHAADを使って米韓の間にくさびを打ち込むことに成功したのである。

ヤンキーが戦争を始める

ただ、中国が韓国の仮想敵ではなくなったとしても、韓国が北朝鮮と敵対する間は米韓同盟に意味はあった。しかし、2000年6月に史上初めて南北首脳会談が開かれて以降、韓国人の多くは北朝鮮を敵とは考えなくなった。それどころか、米国への憎しみを募らせていった。

米国は韓国に軍を駐留したいがために、朝鮮民族を分断し敵対させている――との認識が急速に広まったからだ。第1章第1節で紹介した反米左派の書籍に加え、映画が大きな影響を与えた。

初の南北首脳会談の熱気が冷めない2000年9月、娯楽大作「JSA」が公開された。軍事境界線の共同警備区域（JSA）で対峙する韓国と北朝鮮の兵士4人が上官に隠れて親しくなり、心を通わせるというストーリーだ。

深夜、北朝鮮側の哨所で南北の若い兵士が「戦争が起きたら俺たちも撃ち合うのか」と悩むシーンがある。それに対し北朝鮮の兄貴分の兵士が以下のように答えるのだ。

・ヤンキーの奴らがウォーゲームを始めれば、ここの警備兵の生存率はゼロだ。戦争開始3分以内に北南とも全滅だ。焼け野原になる。よく覚えておけ。

背景に流れる音楽は、徴兵されて入隊する兵士の心情を感傷的に歌った「二等兵の手紙」。この映画を見た韓国人の多くが「北朝鮮の同胞とも仲良くなれるのに、米国のために殺し合いをさせられている」と思っただろう。観客動員数が５００万人と、当時の記録を塗り替えたのも、この映画への共感を示している。

北朝鮮との関係を描いた韓国映画は多い。民主化以前は北朝鮮を、平和を乱した憎むべき敵として描く反共映画ばかりだった。民主化後の１９９０年に製作された「南部軍」は韓国映画では珍しく、朝鮮戦争中の北朝鮮のパルチザンを主人公とした。

当時は、共産側の兵士を血の通う人間として描くだけでも衝撃的だった。さらに興味深いのは、朝鮮戦争の原因を北朝鮮だけに求めず、内部の争いに大国を引き込んだ朝鮮民族――自分たちの責任を問うたことだった。

だが、この視点は引き継がれなかった。「ＪＳＡ」のように米国が民族を分断していると訴える映画が定番となった。「トンマッコルへようこそ」（２００5年8月公開）、「鋼鉄の雨」（２０１7年12月公開）などである。責任を自分たちに問うよりも、他人に押し付ける方が楽だからであろう。

軍や財界にも反米派

２００２年６月13日、在韓米軍の駐屯地近くで韓国人の女子中学生２人が米軍の装甲車にはねられて死亡した。同年11月、はねた兵士は公務中との理由により、米軍事法廷で無罪となった。

これに憤った韓国人は激しい反米デモを展開。同盟の危機と判断した米国のブッシュ・子（George W. Bush）大統領は２度にわたって遺憾の意を表明した。しかし多くの韓国人が納得せず、同年12月の大統領選挙で左派の盧武鉉氏が当選する素地となった。

韓国ギャラップの同月の世論調査では、米国を肯定的に見る人が37・２％だったのに対し、否定的に見る人は53・７％もいた。それに対し北朝鮮に関しては47・４％と37・９％。韓国人は同盟国の米国よりも、軍事的に対峙する北朝鮮により近しい感情を抱くようになったのだ。

反米感情は国軍にも及んだ。当時、米国に留学した陸上自衛隊の幹部は、机を並べた韓国陸軍の高級将校が「米国は敵だ」と公然と語るのを聞いて唖然となった。

国軍と並び、親米保守のもう１つの牙城であった経済界も変わった。反米デモに関し「女子中学生の死亡は、不幸なことだが事故だった。これをもって米国を追い出そうというのは北朝鮮を利するだけ」とまゆをひそめる人もいた。が、多くの経済人が米国への憎しみを露わにした。

マッカーサー像に放火

ある保守系紙の編集幹部に「日本は戦争で米国に負け、原爆まで落とされた。だが、今は同盟を結んでいる。韓国は米国によって日本から解放してもらい、朝鮮戦争の時にも救われた。米国に徹頭徹尾、世話になったではないか」と聞いてみた。するとこんな答が返ってきた。

・世話になったからこそ、韓国人は反米になるのだ。全力で戦った日本に対し、米国人は敬意を払う。少なくとも下に見はしない。だから日本と米国は対等の関係にある。だが米国人は「いつも助けてやっている韓国」をまともな国として扱わない。この悔しさは日本人には分かるまい。

韓国人が心の奥底に持っていた米国に対する鬱屈が噴出したのだ。この事件の後、時がたつに連れ世論調査上の反米感情は少しずつ収まった。ただ、反米のマグマが地表に顔を出す道筋が1度ついた以上、それは折に触れ噴出していくことになる。

２０１８年7月27日未明、韓国の反米団体は仁川市にあるマッカーサー（Douglas MacArthur）将軍の銅像に放火した。掲げた垂れ幕は「占領軍の偶像撤去」「世界非核化」「米軍を追放せよ」だった。

左派はこの銅像の撤去運動を盧武鉉政権（２００３―２００８年）の時から始めている。北朝鮮の侵略から守ってくれた恩人として親米のシンボルだったマッカーサー将軍は、左派にかかれば「南北分断の元凶」なのだ。韓国の空気から見て、この銅像がいつまで存在するかは分からなくなった。

64%が「北を信頼」

反米とセットになる「北朝鮮は敵ではない」との思いも韓国人の心にすっかり根付いた。韓国で左派政権が登場するたびに南北首脳会談が開かれ、必ず「民族の団結」を訴える和解劇が演出されたからである。

盧武鉉大統領は２００７年10月に金正日総書記と平壌で会談した。文在寅大統領は2

０１８年４月と５月の２回にわたり板門店で、同年９月には平壌で金正恩委員長と会った。平壌会談後に発表した南北共同宣言で、金正恩委員長はソウル初訪問を表明した。同時に交わした軍事分野合意書では、軍事境界線一帯での軍事演習の中止も南北は約束した。

２０１８年４月27日、歴代政権通算で３回目となる南北首脳会談が終わった瞬間に、世論調査会社のリアルメーターが「北朝鮮の非核化と平和定着の意思に関し、会談前と後で見方が変わったか」を聞いた。

会談前から「信頼していた人」は14・７％。それが会談後には64・７％に急増した。一方、「信頼しない人」は78・３％から28・３％に激減した。

米国も韓国人の心情の変化をじっくりと観察していた。中国に続き北朝鮮も敵ではない、というなら同盟の維持は困難になるからだ。２０１０年頃から米国の安全保障専門家は日本のカウンターパートに「米韓同盟は、どんなに長くても20年持たない」と通告し始めた。

２０１３年、筆者がある米軍幹部に「米韓同盟はいつまで維持できるか」と聞いたところ、やはり「今すぐ同盟を打ち切るわけではない。だがもう、長くは持たない」との答が返ってきた。

3割が「米国より中国」

反対に、米国のアジア専門家から「韓国人の30%が米韓同盟よりも中韓同盟を望んでいるというのは本当か」と問い合わせを受けたこともある。

峨山（アサン）政策研究院が2014年3月7—9日に韓国人に意識調査を実施したところ「韓米同盟を弱めても中国との関係を強化すべきだ」と答えた人が31・7%いたからだ。一方、「中国と摩擦を起こしても韓米同盟を強化すべきだ」と答えた人は53・4%だった。

峨山政策研究院はこの調査を基に「韓米同盟の挑戦と課題」という報告書を発表した。英語版も発表されたので、米国でも「我々に守ってもらっているくせに、30%もの韓国人が米国よりも中国との同盟を望んでいる」と話題になったのである。

米国人が韓国に不信感を抱いたのは「30%」という数字だけではなかった。「韓米同盟の挑戦と課題」は米国に対し、韓国人は以下のように考え始めたぞと脅したからだ。

・米国よりも、影響力を増す一方の中国をパートナーに選ぶことを検討すべきだ。米国は韓国より日本を大事にしている。それなら米中の葛藤時には中国を支持しよう。

峨山政策研究院は現代グループの創業者の子息で保守の大物政治家、鄭夢準（チョン・モンジュン）氏が設立した。基本的には親米保守の立場である。その組織が「米国が韓国の要求を拒否するのなら、中国側に行くぞ」と脅したのだ。こうした韓国人の無神経な言動が、米国の韓国離れを加速した。

朝鮮は戦略的価値なし

米韓同盟は偶然の産物だった。朝鮮半島を日本から解放した後、米国は韓国と同盟を結ばず、軍も引き揚げた。

ハーバード大学のメイ（Ernest May）教授は『"Lessons" of the Past : The Use and Misuse of History in American Foreign Policy』（1973年）で朝鮮戦争もとりあげた。その中で1949年の米国の国家安全保障会議の結論を紹介している。邦訳『歴史の教訓』（進藤榮一訳）で読める。

・戦略的観点から見るなら、朝鮮に関する統合参謀本部の立場は、簡単にこう要約できる。朝鮮はアメリカにとってほとんど戦略的価値がなく、朝鮮でアメリカが軍事力の行使を約束することは、今後の世界情勢全般の展開に鑑みて、またわが国の現有軍事力に似つかわしくないほど過重な国際的責務に鑑みて、けっして勧めることも実行することもできないものである（岩波現代文庫版、91ページ）。

だから1950年1月12日に「韓国は米国の防衛圏の外にある」とアチソン（Dean Acheson）国務長官が講演の席で示唆したのだ。そして、この発言が引き金となって北朝鮮が南進し、朝鮮戦争が始まったとされる。

『歴史の教訓』の第三章「朝鮮・一九五〇年」は戦争が勃発した直後、米国の外交官も軍人も韓国を助けるのは乗り気でなかったと繰り返し説明している。韓国とは同盟を結んでいなかったし、朝鮮戦争は内戦に過ぎなかった。米国には介入する義務はなかったのだ。

そこでメイ教授は「にもかかわらずトルーマン（Harry S. Truman）大統領が朝鮮半島への軍事介入を決めたのはなぜか」に焦点を当てた。結論は、韓国への侵略は共産圏の全世界的な攻勢の一環との判断に加え、必要な決断を素早く下すトルーマン氏の資質の2つである。この見方からすればもし、米国の大統領がトルーマン氏でなかったら韓国は米国に救われず、朝鮮半島全土は共産化していた可能性が高いことになる。

気乗りのしない同盟

米韓同盟は米国にとって「気乗りのしない同盟」であった。米韓相互防衛条約は朝鮮戦争後の1953年10月1日に結ばれたが、李承晩（イ・スンマン）大統領の捨て身の訴えあってのことだった。

同志社大学・村田晃嗣教授の『大統領の挫折』（1998年）は、在韓米軍の削減・撤収問題を通じ米韓同盟の本質を究めた。同書は、この同盟の負担が大きすぎるとの意識を米国は持ち続けてきたと指摘する。大統領自らが露骨に「高すぎるコスト」を口にするかは別として、在韓米軍の削減問題は米国の昔からの課題だったのだ。

『大統領の挫折』は韓国の視点からも米韓同盟を分析し、最後にさまざまな同盟の未来を予想している。

・中国の大国化が進めば、〈日本要因〉が再び大きな意味を持つことになろう。在韓米軍が完全撤退すれば、日中両大国の利害が、朝鮮半島で直接交差することになるからである。そうなれば日清戦争以来初めての事態であり、米国もこれは望むまい。反日感情を媒介にして韓国が中国に接近し、日本を仮想敵国とみなすような可能性も否定できない（293ページ）。

1998年の段階で、台頭する中国に韓国が接近する可能性を指摘しているのは興味深い。「反日」だけではなく「反米」への言及もある。

・韓国の側でも、統一後のユーフォリズム（幸福感）からナショナリズムが高揚し、戦略環境にかかわりなく米軍の撤退を求める声が高まる可能性がある（294―295ページ）。

村田教授は「統一後」の話として韓国が在韓米軍の撤退――同盟廃棄を要求するかもしれないと予想した。が、現実には「統一以前」からそれが噴出した。事態は予想以上に速く変化しているのだ。

３　北朝鮮は誰の核の傘に頼るのか

２０１８年6月の米朝首脳会談で、北朝鮮が核を放棄するなら米国も韓国との同盟をやめる——との取引が始まった。ただ、実行する前に、決めなければならないことがある。核を捨てた北朝鮮が誰の核の傘に頼るのか、である。

４つのシナリオ

シンガポールでの米朝首脳会談で、米国は「北朝鮮の安全を保証する」と約束した。米朝共同声明ではまず、「非核化の見返りにトランプ大統領は北朝鮮の安全を保証する」と謳った。さらに４項目の合意でそれを念押しした（18ページの「図表①　米朝共同声明の『４項目合意』」参照）。

米朝は1番目の項目で両国の関係改善を、２番目の項目で「持続的で安定的な朝鮮半島の平和体制」を約束した。いずれも「安全の保証」に関わる約束だ。

ただ、具体性を欠いた表現に留まっている。北朝鮮の安全が保証されるには、誰かの核の傘の下に入らねばならない。それはこの米朝首脳会談では決まらなかったのだろう。

［図表②　朝鮮半島は誰の核の傘に入るのか］は予想されるケースを4つに分類した。

現状を動かさないなら中国――シナリオIとなる。中朝の間には形式的だが軍事同盟が残っている。北が核を完全に放棄する、あるいはしたことにしてその見返りに、中国が改めて「自分の核で北朝鮮を守る」と宣言するなどして安全を保証する手法だ。

ただ、これは北朝鮮が受け入れない可能性が高い。そもそも北朝鮮は、中国の核の傘を信じられないから核武装に走った部分が大きい。

中国が核の傘の提供を渋るのは、北朝鮮が韓国への侵攻計画を捨てず、しばしば軍事挑発するからだ。南北の間で軍事衝突が起きれば米国が介入する。その際、米国は戦術核を使う可能性まである。

中国は形式的とはいえ北朝鮮との同盟関係にある。下手すると米国との戦争、それも核戦争に巻き込まれかねない。そこで中国は、冷戦が終わった1990年代から、非公式にだが「中朝軍事同盟は有名無実化した」と言って回るようになった。

シナリオIは北朝鮮だけではなく、戦争への「巻き込まれ」を警戒する中国も喜ばないかもしれない。もし中国が賛成するとしたら、北朝鮮を完全にコントロールできると

図表② 朝鮮半島は誰の核の傘に入るのか

シナリオ	北朝鮮は？	韓国は？
Ⅰ	中国の核の傘を確保	米韓同盟を維持
Ⅱ	米国と同盟・準同盟関係に入る	米韓同盟を維持
Ⅲ	半島全体が中立化し、国連や周辺大国がそれを保証	
Ⅳ	自前の核を持つ	北朝鮮の核の傘に入る

の自信を持てた時だろう。

北は米国の核の傘に入れるか

金正恩委員長に対しトランプ大統領が「米国の核の傘に入れてやる」と語った可能性もある。シナリオⅡだ。ただ、これには中国が血相を変えて反対するのは間違いない。米軍が中朝国境沿いまで北上しかねないからだ。

この案は北朝鮮も疑ってかかると思われる。人権蹂躙国家である北朝鮮との同盟を米国の世論が許すはずがない。トランプ大統領自身が2017年11月8日、韓国国会で「いかに金正恩体制が滅茶苦茶か」と豊富な事例を挙げて説明している。

金正恩委員長はそんなトランプ大統領から「核を捨てたら同盟を結んでやる」と言われて信じるお人好しではないだろう。親族を粛清して権力を維持している指導者なのだ。

結局、米国は朝鮮半島全体を中立化することで非核化を実現する、シナリオⅢを最も現実的な案と考え、北朝鮮にも提示していくと思われる。第1章第1節と第2節で示したように、観察されるファクトの多くがそれを指している。

シナリオⅢは「北朝鮮が核武装したのは米国の核に対抗するためだ。それなら、米国の核の傘を提供される同盟国が半島からなくなれば、北も持つ必要がなくなる」との考え方に立つ。米韓同盟と中朝同盟を同時に廃棄して半島を中立化するという部分は、中朝とも大歓迎するだろう。

北朝鮮にすれば、形骸化している中国との同盟を捨てるぐらいで、米国の核の圧迫から逃れられるのだ。中国も笑いが止まらないだろう。歴史的に自らの勢力圏だった半島から米軍を追い出せるのだ。それも自分は汗を一切かかずに。

反対するのは日本くらいだ。ただ最後には、日本も「本当に完全な非核化が実現されるなら」との条件で呑むだろう。米国から「北朝鮮の非核化を実現するためだ。我慢しろ」と言われたら、それ以上はどうしようもない。

韓国は本音はともかく、文在寅政権を含む左派は賛成せざるを得ない。「米韓同盟こそが諸悪の根源」と主張してきたからだ。普通の人や保守派は米国との同盟を失うことに茫然自失となるだろう。ただ、韓国では論理ではなくムードが物事を決める。

保守の野党第1党、自由韓国党は左派政権と北朝鮮の対話を「偽装平和ショー」と非難していた。が、選挙に負けると「反省」を宣言し、北朝鮮との宥和政策に転じた（第1章第1節）。その結果、国会の中で米韓同盟を積極的に守ろうとする組織的な勢力は消えた。

ＩＣＢＭを放棄するフリ

北朝鮮はシナリオⅢを呑むフリをしながら、自前の核を持つシナリオⅣを実現しようと狙うはずだ。「中立化」はともかく「非核化」を受け入れるつもりはないからだ。

シナリオⅢでは、半島の安全は国連や周辺大国が担保することになる。侵略された場合、国連や大国が助けてくれるから北朝鮮や韓国は心配する必要がない、という理屈だ。だが力のない国連や、お互いに利害の対立する周辺大国に「いざという時」の助けを期待できるだろうか。それは国の存亡を他人の好意に任せることを意味する。

戦争して負けたのならともかく、話し合いだけで自分をそんな境遇に落とす国はあまりない。ことに北朝鮮は核を持ったのだ。その既得権を手放すシナリオⅢには、国内からも大きな抵抗があるだろう。

もちろん、露骨にシナリオⅣを目指せば米国から軍事攻撃されかねない。そこでシナリオⅢに応じるフリをしながらどこまでシナリオⅣににじり寄れるか、北朝鮮は試し続けることになろう。

北朝鮮は米国まで届くＩＣＢＭ（大陸間弾道弾）を放棄する姿勢を見せ始めた。トランプ大統領は、金正恩委員長から「ＩＣＢＭ用エンジンの実験場は廃棄する」と明かされたと首脳会談後の会見で語っている。

ＩＣＢＭさえ放棄すれば、米国が核武装を暗黙裡に認める可能性があると北朝鮮は踏んでいるのだろう。トランプ大統領は国民に対し「我が国まで届く核ミサイルはなくなった」と言えるし、現にそう言い始めた。

そのうえ日本や韓国に対しても、米国は「北朝鮮が少々、核を持とうと自分の核によって抑止できる。安心しろ」と説得できるからだ。

ロシア、中国も米国の同盟国に核ミサイルを向けている。しかし、もし核を使って同盟国を攻撃したら、核で反撃するぞと米国が脅してくれている――「拡大抑止」により、同盟国は安心できることになっている。

もちろん、米国がワシントンやＮＹを攻撃されるリスクを冒してまで同盟国を守るかは疑問が残る。ただ、北朝鮮がＩＣＢＭを放棄する――米本土への攻撃能力を放棄するのなら、ロシアや中国の核に対するのとは比べものにならないほどに、米国の拡大抑止が働くことになる。

カルト集団とは話し合えない

米朝対話が始まったことも、北朝鮮に自信を与えたであろう。トランプ政権は首脳会談まで「北朝鮮はロシアや中国とは異なって、核の均衡による抑止が働かない」と主張してきた。

「金正恩体制はカルト集団であり、正常な判断を期待できない。自分が滅ぼされることが明らかでも核を使いかねない。だから北朝鮮の核はロシアや中国の核と異なり、放置するわけにはいかない」との論理だった。

しかし米国が北朝鮮と話し合いに入った以上、トランプ大統領はこの理屈を修正する必要に迫られた。正常な判断ができないカルト集団と話し合っても意味はないからだ。そこで米朝首脳会談後の会見で、金正恩委員長をまともな人と評価し直したのだ。

これを見た北朝鮮は、米国をシナリオⅣに引きずりこめる——ロシアや中国の核武装と同じように、我が国の核武装も認めろと要求すれば、米国は応じる——との期待を高めたと思われる。

この状況を見た日本は米国に対し、ＩＣＢＭだけでなく核弾頭と短・中距離の弾道ミサイルも放棄させるべきだと死に物狂いで訴えた。「米国に届く核」がなくなっても

「日本に届く核」が残る限り、北朝鮮から脅され続けるからだ。

２０１８年7月6、7の両日、非核化を具体的に進めるためポンペオ国務長官が訪朝した。しかし北朝鮮はまともに応じなかった模様だ。それどころか、ポンペオ長官が日本に向け出国した7日の深夜、完全な非核化を求めた長官を非難する談話を発表した。

朝鮮中央通信の「朝鮮外務省代弁人が朝米高位級会談に言及」（日本語版）のポイントが以下だ。丸かっこ内は筆者による補足である。

・米国側はシンガポール（での）首脳の対面と会談の精神に背ち（馳）してＣＶＩＤだの、申告だの、検証だのと言って、一方的で強盗さながらの非核化要求だけを持ち出した。

米国や日本が求めてきたＣＶＩＤをはっきりと拒否したのだ。半面、米韓同盟の廃棄はちゃっかりと要求した。

・（ポンペオ長官は）情勢の悪化と戦争を防止するための基本問題である朝鮮半島の平和体制構築問題については一切言及せず、すでに合意された終戦宣言問題までいろいろな条件と口実を設けて遠く後回しにしようとする立場を取った。

完全な非核化は拒否する一方、在韓米軍の撤収や米韓同盟の廃棄につながる平和体制構築を強硬に要求し始めたのだ。まさにシナリオⅣである。

米中経済戦争が勃発

米国が軍事力の行使に踏み切らない限り、シナリオⅢとⅣの間の綱引きは相当期間、続く可能性が高い。攻撃されないのが明らかなら、北朝鮮がより有利なシナリオⅣを実現しようとするのは当たり前だ。さらに、米中対立の激化に注目する必要がある。シナリオⅢは米中の協力が必要だ。

仮に北朝鮮が核を放棄したとしても、非核化を維持するには中国の強制力が欠かせない。一方、米韓同盟を廃棄して南北朝鮮が中立化したとしても、それを担保するには国連平和維持軍の朝鮮半島駐屯などが必要だ。これも米中両国の協力があって初めて可能になる。

ポンペオ長官が訪朝した7月6日、米中は全面的な貿易戦争に入った。高率の関税をかけ合うこの戦争は人民元の下落を呼んでおり、中国が金融危機に陥る可能性も出てきた。もちろん米国はそれを利用して中国を屈服させるつもりだ。

ただ、中国も様々な対抗策を打ち出しており、手をあげるつもりはない。米中の経済戦争は長期化しそうだ。この状況を見てとった北朝鮮はもちろん、様子見に入る。7月7日の「ポンペオ非難談話」が米中経済戦争勃発の翌日だったのも象徴的だ。

米国から「与えられた時間」を使って、北朝鮮は核弾頭の実用化に注力すると専門家は読む。核爆弾は作ったものの、ミサイルに搭載できるほどの弾頭の小型化や、大気圏に再突入する際の耐熱性の確保は完全には達成していないと見られるからだ。

核ミサイル潜水艦の建造にも本腰を入れるだろう。地上・地中のミサイル基地は米国の先制攻撃には耐えられない。先制攻撃を受けた後でも核を撃ち返すには、弾道ミサイルを発射できる潜水艦の保有が急務だ。攻撃を避けるため長期間、潜航する必要があることから、原子力推進であることが望ましい。

ただ、原潜を多数、建造し保有する資金は北朝鮮にはない。そこで南北の合作に乗り出すことになる。

4　「民族の核」に心躍らせる韓国人

「北朝鮮の核」は下手すると「南北朝鮮の核」となって日本を向く。

ミサイル潜水艦が欲しい北朝鮮

「北の核と南の経済力を合わせ、民族を興そう」と、北朝鮮が韓国を口説く。「北の核武装を邪魔するのではなく、協力しろ。韓国の核にもなるのだ」との提案だ。

朝鮮日報のアン・ヨンヒョン国際部次長も北朝鮮の工作員からそう持ちかけられた。「我が民族同士の本質」（２０１７年９月20日）で明かした。
・最近、北京で会った北の対南工作員は「北の核は我が民族を守るために作ったものだ。北の核武力と南の経済力を合わせれば、我が民族は世界最高になる」と語った。民族を共倒れさせる核開発も「民族のため」ということだ。

南北合作を語る時、北朝鮮がまず念頭に置くのが「北が核弾頭を完成させる一方、南がミサイル発射型潜水艦を持つ」分業体制であろう。

米国は北朝鮮の地上・地中のミサイル基地の位置を相当程度、特定したとされる。専門家は「先制攻撃を実施すれば、北の核攻撃能力をほぼ破壊できる」と言う。

北朝鮮が核兵器を外交的に生かすには、先制攻撃から逃れうるミサイル潜水艦を保有し「攻撃してきても、こちらは核で反撃できる」と肩をそびやかせる能力を持たねばならない。

ただ、ミサイル潜水艦の建造には経済力と技術力が必要だ。北朝鮮も建造に取り掛かったと見られるが、深海に長時間潜むことのできる潜水艦の開発は容易ではない。結局、ミサイル潜水艦は韓国に造らせ、提供させるのが手っとり早い。

韓国は2020年以降に配備

韓国は2020年以降、3000トン級のミサイル潜水艦を順次、配備する計画だ。1－3番艦は弾道ミサイル用の垂直発射筒を6門、4－6番艦以降は10門装備する方針だ。

潜水艦から発射する弾道ミサイル（ＳＬＢＭ）の開発も進めており、２０２０年には実用化の見込みだ。水中から発射するためのコールド・ローンチ技術は、北朝鮮と同様にロシアから導入したとの報道がある。

韓国のミサイル潜水艦とＳＬＢＭの開発は、核兵器の使用が前提だろう。ＳＬＢＭを含め弾道ミサイルは命中精度が低く、通常弾頭では破壊効果が薄いからだ。

核武装の下準備と韓国が認めたことはない。しかし、衣の下から鎧が見える。原子力推進型のミサイル潜水艦の保有にも動いたからだ。

原潜導入の目的について、韓国海軍は北朝鮮の核ミサイル潜水艦を沈めるため、と説明する。だが、その説明は疑わしい。対潜能力を向上したいなら原潜ではなく、水上艦艇の整備が有効だ。

原潜は通常動力型と比べ長時間潜航できる。敵の先制攻撃を避け、核ミサイルで反撃するには格好の兵器で、核武装の必要条件である。実際、原潜を持つ国は全て、核保有国だ。

核弾頭は韓国の技術力があれば、半年から数年で開発できると見られている。北朝鮮から核で威嚇され核武装の必要に迫られた際、直ちに核ミサイルを実戦配備できるよう、予め運搬手段を確保しておくのが歴代の保守政権の腹積もりであったろう。

左派政権も原潜に意欲

だが北朝鮮との和解を唱える左派政権になっても、韓国はミサイル原潜の保有計画を捨てない。韓国各紙は「2017年8月7日、文在寅大統領はトランプ大統領との電話協議で、原子力潜水艦の保有に関し言及した」と一斉に報道した。

原潜の国産化、あるいは米国からの導入を認めてくれるよう、韓国の大統領が米大統領に直談判したのだ。米国の一部には、核武装を前提に米国製原潜を日本に買わせようとの動きがある。韓国も米国製の原潜がのどから手が出るほど欲しいのは間違いない。

もちろん、米国からは色よい反応はなかった。韓国の原潜保有は核武装が目的と米国は見抜いている。左派政権が北朝鮮との核合作に利用しかねないとも疑っているだろう。

韓国政府がわざわざ「原潜保有の打診」をメディアにリークしたのは「核の南北合作」の努力を北朝鮮に分かってもらうためだったと思われる。この頃、文在寅政権は南北首脳会談に応じて貰えるなら、何でもしかねない勢いだった。

文在寅政権は初めから挙動不審だった。口では「完全な非核化」と唱えるが、その動きは消極的だ。米朝が対決モードだった時は北側に立って米国の軍事的な圧力を弱めようとした（第1章第1節）。

米朝が対話モードに入った後は北朝鮮が非核化に動いていないのに、対北経済制裁の網を破るのに熱心である。2018年7月20日、康京和（カン・ギョンファ）外交部長官は国連安全保障理事会で「南北の間では対北朝鮮制裁の例外が必要だ」と説明した。

同年4月の首脳会談の後、韓国は開城工業団地の再開など事実上の対北援助に動いている。それらを国際社会に認めさせようと「制裁の例外」を言いだしたのだ。経済援助を再開すれば、北朝鮮が非核化にますますそっぽを向くのは、火を見るよりも明らかだ（「図表③　非核化の約束を5度も破った北朝鮮」）。

「鋼鉄の雨」と「ムクゲノ花」

左派は北の核は南を向いていないと信じている。さらには自分たちと共有する「民族の核」と見なしている。「我が民族同士の本質」を書いた、朝鮮日報のアン・ヨンヒョン記者の懸念もここにあった。

・北の「我が民族同士」が緻密な赤化統一戦略であるのに対し、南の安易な左派勢力は民族の話さえ出れば感傷に浸ってしまう傾向がある。
・北が核・ミサイルで暴走しても「北韓が核・ミサイルを同じ民族である南韓に向け撃つだろうか。対米交渉用のカードに過ぎない」などと根拠のない楽観論を語る。

アン・ヨンヒョン記者の懸念は1年もたたないうちに現実になった。左派だけではない。国全体が「民族和解」の感傷に浸り、北朝鮮を信用するに至った。

2018年4月27日の南北首脳会談の前、韓国で北朝鮮を信頼する人は14・7％だった。会談後は64・7％に跳ね上がった（第1章第2節）。

峨山政策研究院によると、6月12日の米朝首脳会談直後の調査では、北朝鮮に対する好感度は10点満点で史上最高の4・71を記録した。米国の5・97には及ばなかったが、中国の4・16、日本の3・55を上回った。

南北合作の空気はすっかりでき上がった。ただ、「南北」と「米朝」の首脳会談前から――朝鮮半島で戦争への危機感が高まっていた時から世論誘導は始まっていた。

2017年12月14日、韓国で映画「鋼鉄の雨」が公開された。主人公は北朝鮮の工作

● 4 度目＝ 6 カ国協議での約束

・2007年2月13日　**6 カ国協議、共同声明**採択。北朝鮮は 60 日以内に核施設の停止・封印を実施しＩＡＥＡの査察を受け入れたうえ、施設を無力化すると約束。見返りは重油の供給や、米国や日本の国交正常化協議開始

・2008年6月26日　米国、北朝鮮の**テロ支援国家の指定解除**を決定

・2008年6月27日　北朝鮮、寧辺の原子炉の冷却塔を爆破

↓

・2009年4月14日　北朝鮮、**核兵器開発の再開と 6 カ国協議からの離脱**を宣言

・2009年5月25日　北朝鮮、**2 回目の核実験**

● 5 度目＝米国との約束

・2012年2月29日　米朝が**核凍結で合意**。北朝鮮は核とＩＣＢＭの実験、ウラン濃縮の一時停止、ＩＡＥＡの査察受け入れを約束。見返りは米国による食糧援助

↓

・2012年4月13日　北朝鮮、人工衛星打ち上げと称し**長距離弾道弾を試射**

・2013年2月12日　北朝鮮、**3 回目の核実験**

図表③　非核化の約束を５度も破った北朝鮮

●１度目＝韓国との約束

・1991年12月31日　**南北非核化共同宣言**に合意。南北朝鮮は核兵器の製造・保有・使用の禁止、核燃料再処理施設・ウラン濃縮施設の非保有、非核化を検証するための相互査察を約束

⬇

・1993年3月12日　北朝鮮、**核拡散防止条約（NPT）**からの脱退を宣言

●２度目＝米国との約束

・1994年10月21日　**米朝枠組み合意**。北朝鮮は原子炉の稼働と新設を中断し、ＮＰＴに残留すると約束。見返りは年間50万トンの重油供給と、軽水炉型原子炉２基の供与

⬇

・2002年10月4日　ウラニウム濃縮疑惑を追及した米国に対し、北朝鮮は**「我々には核開発の資格がある」**と発言

・2003年1月10日　**NPTからの脱退**を再度宣言

●３度目＝６カ国協議での約束

・2005年9月19日　**6カ国協議が初の共同声明**。北朝鮮は非核化、ＮＰＴと国際原子力機関（ＩＡＥＡ）の保証措置への早期復帰を約束。見返りは米国が朝鮮半島に核を持たず、北朝鮮を攻撃しないとの確認

⬇

・2006年10月9日　北朝鮮、**1回目の核実験実施**

員と韓国政府高官の２人。米国が北朝鮮を先制核攻撃するといったエピソードもあり「緊迫した当時」を映した。

筋書きは、開城工業団地を訪問中にクーデターで負傷した北朝鮮の最高指導者がソウルで密かに治療を受けた後、救急車で北に送り届けられる。その見返りに韓国は北の核兵器を半分譲ってもらう——と荒唐無稽だ。

だがこの映画こそは、南北が民族の対立を克服して核を共有し、傲慢な米国を見返す、といった韓国人の夢を率直に語った。

小説『ムクゲノ花ガ咲キマシタ』（１９９３年）も南北が合同軍を作り、北の開発した核兵器を日本に撃ち込み屈服させる——というストーリーだった。１００万部売れたとされ、映画化されて賞も受けた。

その24年後に韓国人は「民族の核を持つ」という夢を、映画を通して再び確認し合った。ただ、今度は見返す相手が日本ではなく、米国になった。韓国人の心の底の主敵の変化を反映したものだろう。

北に支配される南

では、保守や中道の人たちも「北の核は自分たちの核」と本気で考えるのだろうか。それに関する世論調査は見当たらない。ただ、前述の峨山政策研究院の調査は回答者に政治的立場も聞いている。

自分を「保守」と考える人の「北朝鮮好感度」は4・32。「進歩」の5・37と比べれば低かったが、「中道」の4・34と大差がなかった。保守層も北朝鮮への警戒感を一気に緩めたのだ。

韓国は米国から同盟を打ち切られそうになっている。米国との同盟を失った場合、韓国には「核の傘を失う」シナリオⅢか、「北の核の傘に入る」シナリオⅣしか残っていない（49ページの「図表②　朝鮮半島は誰の核の傘に入るのか」参照）。

保守や中道も核の傘が欲しいというなら、北朝鮮のそれに入るしかないのだ。彼らも「北朝鮮と共有とはいえ、核保有国になったのだから」と自分を納得させるかもしれない。

ただ、冷静に考えれば「核を持つ方」が「カネがある方」を支配するに決まっている。しかも「核を持つ方」は名うての人権蹂躙国家だ。いくら同胞といっても、そんな国に支配されて韓国人が満足するとは思えない。

韓国人はどこで道を間違って、不幸な迷路に入り込んでしまったのだろう。なぜ、米国から捨てられるまで無神経な外交を続けたのだろうか。それは次章以下で考える。

第2章

「外交自爆」は朴槿恵政権から始まった

自ら望んで独裁者に囲まれた

（2015年9月3日、北京・天安門。抗日戦勝70周年記念式典での朴槿恵大統領。左はナザルバエフ・カザフスタン大統領、右はプーチン・ロシア大統領、後は習近平・中国国家主席）

写真：読売新聞社

１　「米中を操る」という妄想

韓国の外交的な自爆は朴槿恵政権（２０１３年2月25日─２０１７年3月10日）に始まった。米国と中国の間で等距離外交を展開し双方を操ったうえ、両大国の力を借りて日本と北朝鮮を叩く――のが朴槿恵政権の基本戦略だった。もちろんそんな、自らの力量を顧みない、妄想に等しいやり口が国際社会で通じるわけがなかった。

朴槿恵時代に根腐れした同盟

等距離外交の結果、韓国は中国の要求を唯々諾々と受け入れるようになった。米国は韓国を裏切り者と見なし、同盟解消まで考え始めた。北朝鮮の脅威から韓国を守ってきた米国をないがしろにし、米国との対抗姿勢を明確にする中国につき従う「離米従中」に韓国が動いたのだから、当たり前だった。

一方、中国は韓国に対し恫喝外交に出た。米国という後ろ盾を失った韓国に遠慮しなくなるのは、これまた当然の成り行きだった。日本と北朝鮮は、米中と関係の悪化した韓国から叩かれたりしなかった。むしろ韓国が自ら掘った外交的な墓穴を利用した。

第2次安倍晋三政権（2012年12月26日―）は民主党政権が失った米国との信頼関係の回復に努めた。日本を貶めようとする朴槿恵大統領の告げ口外交は、日米関係の改善に大いに寄与した。

米国は告げ口を聞き流した。韓国の背後に日米離間を図る中国がいることは明らかだったからだ。さらに米国の政策当局者は、肩を並べて中国に対抗する国が韓国ではなく日本であることを痛感、日本を重視するようになった。

金正恩政権（2011年12月17日―）は米韓同盟が崩れていくのを黙って見ているだけでよかった。朴槿恵大統領の離米従中は「保守政権の韓国とさえ同盟関係を維持するのは難しい」との認識を米国に植え付けた。

トランプ政権（2017年1月20日―）は北朝鮮との非核化交渉の過程で「韓国放棄」カードを気兼ねなく行使できるようになった。

将来も韓国との同盟を維持できると米国が信じていたら、非核化の交換条件として在韓米軍の縮小・撤収を考えることはなかったろう。北朝鮮からすれば思いがけず、米韓同盟の消滅までも期待できるようになったのだ。

米韓同盟の崩落は反米左派の文在寅政権（2017年5月10日―）の登場だけが原因ではない。それに先立ち、保守の朴槿恵政権が同盟の基盤を崩していたのだ。

二股外交を説いた親米派

朴槿恵政権がスタートして間もない2013年4月1日、「米中等距離外交」の狼煙《のろし》が上がった。最大手紙で保守の代表的な言論機関を自認する朝鮮日報が、米中二股を堂々と唱えたのだった。

書いたのは親米派として有名な金大中・朝鮮日報顧問。元大統領と同姓同名の保守の元老は論説の見出しに「〝二股外交〟」と付けた。骨子は以下だ。

・朴槿恵大統領が初の外遊に米国を選んだようだが、まず中国を訪問すべきだ。少なくとも今後5年間は韓国の安全保障と経済にもっとも重要で敏感な影響力を持つ国は米国から中国に代わるからだ。

・北朝鮮の3回目の核実験の後、中国の対北姿勢は明らかに変わっている。韓国の大統領が今、東北アジアの未来を語り合うべき国はほかでもない、中国なのだ。

・中国に対し韓国の大統領はこう言うべきだ。「核を放棄するなら、北朝鮮のどんな政権とも協力し経済活性化に力を貸す。韓国が朝鮮半島の主導的な存在になっても、米国の存在が中国の安保や利益と衝突しないようにすると約束する。我々はアジアの新興大国たる中国と共同で繁栄し、東北アジアが2つに割れることに便乗しない」。
・米国は韓国にとって今後も中心的な国であり続けるだろう。だが、韓国の「米国一辺倒の外交」は限界に達した。
・韓国が行くべき道は〝二股外交〟だ。米中関係は協力と葛藤という二重構造にある。だから、韓国が二股をかけても何の問題もない。古い友邦の米国も納得するだろう。

親米保守の金大中顧問の変身に驚く韓国人も多かった。だが、そんな人もこの主張に反対しなかった。韓国が頼るべきは「衰退する米国」ではなく「昇り龍の中国」であるとの認識が、韓国に広まっていたからだ。

THAADで裏切り

そんな空気の中、朴槿恵政権は米中が対立する案件ではことごとくと言ってよいほど中国側に立った（「図表④　朴槿恵政権の『離米従中』一覧」参照）。経済だけではなく、国の命運を左右する安全保障の分野でも韓国は「離米従中」したのである。

「米中等距離」どころか、完全に中国側に寄ったのがＴＨＡＡＤ問題だ。米国は北朝鮮の核ミサイルから在韓米軍を防御するため、ＴＨＡＡＤの韓国配備を計画。だが中国が反対すると、朴槿恵政権は「米国から配備の打診を受けたことさえない」と言い出し、論議することも拒否した。

在韓米軍は韓国を防衛するために存在する。その在韓米軍を守るＴＨＡＡＤの配備を認めないというのだから米国は怒り心頭に発した。ただ、公的に非難すれば中国に足元を見られてしまう。警告は小声でささやくものになったがその分、韓国に対する怒りが高まった。

結局、２０１６年1月6日に北朝鮮が4回目の核実験を実施した後、朴槿恵政権は部分的な配備を認めた。ただ、韓国が米国側に戻ったわけではなかった。配備容認は中国に対する当て付けの部分が大きかった。

4回目の実験の後、韓国は中国に北朝鮮を叱って貰おうと考えた。だが、朴槿恵大統領の電話に習近平主席は出ようとしなかった。韓国のある外交専門家は「中国に尽くし

図表④　朴槿恵政権の「離米従中」一覧

● 安全保障

・在韓米軍へのＴＨＡＡＤ配備を当初は拒否。北朝鮮の４回目の核実験後に部分的に容認

・米国が要請した中国の南シナ海占拠への明確な批判を拒否

・日本の集団的自衛権行使容認に対し中国と共に憂慮を表明

● 外　　交

・米国が難色を示した抗日戦勝70周年記念式典に大統領本人が参加

・中国が主導するＣＩＣＡ（アジア信頼醸成措置会議）に正式に参加

● 経　　済

・米国の反対にもかかわらずＡＩＩＢ（アジアインフラ投資銀行）に加盟

・米日が主導し中国を包囲するＴＰＰ（環太平洋経済連携協定）に不参加

てきたのに裏切られた」と朴槿恵氏が怨み、感情的になってTHAAD配備を認めたと説明する。

確かに、韓国が認めたTHAADのカバー範囲は国土の南半分だけ。首都、ソウルを中心とする北半分は北朝鮮のミサイル攻撃への盾を持たないままだ。このことからも、朴槿恵の韓国が米国側に戻ったわけではないことが分かる。

米国の警告

THAAD問題以上に韓国の「離米従中」を世界に印象付けたのが、中国が2015年9月3日に開いた抗日戦勝70周年記念式典（抗日式典）だった。

中国が軍事的にも外交的にも米国に匹敵する強国になったと示すのが目的で、主要行事は天安門広場での軍事パレード。西側の国で国家元首やそれに準じる高官を送った国はなかった。

式典が開かれる前、米国のアジア専門家は「大統領が参加すると米韓関係が極度に悪化する」と警告した。グリーン（Michael Green）米戦略国際問題研究所（CSIS）上級副所長は中央日報に対し以下のように語っている。

・中国軍の軍事パレードに出席すれば、米韓間の問題になるだろう。米国の他の同盟国のうちどこが行くだろうか。英国も豪州も日本も行かないはずだ。焦点は朴大統領が出席するかどうか、中国に利用されないかどうかという点だ。

だが朴槿恵大統領は何のためらいもなく参加。天安門の楼上では習近平主席のすぐ前、プーチン大統領とカザフスタンのナザルバエフ大統領の間に席を与えられた。この画像が流れたため「韓国の中国圏入り」は世界の外交関係者の常識となった。

注目すべきは、大統領の抗日式典への参加を批判した韓国メディアが皆無だったことだ。それどころか、中国の式典で序列3位の扱いを受けたと誇る論調で口をそろえた。

軍事パレードを実況中継した韓国の報道チャンネルYTNは「これは米空母を攻撃するミサイルです」「この弾道弾はグアムを射程に収めます」などと、中国＝軍事強国を強調する解説に終始した。

中国の最新兵器が、韓国の同盟国である米国を狙っていることなどすっかり忘れた風だった。朴槿恵政権の発足3年目の2015年になると「離米従中」の空気がすっかり社会に定着したのだ。

米軍の機密を中国に渡せ

２０１５年２月17日には韓国紙に驚くべき記事が載った。保守系紙、中央日報の「金章洙（キム・ジャンス）を眺める中国の相反する視覚」だ。筆者はチェ・ヒョンギュ北京総局長。

当時、ＴＨＡＡＤ配備問題で米中の間で板挟みになっていた朴槿恵大統領は国防長官や青瓦台の国家安保室長も務めた側近の金章洙氏を駐中大使に任命、問題の打開を図った。チェ・ヒョンギュ総局長は金章洙氏にかける韓国政府の期待を以下のように書いた。

・中国が期待するのは韓国軍との協力を通じた、米国の作戦と武器体系に対する認知の強化だ。特に韓国海軍との協力を通じ、米海軍への認知度を上げようとしている。
・韓米連合司令部の副司令官を務めた金章洙氏の経歴は米国の指揮のやり方を間接的に学ぶ助けになる。
・だから金章洙氏は中国の指導部が接触を望む史上初めての駐中大使になる可能性が高

い。

米国の軍事情報を渡す見返りに中国指導部に食い込み、ＴＨＡＡＤ問題を韓国に有利に解決できる、とこの人選を褒めちぎったのである。

チェ・ヒョンギュ総局長ほど露骨な書き方ではなかったものの、北京駐在の他の韓国記者も一斉に同じトーンで書いた。駐中韓国大使館が「米軍情報と引き換えに懸案を解決できる」と得意顔でレクチャーした可能性が高い。

メディアが同盟国への裏切りを何の疑いも持たず報じ、それどころか称賛するようになったのだ。こうした記事に対し批判の声をあげる韓国人も出なかった。この段階で韓国の離米従中は国の基本方針として誰もが認めるものになっていたのだ。

安全保障分野でさえこれだけ中国寄りになったのだから経済は推して知るべしだった。２０１５年３月には、中国が日米を牽制するために設立したＡＩＩＢ（アジアインフラ投資銀行）への加盟を決めた。米国の強力な反対を振り切っての行動だった。

同年秋にはＴＰＰ（環太平洋経済連携協定）の発足が決まった。だが、そこには韓国の姿はなかった。米国と日本が主導するＴＰＰは、中国を経済的に封じ込める狙いもある。そんな「反中協定」に参加することなど、韓国には不可能になっていたのだ。

馬耳東風の朴槿恵

２０１５年の天安門事件――朴槿恵大統領が抗日式典に参加した後、さすがの米国も警告を発した。同年10月16日、ワシントンで開いた米韓首脳会談の後の共同会見での出来事だった。

オバマ大統領が中国の南シナ海占拠に関し「中国に対し、国際的な規範とルールに従うよう望む。韓国が我々と同様にしっかりと声を上げて中国を批判することを望む」と朴槿恵大統領を横に置いて語ったのだ。

南シナ海問題でも韓国は逃げ腰だ。米国や日本とは明らかに異なり、中国のルール破りを一切、批判しない。オバマ大統領は「南シナ海」を引き合いに、韓国の「離米従中」を面と向かって非難したのである。

だが、朴槿恵大統領は米国の非難に馬耳東風だった。米中等距離外交は国民から強い支持を得ていたからだ。「米中交代」だけではない。昔から、朝鮮半島に住む人々は大陸の王朝交代に適応することで生き残ってきた。

新羅（—935年）が半島に統一国家を打ち立てるのに成功したのも、勃興する唐（618—907年）に従ったからだ。高麗（918—1392年）が滅び、李氏朝鮮（1392—1910年）が誕生したのも、大陸の王朝が元（1271—1368年）から明（1368—1644年）に代わる混乱の中での出来事だった。

韓国では2010年代に入ると「アジアの覇権国が米国から中国に移る」との認識が急速に深まった。そんな空気の中、中国の要求を受け入れ、米国の要求を無視するのは当然の成り行きだった。

もともと反米色が濃い左派はもちろん「米国離れ」を歓迎した。親米保守の中にはごくわずかだが「離米従中」を警戒する人もいた。だが、彼らとても中国と戦う覚悟はなかった。

韓国が外交的な自爆に突き進んだ時、それを阻止しようとする勢力は韓国のどこにも存在しなかったのだ。

2　どうせ属国だったのだ……

韓国人が中国の台頭に「そわそわ」し始めたのは21世紀に入ったころだった。この表現は奇妙に聞こえるかもしれないが、そうとしか言いようがない。

中国人を見下していた韓国人

大地主が没落し、昔の小作人からも嘲られていた。ところが大地主が力を取り戻し始めたので、小作一家が報復を恐れ「そわそわ」「おろおろ」としている――感じなのだ。

20世紀終わり頃までの韓国人は、公の席で「中国の後進性」をあざ笑うのが常だった。

ソウル五輪（１９８８年）の前後に、ある有力女子大に留学した日本人は講義の最中、韓国人の教授から以下のように聞かされ、開いた口がふさがらなかった。

・日本人は韓国人よりも清潔である。韓国人は豚よりも清潔である。豚は中国人よりも清潔である。

この教授の専売特許ではなく、韓国人が時々使う言い回しだった。が、それにしても大学の講義で堂々と語るとは――。

同時期に、筆者もある文化人の長官にインタビューしたら、繰り返し「我が国よりもはるかに劣った中国」を強調されて辟易したことがある。

当時、韓国は目覚ましい経済発展を遂げていた。五輪も日本に次いでアジアでは2番目に開催、意気が上がっていた。一方、中国は改革開放政策に舵を切ったもののまだ貧しく、五輪開催などは夢物語だった。中国への嘲笑は「自分たちが上である」ことを韓国人同士で確認し合う儀式だったのである。

だが、韓国は日本と同様に、いやそれ以上に中国文明のおかげを被っている。韓国に住む日本人の間では「そんなに露骨に中国を見下すこともないだろうに」と首を傾げる向きが多かった。

ある冷静な韓国人は自分たちの言動を「劣等感の裏返し」と説明した。「1人当たりGDPで抜いた。中国よりも豊かになったのは史上初めてだ。1000年以上も中国に頭を押さえつけられてきた国の民は今、うれしくて仕方ないのだ。中国の属国だったことのない日本人にこの高揚感は分からないだろう」。

メディアも中国を蔑視することで属国の怨念を晴らすのに精を出した。韓国紙は機会があるごとに「貧しい中国」「秩序のない中国人」をあざ笑った。

2002年9月に釜山でアジア競技大会が開かれた時のことだ。ある韓国紙は選手登録の際、中国人が列を作らず現場が大混乱に陥ったと報じた。わざわざ「整然と並んだ日本人」と対比し、中国の民度の低さを強調した。

ニンニクの報復は携帯

韓国人の対中姿勢の変化に接したのは2000年のことだった。ある韓国の外交官と話していたら、何の脈絡もなく突然、中国を礼賛し始めたのだ。曰く。「中国人は大国の度量を持った人たちである」「中国こそは世界を指導すべき大国である」。

チャイナ・スクールの人だったが、外交官が手放しで特定の国を褒めるというのも珍しい。だが、この外交官だけではなかった。シンポジウムなどで中国を異様に褒めそやす韓国人が増えた。

その多くが、少し前まで中国を露骨に見下していた人たちだった。彼らは中国の予想外の台頭に「そわそわ」「おろおろ」し、公の席で礼賛することで中国への詫び状をせっせと書いていたのだ。

韓国人が中国を恐れるようになった契機は2000年の「ニンニク事件」だった。韓国政府が自国産品保護のため、中国産ニンニクの関税を一気に10倍以上に引き上げた。すると中国政府は韓国製の携帯電話とポリエチレンの輸入を禁止した。

携帯電話とポリエチレンの市場規模はニンニクのそれに比べはるかに大きかったため、韓国側は関税を元に戻さざるを得なかった。

韓国人はこんな仕打ちを、それまでの主要貿易相手である日本や米国から受けたことはなかった。「大国に戻りつつある中国の恐ろしさ」を痛感した韓国は中国の顔色を見る国に戻っていった。

次の事件が2002年に中国政府が本格的に乗り出した歴史研究プロジェクト「東北工程」問題だった。高句麗、渤海などを中国の地方政権として規定したため、それらの国を自分の歴史の一部と見なしてきた韓国が強く反発。2006年には両国間の政治問題に発展した。

結局、両国ともに自分の見解は変えず「この問題を政治化しない」と合意することで幕引きが図られた。要は「朝鮮半島の歴史は中国史の一部」との見解を中国が広めることに、韓国は異議を唱えないと約束させられたのだ。韓国人はまたしても、急速に力を戻してきた隣の大国に屈したのである。

「不都合な中国」は報じない

このころから韓国人は「属国だったのだから仕方ない」とあきらめの言葉を吐くようになった。２００６年、韓国の指導層の４人と夕食をとった。「東北工程」により反中感情が高まっていた時だから、彼らの間で中国に対する悪口に花が咲いた。

だが、それが最高潮に盛り上がった瞬間、１人が「でも、どうせ属国だったのだから」とポツリと言うと、皆が黙り込んでしまった。

その後、様々な状況下で韓国人から「どうせ属国だったのだ」との嘆き節を聞かされるようになった。日増しに傲慢になる隣の巨人には腹が立つ。だが、ケンカしても勝てない。そこで「中国との関係は、もともとそんなものなのだ」と自分に言い聞かせ、日本人にまで語って納得するのである。

中国をあざ笑う記事は釜山アジア大会の記事を最後に、見かけなくなった。それどころか10年もしないうちに韓国紙は中国に対する忖度で満ち溢れるようになった。

２００８年４月27日、北京五輪を前にソウルで聖火リレーが行われた際、中国人と韓国人の間で激しい衝突が起きた。沿道には北朝鮮の亡命者を本国に強制送還する中国政府に対し抗議する韓国人も混じっていた。大量に動員されていた中国人が彼らに襲いかかり、止めようとした機動隊を含め多数の負傷者を出した。

だが翌日の韓国紙はその暴行事件をほとんど書かなかった。数日後、韓国政府が中国政府に抗議してようやく報じた。「中国に不都合な真実」を韓国メディアは伝えることができなくなったのだ。

「チャングム」に見る事大主義

韓国人の変わりようには驚かされた。だが、よく考えれば「従中一直線」は自然なことだった。中国に対する事大主義が眠りを覚ましただけなのだ。朝鮮半島の歴代王朝は中国大陸の王朝に１０００年以上も仕えてきた。要は属国だった。

日清戦争（１８９４―１８９５年）でその関係が断たれ、日露戦争（１９０４―１９０５年）を機に、最後の王朝である李氏朝鮮は日本という海洋勢力に組み込まれた。

日本が太平洋戦争（１９４１―１９４５年）で負けると、半島の南半分は大韓民国の国号のもと、米国の勢力圏に入った。中国とは朝鮮戦争（１９５０―１９５３年）で敵対し、国交樹立は１９９２年まで待つことになる。

ただ、中国との公式な関係が途切れたのは日本の植民地となってからの80年間強に過ぎない。室町幕府を最後に明治になるまで、政府間の交渉を持たなかった日本とは関係の重みが異なる。

中国との特殊な関係史は今も様々な形で韓国人の意識に植え付けられている。韓国のテレビが放映する歴史ドラマには必ずと言っていいほど、中国が顔を覗かせる。

日本でも評判になった「宮廷女官　チャングムの誓い」。韓国では２００３年９月から２００４年３月まで放映された。第19話にも李氏朝鮮を訪れた明の皇帝のお使いが登場する。この人が意地悪で、王世子を世継ぎとして認めてくれない。そこでチャングムが得意の薬膳料理で糖尿病を治して機嫌をとり、世継ぎを認めて貰ったのである。

このドラマでは、皇帝のお使いの横暴さが描かれてはいる。だが、朝鮮の人々が反発するわけでもない。ただ、ひたすらにひれ伏し、何とか知恵を絞って切りぬけることが眼目になっている。そもそも王様の交代には中国の許可が要ったという事実が前提の話なのだ。

こうしたドラマを子供の時から日常的に見ていれば「生き残るためには中国の顔色を窺うしかない」との意識が心の奥にまで染み渡ってしまうのは当然だ。中国の台頭に「おろおろ」した韓国人が素早く変身し、中国に「へこへこ」し出したのは驚くべき話でもなかったのだ。

漢民族とはいい関係？

21世紀に入った頃、韓国の指導層の人々に「傲慢な中国の傘下に戻るつもりか」と聞いて歩いた。すると判で押したように返ってきたのが「少数民族の王朝とは対立したが、漢民族とはうまくやってきた」という答だった。

確かにモンゴル族の元の支配下で高麗は苦しんだ。井上靖の歴史小説『風濤』は史書を使ってその悲惨な姿を描き出した。李氏朝鮮は満洲族の清（1616—1912年）から侵攻され、王が土下座して和を請うた。

確かに元や清と比べれば、漢民族王朝の宋（960—1279年）や明（1368—1644年）との関係は穏やかなものだった。

ただそれとて、中国の王朝に徹底的にへりくだることで手に入れた関係である。若い女性を貢ぐ貢女（コンニョ）は少数民族の王朝に対してだけではなく、漢民族の王朝にも強いられた。

元や清からいじめられたのは、少数民族が野蛮だったからではない。朝鮮半島の王朝が少数民族を見下していたからこそ、元や清という王朝が成立した時に復讐されたのである。

朝鮮の人々にとって「中国大陸の次の覇者が誰になるか常に見定め、いち早く朝貢することが生き残りの道」なのだ。それは半島側の王朝・政権が変わろうと、不変の真理である。

朴槿恵政権は「図表④　朴槿恵政権の『離米従中』一覧」（76ページ）が示すように国の根幹である安全保障の問題でも、同盟国である米国よりも新興大国の中国の要求を受け入れるようになった。

香港並みの礼遇に

それは朴槿恵政権の弾劾を主導した左派の文在寅政権にも引き継がれた。中国は外交的な恫喝や経済的な圧迫を強化した。

ロッテグループが中国に展開する量販店チェーンは突然、営業停止を命じられた。韓国政府にＴＨＡＡＤの配備用地を売った報復だった。中国の旅行代理店が韓国ツアーを扱わなくなったため、中国人客相手の小売店は多くが廃業に追い込まれた。

結局、文在寅政権は〝降伏文書〟を差し出した。２０１７年10月31日、中韓両国は在韓米軍に配備されたＴＨＡＡＤに関する合意文書を取り交わした。その中で韓国は米国とのＭＤ構築、ＴＨＡＡＤの追加配備の容認、日米韓３国軍事同盟など中国包囲網への参加――の３点には応じないと約束した。

保守派からは左派政権が軍事主権を放擲したとの批判が上がった。朝鮮日報は翌日の社説で「主権国家がほかの国に『我々は今後、なんらかの兵器を配備しない』と約束することがあり得るのか」と書いた。

だが、保守派とても恫喝や経済的な圧迫に耐えてまで中国に抗しようとまでは主張しなかった。国民の中からも徹底抗戦の声は上がらなかった。「中国には逆らうな」が国民的な合意になっていたのだ。

そんな韓国には中国もそれ相応の扱いに出る。２０１７年５月19日、文在寅大統領の特使として習近平主席に会った李海瓚（イ・ヘチャン）元首相は「属国のお使い」扱いされた。

韓国の特使はそれまで、中国の主席と並んで座るのが恒例だったが、李海瓚氏は下座に席を設けられた。香港の代表が業務報告をする時と同じ待遇になったのだ。

3　明清交代のデジャヴ

21世紀に入り、韓国人は中国の顔色を窺い始めた。もちろんご本人たちは「米中等距離外交」などと美しく表現していた。だがどう言おうが、そんな虫のいいことが可能なのか、外から眺める者は首を傾げるばかりだった。

「損切りはない」との奇妙な確信

韓国は、核武装を進める北朝鮮の脅威から米国に護ってもらっている。直接的な外敵のない東南アジアの国々が米中二股をかけるのとはわけが違う。米国から見捨てられないのだろうか――。

そんな疑問を韓国人にぶつけても、返って来る答は楽観的なものばかりだった。ほとんどの人が「韓米は朝鮮戦争を共に戦った血盟だ。少々のことでおかしくなるような弱い関係ではない」と自信を見せた。「米国の敵だった日本とは親密さの次元が異なるのだ」と日本人の〝余計な心配〟をたしなめる人もいた。

確かに米韓は戦争を共に戦った。朝鮮戦争が勃発した時、米国は同盟を結んでもいなかった韓国に兵を送った。3万6500人もの米国人が命を落とすか行方不明になった。米国人は助ける義務のなかった遠くの見知らぬ国を大きな犠牲を払って守り抜いたのである。

だが、昔助けてくれたからと言って、今後もそうとは限らない。韓国人の安心は、不採算部門の社員が「これまでに大量の資本を投入したから少々の赤字が出ても経営陣は撤退の決断を下さないはずだ」と確信を持つのと似ている。過去のいきさつがどうであれ、赤字を垂れ流す事業は、いつかは損切りされるものなのだが。

安心感は歴史的な経験からも裏打ちされていた。17世紀の明清交代期の一時期、没落する明と勃興する清の間で李氏朝鮮は二股外交に成功した、との認識が韓国人にはある。

清に逆らった愚かな朝鮮

2007年1月から2008年12月まで、韓国の歴史学者、ハン・ミョンギ明知大学教授が『丙子胡乱（ピョンジャ・ホラン）』という歴史小説を全国紙のソウル新聞に連載した。

題材は丙子の年――1636年の12月、「後金」から国号を変えたばかりの清帝国が、服属を拒んだ李氏朝鮮に大軍を送って攻撃し、2カ月間で降伏させて冊封体制に強引に組み込んだ事件である。

この戦争は今でも韓国人のトラウマになっている。清は満洲族によって建てられた国家だが、彼らを朝鮮人は自分たちよりも劣った野蛮人として見下していた。

その満洲族に戦で負けたため当時の王、仁祖（インジョ）は土下座して和を請わざるをえなかった。漢民族に服属するのならともかく「野蛮人の属国になる」大いにプライドが傷つく事件だった。

当時、清が朝鮮に建てさせた「大清皇帝功徳碑」が今でもソウル市内に残っている。「愚かな朝鮮王は偉大な清皇帝に逆らった。朝鮮王は猛省し、この碑を建てた」との文言が碑に刻まれている。

敗戦の結果、数十万人の朝鮮人も捕虜として連れ去られ、多くは戻れなかった。敗戦に続く冊封体制下でも「清に逆らった朝鮮」は大量の朝貢品や若い女性を送らざるを得なかった。

この新聞小説は韓国で大きな反響を呼んだ。これを読んだ韓国人から「野蛮人に土下座した情けなさ」や「中国への怒り」を聞かされるようになった。

もちろん彼らは屈辱の歴史と現在の国際情勢を二重映しに見ている。この新聞小説をベースにした単行本は2013年秋に出版された。韓国各紙の書評の見出しは以下の通りだ。

・G2時代に丙子胡乱を振り返れ（東亜日報、10月30日）
・米中日の間に挟まれる韓国 丙子胡乱を反面教師に生き残ろう（韓国日報、11月2日）
・「沈む明、浮上する清」を知らなかった仁祖、丙子胡乱を呼んだ（朝鮮日報、11月2日）
・情勢を誤って判断「丙子の年の惨劇」 G2時代に投げかける教訓（ハンギョレ、11月3日）

THAADも城郭も
清との和議の条件に「朝鮮は清の許可なく城郭を増築・修復しない」との1項目が入

っていた。2017年、THAADの追加配備に応じないと中国に約束した文在寅政権を、保守派は土下座した仁祖と重ね合わせて批判した。

2011年8月には、丙子胡乱の時代を背景にした映画「最終兵器　弓」が韓国で封切られ、同年の年間興行成績1位を獲得した。日本では翌2012年8月「神弓―KAMIYUMI―」のタイトルで公開された。

妹を満洲族にさらわれた弓の天才的な使い手が、家宝の魔弓で雲霞《うんか》のごとき敵をなぎ倒すという娯楽大作だ。

総人口5000万人で観客動員数は747万人というから、15％もの韓国人が観たことになる。主人公は妹を取り戻すものの、国全体は恐ろしい清に蹂躙されてしまう、というこの映画は韓国人の「恐中」を加速した。

甲冑で身を固めた無敵の騎兵。彼らが予想以上の進撃速度で攻めて来る。抵抗する術はなく、ただ殺されるしかない――。再び注目を集めた丙子胡乱は「中国には軍事的に逆らえない」という絶望感を、韓国人の心の底から掘り起こしてしまったのだ。

米国の助っ人は日本にやらせろ

ただ、韓国人は丙子胡乱を題材にした小説や映画から「中国への恐怖」を反芻しただけではなかった。明に忠誠を尽くすため清に逆らい、惨劇を呼んだ仁祖の無能さに改めて注目するとともに、その前の王、光海君が再評価されたりした。

光海君は「明清等距離外交」を採用、清からの怒りを避けることに成功したからだ。明と後金の間の「サルフの戦い」（1619年）に朝鮮軍は明軍の一員として参加した。だが、光海君の命令で実際の戦闘には加わらなかったとされる。新興大国の清の怒りを買うのを恐れたのだ。この敗戦により明の衰亡は決定づけられた。明を裏切ることで朝鮮は生きながらえたのだ。

もっとも朝鮮の王朝には、文禄・慶長の役で日本を撃退してくれた明に対する不義理を指摘する勢力もあり、その後にクーデターを敢行して光海君を倒し、仁祖を担ぎあげたのである。

現代の韓国人と話すと、光海君の現実主義を評価する人が多い。「朝鮮戦争で助けてくれた米国に義理はある。だが、米中対立に巻き込まれるべきではない」という意識の反映だ。

朝鮮日報の鮮于鉦（ソヌ・ジョン）論説委員は2016年3月9日「活火山の火口の

役割は避けるべきだ」を書いた。米国の助っ人は日本に任せ、韓国は米中対立から距離を置こう、との主張だ。

・韓国にとって米国は「血盟」だ。3万6574人の米軍将兵が朝鮮半島で命を落とした。韓国が北朝鮮との軍備競争を避け、今日の繁栄を享受できるのも在韓米軍のおかげだ。借りを返すには程遠い。とはいえ、対立まで代理することはできない。

・同盟の限界はどこにあるのか。韓米同盟の本質から明らかにせねばならない。中国とロシアに対する時、米国がアジアの同伴者と規定するのは日本である。韓国の位置付けは時代により変わるが、北朝鮮の攻撃から身を守る〝地域同伴者〟を越えたことはない。

二股外交は限界

鮮于鉦・論説委員はもっともらしく「仮想敵を限定すればよい」と書いた。だが、こんなムシのいい理屈はもう通りそうにない。韓国の国力が伸長するに連れ、全世界での同伴者の役割を果たすよう、米国は要求し始めた。

全世界とまで言わなくても、東・南シナ海での中国の不法な活動を批判するよう求めている。この海は韓国の経済活動も支える貴重な公共財であり、中国の航路独占を防ぐ義務もあるからだ。

一方、中国も韓国に対し「いったい、いつまで米国にくっついているのだ。早くこっちに戻って来い」と声をあげるようになった。

２００８年５月、中国外交部報道官は「米韓同盟は冷戦の遺物だ」と記者会見で発言、韓国にその廃棄を露骨に求めた。李明博（イ・ミョンバク）大統領の初訪中の直前のことだった。

その後、訪韓する中国の学者や記者がシンポジウムの席で米韓同盟廃棄を求めるのが日常化した。２０１３年８月には閻学通・清華大学国際関係研究院院長が中央日報のインタビューに答えて「中国と同盟を結べ」とまで言い出した。

２０１４年5月15日の朝鮮日報は「中国の朝貢論　日本の嫌韓論」という記事で以下のように報じた。

・少し前、韓中の政府間の定期協議で中国の当局者が韓国政府の関係者に対し「朝貢外交に戻ったらどうか」と探りを入れる発言をしたという。

・2013年、中国の一部学者が主張し始めた「朝貢外交復活論」を中国の当局者が口にしたのは初めてだ。公式の発言ではないにしろ、当局者が口にするにはあまりに不適切だ。

中国は「朝貢」という単語を使って、属国に戻れと命じるに至ったのだ。米中の間で板挟みになった韓国。双方の板が圧力を増し、隙間がどんどん狭まる。

ことにトランプ政権になって米国は中国が仮想敵であることを隠さなくなった。朝鮮日報・鮮于鉦氏の「地域同伴者論」に代表される「等距離外交」「二股」を韓国が続けるのはほぼ不可能である。

同盟をどぶに捨てた

李氏朝鮮の光海君が明と清の間で二股を展開できたのも、外交戦略が優れていたからとは言い切れない。韓国の歴史家の中には、次の仁祖の時代と比べ明と清がまだ、究極的な対立には至っていなかったに過ぎないと指摘する人もいる。

「地域同伴者論」の主張が危い理由はもう1つある。米韓同盟を「北朝鮮限定」に規定した場合、米朝関係が改善すれば米国にとって韓国との同盟は不要になってしまう。米国との関係を重視する保守派にとって悪夢だ。

２０１８年６月12日の米朝首脳会談で、悪夢が夢に留まらないことがはっきりとした。その後の会見でトランプ大統領は「将来の話」としながらも、在韓米軍の縮小・撤収を表明した。

米韓合同軍事演習に関しては「無駄なカネを使う戦争ごっこ（war game）」と決めつけたうえ、中止を宣言した。合同演習を実施しない同盟は画に描いた餅だ。非核化と引き換えに北朝鮮には在韓米軍の撤収、あるいは米韓同盟の廃棄を与える公算が大きい。

韓国が誠実な同盟国であり続けたなら、トランプ政権も米韓同盟を交渉カードに使うことは考えなかった――少なくとも躊躇したに違いない。韓国はあまりに身勝手すぎたのだ。「米朝二股」「地域的同伴者」などと国をあげて妄想を口走ったあげく、韓国はもっとも貴重な資産である米韓同盟をどぶに捨てることになった。

映画に正解を求める国民

２０１７年10月、丙子胡乱に材をとった映画「南漢山城」が封切られた。音楽は坂本龍一が担当した。日本では2018年6月に「天命の城」として公開された。

清と戦って王朝のプライドを守ろうと主張する家臣と、和睦して国民を苦しみから救おうという家臣の対立を軸に描いた。どちらが正しかったのか、映画は明示していない。仁祖は情けない王として描かれているが、かといって人民を苦しめた悪い王と強烈に非難されるわけでもない。大国にいじめられる弱小国家の悲哀はスクリーンから伝わって来るものの、その犯人たるはっきりとした悪者がいないのだ。

国力を付けないと悲惨な目にあうと訴えているようにも思えるが、それも明確ではない。メッセージがはっきりしないせいか、前評判ほどにこの映画はヒットしなかった。

製作者は素材だけを提供して「あとは考えろ」と言いたかったようだ。しかし国民は正解を聞きたかったのだろう。

米中対立が深まる中、清の属国となる契機となった第2の丙子胡乱が起きないか、韓国人の不安は高まっている。というのに指導層は空虚な観念論を唱えて、内紛を繰り返すばかり。いったいどうすればよいのか、韓国人は自分たちの進むべき道を映画からでも聞きたかったのだ。

4 「韓国の裏切り」に警告し続けた米国

1990年代半ば、国交を樹立したばかりの中国に韓国が米軍の機密情報を渡し始めた。米国は直ちに気が付いて「韓国の裏切り」を戒めたのだが……。

金泳三時代から機密漏洩

1995年頃、米国の国防関係者が日本のカウンターパートに警告を発した。韓国が──金泳三政権(1993―1998年)が、日米の軍事機密を中国に漏らしているというのだ。訪日した米国防族の大物が以下のように語った。

・米韓が高官級の軍事協議を実施すると、その直後に韓国の情報機関のトップが極秘訪中し、江沢民主席と面談、米韓協議の内容を伝えている。
・それを我々は黙って見ているのだが、韓国は露見したことに気づいていない。
・今後、日本は韓国に軍事機密を漏らしてはならない。漏らせば、すべて中国に筒抜けになる。

この話は自衛隊の第一線部隊の指揮官にも広まっていた。軍事機密を敵国に渡す、いわゆる「スパイ」は常にいる。しかしこの場合、個人ではなく政府によるタレこみだった。

2006年に聞いた話だが、中国の人民解放軍の幹部が自衛隊幹部の前で「なぜ、韓国の軍人は頼みもしないのにどんどん機密を持ってくるのだろうか」と首を傾げたという。韓国の裏切りには中国人も驚いたのだ。

中国との国交樹立（1992年）は盧泰愚政権（1988―1993年）が実現した。次の金泳三政権はそれを外交カードに大いに利用し「離米従中」の元祖となった。

1995年11月14日にソウルで開いた中韓首脳会談後の会見で、江沢民主席を横にして金泳三大統領は「日本の腐った根性を叩き直す」と発言。日本に対しトラの威を借りて凄んで見せた。一方、江沢民主席には「中国と組んで日本を叩きます」と媚を売ったのだ。

金泳三政権は中国との関係を深めることで、米国に対し強く出ようとした。そのためには軍事情報を漏らすなどして、中国の歓心を買う必要があったのだろう。

だが米国はすべてお見通し。情報漏洩の事実を日本に知らせることで、韓国に対し「裏切りは知っているぞ」と警告したのだ。

北の将軍とも情報共有

左派の盧武鉉政権になると、北朝鮮に対する情報漏洩も始まった。韓国保守の論客、李度珩（イ・ドヒョン）氏が日本語だけで出版した『韓国は消滅への道にある』（2017年）で、興味深いエピソードを紹介している。

2005年春、ラポルテ（Leon J. LaPorte）在韓米軍司令官の離任パーティで李度珩氏は、司令官本人から「（米韓連合司令部の）副司令官の韓国陸軍大将は素晴らしい軍人で情報を共有できた。しかしもう1人のコリアンの将軍がいて、この人も米韓軍の情報を共有していることが後になって分かった」と聞かされた。

「もう1人のコリアンの将軍」とは北朝鮮の金正日総書記のことだ。李度珩氏は以下のように嘆いた。同書の20―21ページから要約する。

・2000年に入ったころから、北朝鮮の諜報機関は間諜を南派する必要性を感じなくなっていただろう。外部から韓国軍内部に要員を浸透させなくとも、情報を容易に入手できるようになったからだ。

・韓国の大統領の意向ひとつで、韓米連合軍の日々のトップ・シークレットも北朝鮮の最高責任者、当時は金正日国防委員長の机の上にすぐに置かれることになる。

ラポルテ在韓米軍司令官は離任にあたり、韓国の左派政権に「北と内通するな。お見通しだぞ」と警告を発したのだ。

朴槿恵時代になるとメディアが「国防長官経験者を駐中大使に任命し米軍情報を渡せば、中国と良好な関係を築ける」と堂々と書くようになった（第2章第1節）。

米国はこの人事についても韓国に直ちに警告した模様だ。だが当時の韓国紙には、米国の懸念を指摘する記事は見当たらない。「米中等距離で2大大国を操る」快感に国全体が酔っていたのだ。新聞は読者の酔いを覚ます記事は載せにくい。

金融でお灸

いくら口で言っても効き目がないと判断したためだろう、米国は金融を通じ、韓国にお灸をすえるようになった。韓国はずっと債務国だったため、決済の外貨が不足しやすい。この弱点を突いて言うことを聞かせる手口だ。

1997年、韓国は通貨危機に陥り、IMF（国際通貨基金）に救済された。当時、ドル不足に陥った韓国は日本に緊急融資を求めた。日銀は乗り気だったが、米FRB（連邦準備制度理事会）がそれを止めた。邦銀のドル供給も米国からの〝お達し〟で中断した。

旧・東京銀行で長らくアジアを担当した愛知淑徳大学の真田幸光教授は「本当に止めたのはFRBではなく、ペンタゴン（国防総省）、あるいはホワイトハウスかもしれない」と語る。その頃、国際金融界は「韓国の軍事的な裏切りに米国が怒っている」と見ていたからだ。

反米を掲げて当選した盧武鉉大統領に対しても、米国は通貨で脅迫した。就任直前の2003年2月10日、ムーディーズは韓国の格付けを強含み（positive）から弱含み（negative）に引き下げた。

当時、通貨危機から6年も経っておらず、船出する直前の盧武鉉政権にとっては見通

図表⑤　韓国の歴代政権の外交姿勢 （ ）内は在任期間

李承晩（1948～1960年）	親　米
朴正熙（1963～1979年）	親　米
全斗煥（1980～1988年）	親　米
盧泰愚（1988～1993年）	親　米
金泳三（1993～1998年）	離米従中
金大中（1998～2003年）	離米親北
盧武鉉（2003～2008年）	反米親北
李明博（2008～2013年）	親　米
朴槿恵（2013～2017年）	離米従中
文在寅（2017年～）	反米親北

しを下げられるだけで大打撃だった。

引き下げの理由は同年1月10日に北朝鮮がＮＰＴ（核拡散防止条約）から脱退を宣言したことだった。が、それから1カ月も経っており、しかも2月25日の左派政権発足の直前だった。マーケットは米国の威嚇と見なした。

効果はてきめんだった。同年5月の米韓首脳会談で、盧武鉉大統領はブッシュ（子）大統領に「米国の助けがなかったなら朝鮮戦争の時に（自身が）生き残るのは難しかった」と語った。選挙期間中に「反米のどこが悪い」と叫んだ盧武鉉氏にムーディーズが詫び状を書かせたのだ。

当時、政権の中枢にいた文在寅氏も回顧録『文在寅の運命』（２０１１年5月）に「（米韓首脳会談の直前に）ムーディーズが韓国の信用等級を1段階下げたりもした」（２６５ページ）と悔しそうに記している。

格付けが下がるぞ

米国は「同じ手」を文在寅政権が誕生する直前にも使った。２０１７年5月5日、米国のアジア専門家、グリーンＣＳＩＳ上級副所長が中央日報に寄稿した。骨子は以下だ。

・文候補はＴＨＡＡＤの迅速な配備に批判的だ。彼は慰安婦問題をめぐる韓日両国の合意を再交渉しようとする。米国だけでなく民主世界の多くの国が平壌に圧力を加えているこの時期に、北朝鮮に対するより前向きな接近を約束した。

・しかし文候補はトランプ大統領に比べると選択の幅がもっと広い。トランプ大統領は選挙キャンペーン期間、当選後に変えるのが難しい公約をした。

・私はホワイトハウスで仕事をした当時、文候補を観察する機会があった。青瓦台秘書室長だった彼は理念的というより実用的な人物だ。

要は、「政権を握ったら反米・反日公約をおろせ」と文在寅氏に要求したのだ。グリーン氏はそれだけでは足りないと思ったのだろう。ムーディーズの格付けも持ち出した。

・文候補は盧武鉉大統領が２００２年の大統領選挙キャンペーンで米国を攻撃した時、ムーディーズ・インベスターズ・サービスが韓国を格下げしたことを思い出す必要がある。

米国は盧武鉉政権に対するムーディーズによる威嚇効果があったことをちゃんと覚えていて、左派の文在寅氏に再び同じ手口を使ったのだ。

為替操作をやめさせる

トランプ政権は北朝鮮の核問題を巡っても「金融」で威嚇した。2018年3月28日、ホワイトハウスは「不公正な競争優位を生んできた韓国政府の為替操作をやめさせ、透明性ある説明可能な仕組みを約束させた」と発表した。

米韓がＦＴＡ（自由貿易協定）の見直し交渉を進める中、唐突に「為替操作もやめさせる」と米国が一方的に公表したのだ。韓国は恒常的にウォン安誘導をしている。これをやめれば貿易黒字が減り、通貨危機が発生する可能性が高まる。実際それ以降、米中経済摩擦が激しくなるまでウォンは高止まりした。

トランプ大統領は翌3月29日、オハイオ州での演説で、韓国とのＦＴＡ改定交渉について「（非核化に関する）北朝鮮との取引が成立するまで棚上げするかもしれない」と語った。

非核化の進め方に関し韓国が北朝鮮寄りになったのを見て、通商や通貨で韓国を金縛りにすると宣言したのだ。この後、韓国政府高官から「非核化の方法について韓国が口を出すと米国の怒りを買う」などと、自制の発言が聞こえてくるようになった。

韓国は通貨危機に備え、各国と通貨スワップを結んでいる。しかし、もっとも大口の中国とのスワップは存在するのかはなはだ怪しい。韓国側は2017年10月に「延長した」と発表したが、中国側からは発表がない。

ほかの国との通貨スワップは規模が小さく、いざ通貨危機に陥った時に防戦する原資となるかは不透明だ。それに使いがってのよい米ドルではなく、相手国通貨での契約だ。

そこで韓国の歴代政権は大量の外貨を米ドルで供給してくれそうな米国や日本に対し、スワップ協定の締結を水面下で持ちかける。

だが、安倍政権は応じない。韓国は日本にスワップ契約を結んで貰ったら直ちに掌を返し、日本の足を引っ張る「裏切り」を繰り返してきたからだ。

そもそも、日韓スワップは日本の産業界にとって百害あって一利なしだ。世界経済が不安定になった時、韓国政府は通貨を安め誘導できなくなる。不安に陥った市場がそれに追い打ちをかけてウォン売りに出るからだ。

日本とスワップを結んでおけば市場からの信任を得て、韓国政府は安心してウォンを安め誘導できる。こうした認識は日本でも広まってきたから、日韓スワップが結ばれる可能性はかなり小さい。

米国や中国も韓国の「掌返し」はよく分かっている。韓国を金縛りにするカードを放擲するようなスワップには安易に応じないだろう。

朴槿恵政権以降の唯我独尊外交の結果、韓国は米国、日本、中国からまともに相手にされなくなった。スワップ面での孤立は、まさにその象徴だ。

放蕩息子の帰還

保守系サイトの趙甲済（チョ・カプチェ）ドットコムの執筆陣に「ファンド・ビルダー」あるいは「ヴァンダービルド」と日本語に訳されるペンネームの識者がいる。2016年1月12日、「〝帰ってきた放蕩息子〟と朴槿恵政権」という記事を書いた。

離米従中を続けてきた朴槿恵政権が北朝鮮の4回目の核実験の後、ようやく在韓米軍へのTHAAD配備を一部、認めかけたころだ。

ファンド・ビルダー氏は韓国を新約聖書の「帰ってきた放蕩息子」に例えた。同盟国である米国をないがしろにして中国に従い、友邦の日本の悪口を世界で言って歩く朴槿恵の韓国は、分けて貰った財産で放蕩の限りを尽くした息子、というわけだ。

同氏は書いた。生きるすべを失って戻ってきた放蕩息子は父親に温かく受け入れられたが、韓国は米国や日本に受け入れられるのか疑問だ。なぜなら、放蕩息子は自分の誤りを悟ったが、朴槿恵の韓国は自身の裏切りを誤りとは認めたか怪しいからだ――。

この指摘は当たった。韓国は外交的な自爆を悟りもせず、米国や日本からも〝帰還〟を受け入れられなかった。それは次の文在寅政権でも同じだった。

第3章

中二病にかかった韓国人

「世界4大革命の1つ」と韓国人は胸を張った

（2016年11月5日、朴槿恵退陣を求めるソウルでの市民集会）

写真：毎日新聞社

1　疾風怒濤の韓国

「思春期の真っただ中にある韓国」――。こんな自画像を聞かされ、膝を打った。韓国の常軌を逸した行動は、思春期特有の情緒不安定からくるというのだ。

国民国家として青年期

なぜ、韓国人は「米中を操る」などという妄想を抱いたのか。明清交代期には2大大国の間でうまく立ち回った時期もある。だが結局、背伸びした外交は破綻したではないか。韓国人はなぜ再び、現実から目をそらして墓穴を掘るのだろうか――。

そんなトーンで「日経ビジネスオンライン」に「早読み　深読み　朝鮮半島」を連載していたら、ある韓国人読者がわざわざ教えてくれた。「韓国は疾風怒濤の時代を迎えている」。2015年秋のことだ。

熱に浮かされたように感情のままに動く韓国を、国民的な文学運動、疾風怒濤――理性万能主義に抗し、感性の解放を唱えた――が吹きあれた、18世紀後半のドイツに例えたのだ。

「疾風怒濤」は外国の模倣を脱し、民族的なものを重視した。この識者は付け加えた。「当時のドイツのように今の韓国も、国民国家として青年期にある」。

自らを一人前の立派な国だと認識し始めた。だが、世界からはそうは扱われないし、自信も持ちきれない。そこで「自分は他者とは異なる特別の存在である」ことを示そうとし、奇妙な行動に出る――という説明である。

この認識は韓国でそれなりに共有されている。2016年4月11日、中央日報に「疾風怒濤の大韓民国」という見出しの記事が載った。書いたのは裵明福（ペ・ミョンボク）論説委員。国際関係を冷静な筆致で描く記者だ。まず、韓国の現状を以下のように規定した。

・満たされない欲求に対する不満が膨らみ、未来に対する不安に抑圧されている韓国社会の姿は、典型的な思春期の青少年の姿だ。

そして「疾風怒濤」が出てくる。

・大韓民国が「中二病」をほうふつとさせるほどの疾風怒濤の思春期を経験しているが、必須の発達段階として受け止めて無事に過ごせば、成熟した先進社会に進入できる。

韓国でも使う「中二病」

韓国は「中二病」という言葉を日本から輸入し、同じ意味で使っている。ネットなどで、青臭い言動を中二病——中学校2年生前後の背伸びしがちな言動や自意識過剰な想像——と揶揄するのも同じだ。

疾風怒濤運動も中二病と一緒にされては迷惑だろうが、今の韓国はこの病にかかったという表現がぴったりくる。

専門家の間で、韓国人の自画像が変化したと話題になったのは21世紀に入ったころだ。「韓国語が下手ですね」と言われるようになったのだ。それまではどんなに下手でも、外国人が韓国語を少しでもしゃべれば「お上手ですね」と褒められていたというのに。

1990年頃まで韓国語を学ぶ外国人は少なかった。韓国人はそれを自らの国が劣っている証拠と考えていた。韓国語を習う外国人が「学ぶ価値のない国の言葉をなぜ、学ぶのか」と韓国人から怪訝な顔で聞かれるのが当たり前の時代だった。

だから韓国語の学習者はどんなに下手でも、感謝をこめて「お上手ですね」と言ってもらえた。だが、自分の国を劣った存在と見なさなくなると韓国人は、もっとちゃんと我が国の言葉を学べとの叱責を込めて「下手ですね」と言い出したのである。

韓国人の自画像が突然、美しく立派なものに変わったのは1997年の経済危機を乗り越えることに成功したからだ。

同年春に始まったアジア通貨危機の中で、韓国も外貨建て債務の返済が困難になり「国の倒産」の危機に瀕した。そこで、やむなくＩＭＦからドルを借りてしのいだ。

このため、経済政策はすべてＩＭＦの指導下に置かれた。韓国人は日本の植民地に転落した屈辱になぞらえ「第2の国恥」と呼んだ。

高金利などの超緊縮政策により企業倒産が多発、失業率も急上昇した。だが、荒療治のおかげで2001年8月にはＩＭＦにドルを全額返済、韓国はいち早く窮地を脱した。すると「何をやらせてもだめな韓国人」という自画像が「世界で最も優秀な民族」に一変した。

自分には「隠された力」

タイやインドネシアもＩＭＦに救済され、経済は急回復した。というのに韓国だけが奇妙な自信を持つに至った。なぜだろうか——。

韓国の今を「疾風怒濤運動」に例えた識者は、一言で説明した。「属国根性の裏返しだ」。韓国は１９４８年の建国以来、米国と日本に助けられて生き残ってきた。北朝鮮に侵略されれば米国が軍を派遣してくれた。１９６５年の日韓国交正常化の後は、投資資金も技術も日本頼みで経済成長に成功した。

次第に韓国人は、困った時は日米が助けてくれて当たり前、と思うようになった。１９８０年代末に高速鉄道計画に乗り出した際には「日本が全額援助して建設すべきだ」と真顔で語る韓国人がいた。

１９９７年に外貨が不足し債務不履行に陥りかけた時も、多くの韓国人が「大丈夫。最後は日本が助けてくれる」と平然としていた。実際、日本銀行は韓国銀行のドルの緊急融資要請に応えようとした。ただ、米国の〝拒否権〟によってそれは不発に終わり、韓国はＩＭＦの管理下に置かれることになった。

初めて米国にも日本にも見捨てられた韓国。韓国紙は「もう、誰も助けてくれない。

孤独だ」と嘆いた。親しい韓国人からは「国の困難には自ら立ち向かうしかないとようやく分かった」と告白された。

日米から「自分の足で立て」と突き放された韓国は、回復の後は独りで危機を克服したと自信を持ち、自らを特別な存在と見なしたのだった。

タイやインドネシアの人々は危機から立ち直っても別段、自分が優れた存在とは考えなかった。東南アジアの国々は日本の援助に助けられてきたが、精神的には依存していなかったからだ。

『中二病　取扱説明書』という本は、この病の典型的な症状の1つに「邪気眼系（妄想系）」をあげる。「自分には隠された力があると信じている（またはそういうキャラ作りをしている）人たち」（2ページ）だ。

経済危機の克服に加え、2002年のサッカーのワールドカップがキャラ作りを加速した。まずは日本の単独開催を阻止し、日韓共催に持ちこんだ。さらにはアジア勢として初めて世界4強に食い込んだ。韓国人は「我々には恐ろしいまでの潜在力がある」と言い合い始めた。

イタリア戦とスペイン戦で韓国が審判を買収したとの疑惑が報じられた。韓国のサポーターは翌日対戦するポーランドチームの宿泊するホテルの前で大騒ぎし、眠らせない作戦に出た。

世界中から韓国の卑劣なやり方を非難する声が上がった。だが、韓国人はまったく気にしなかった。ワールドカップで勝ってこそ「自らには特別な力がある」ことを示せると信じたからである。

世界5位の国に

2002年の日韓大会の後、韓国では「世界に冠たる我が国」「すべての上にある韓国」が語られ始めた。それは2010年代には大合唱に高まった。

韓国人がベンチマークしていた日本が急速に比較優位を失った結果、「韓国との差が消滅したかに見えたからだ（「図表⑥『韓国が日本より上』と韓国人が信じる理由」参照）。

国際政治学者の李春根（イ・チュングン）博士は2012年に出版した『米国に堂々と対した大韓民国の大統領たち』（洪熒訳）の冒頭で、韓国人に自信を持つよう呼び掛けた。

● 政治制度・民主化

・1997 年以降、死刑を執行していないが、日本は続けている

・2005 年に外国人参政権を認めたが、日本は認めていない

・2011 年に二重国籍を認めたが、日本は認めていない

・2017 年に朴槿恵大統領を平和的なデモで弾劾することに成功したが、政治意識の低い日本では安倍政権を打倒できない

● スポーツ

・1988 年のソウル大会以降、2004 年のアテネを除き 2008 年の北京まで夏季五輪のメダル数で日本を超えた

・2002 年のソルトレークシティ大会以降、2018 年の平昌まで冬季五輪のメダル数で日本を超えた（2014 年のソチでは同数）

・サッカーのワールドカップ 2002 年大会の開催国に日本が立候補したのを見て韓国も名乗りを上げ、日韓共催に持ち込むことに成功。夏季五輪の開催では 24 年、冬季五輪では 46 年、日本に遅れていたが W 杯では同着に

・ワールドカップ 2002 日韓大会では 4 強。日本は 16 強に留まった

図表⑥ 「韓国が日本より上」と韓国人が信じる理由

●経　済

・日本が「失われた20年」や大震災で経済力を失い、国内総生産（GDP）世界3位に落ちる一方、韓国は経済危機から劇的に回復し世界10位圏に

・半導体、テレビ、携帯電話などで日本のシェアを奪い世界1位になった

・サムスン電子1社の利益が日本の大手電機各社の利益合計を上回った

・現代自動車グループの生産台数がホンダを上回り世界4位になった

・2020年代に購買力平価の1人当たりＧＤＰが日本を超えるとの予測

●外　交

・2007年から10年間、潘基文・元韓国外相が国連事務総長を務めた

・2010年にG20首脳会合を開催し日本の2019年に先駆けた

・2012年に核セキュリティー・サミットを日本より先に開催

・「従軍慰安婦」問題を世界に知らしめ日本のイメージを落とした

・筆者は、大韓民国の現在の総合的国力を世界200カ国中、12位と評価する。韓国の過去の歴史と比べれば12位でもたいしたものだが、われわれは間もなく統一を成し遂げ、世界5位レベルの国力が望める国際的な環境に生きている。

この威勢のいい主張も「日本に勝ったから」との理由だった。

・2012年、米国の著名な国際政治雑誌「フォーリン・ポリシー」(Foreign Policy)には、韓国が世界で一番うまくやっている国であるという論文が2編も掲載された。
・5月17日付の「Meet the GUTS」という論文は、世界で今一番うまくやっている国、未来の世界を主導する新興西側強大国の4カ国をドイツ、米国、トルコ、大韓民国とした。一方、没落しつつある西側強大国は英国、フランス、イタリア、日本である。

「韓国が日本を超えた」のは経済面だけではない。韓国は2010年に20カ国・地域(G20)首脳会合の、2012年に核セキュリティー・サミットのホスト国となった。

いずれも日本より先の主催だった。それに尽力した李明博政権もメディアも「世界の中心となった韓国」を祝った。

民主化でも日本より上

興味深いのは、政治制度や民主化の点でも「日本を抜いた」と韓国人が信じたことだ。国民日報の「鄭総理『日本が我が国を兄の国』と呼ぶのはなぜか」（２０１５年１月10日）によると、鄭烘原（チョン・ホンウォン）首相は記者団に以下のように語った。

・日本人は法制度に関し我々を学ぼうとやってきては「兄の国」と呼ぶ。これほどに多方面で、我々が日本よりも先を行っている。
・日本の反韓は、こうした日本の心理的な問題から起因してもいるだろう。

儒教社会の韓国では「兄」は決定的に「弟」よりも上の存在だ。そこで日本の韓国研究者の中には韓国を「兄の国」とおだてる人もいる。昔は韓国人も「おだて」と分かっていたが、今や「法治の面でもついに日本が自分を下の存在と認めた」と快哉を叫ぶようになったのだ。

ただ、そのころから韓国人は「世界に冠たる韓国」への疑問を膨らませてもいた。2014年4月の「セウォル」号の沈没事故や、2015年5月のMERS（中東呼吸器症候群）の流行など、先進国では起こりえないような出来事が相次いで発生したからだ。美しい自画像が壊れ出すと韓国人は怒りを指導層に向けた。2016年10月、朴槿恵大統領の古い友人が権威を笠に着て利権をあさっていると報じられるや否や、韓国人は街に出た。

退陣を求め、ろうそくを掲げる週末デモへの参加者はウナギ登り。警察発表によると、12月3日のソウルのデモには32万人、全国では43万人が参加した。それに押されて同月9日には国会が弾劾訴追案を可決した。国民の怒りが自らに及ぶことを恐れ、与党の一部までが賛成に回ったのだ。

大統領の親戚や取り巻きが政権を私物化するのは韓国ではよくあること。これまでの政権と比べ、朴槿恵氏の腐敗がひどかったわけでもない。

だが、韓国人の自画像は現実離れしたあまりに美しいものに変わっていた。そのギャップが朴槿恵政権の命取りとなった。従来なら「そんなものだ」と見逃されたことが許されなくなっていたのだ。

世界4大革命の1つ

国民は大統領の退陣だけでは収まらなかった。壊れた自画像の修復も望んだ。その特効薬が「退陣運動こそは韓国人の水準の高さを示す」との言説だった。中央日報の社説「世界が驚くろうそく革命の力」（11月27日）の書き出しは以下である。

・世界が驚いている。国家元首の退陣を要求する革命的な波がガラス窓1枚壊すことなくこれほど平和的に進められるということに驚いている。国家的暴力性と市民的成熟さが不思議に共存する韓国社会を世界の人たちは驚きの目で眺めている。

この社説は「驚いた世界」を示す具体例を一切挙げていない。とにかく、強引に世界から称賛されていることにしてしまったのだ。内輪褒めでは「世界に冠たる韓国」との評価に説得力はないからだ。

中央日報の社説は「ろうそく集会」を西洋の民主化革命と並ぶ偉業ともたたえた。韓国人は「世界4大革命の1つ」を主導した栄光の民族になった。
・英国の名誉革命と米国革命で新たな政治体制が作られ、フランス革命で自然法と人権が普遍的価値として受容されたとするならば、いま韓国のろうそく革命はこの地に真の市民社会が到来したことを告げる祝砲といえるだろう。

朝鮮日報も同じ手口を使った。11月27日の社説の見出しは「『憲政史上最大規模』の第5回ろうそく集会『平和集会』で終了…外国メディアも感嘆」だった。だが、本文に「外国メディアも感嘆」を裏付ける事実は示されなかった。

東亜日報の11月28日の社説はさらに盛り上げた。「日本人がろうそく革命を羨ましがっている」と書いたのだ。見出しも「韓国が羨ましい理由」だった。だが、これまた「羨ましい」と語った日本人の名は記事になかった。

全身に回った毒

2016年12月に入ると、シニア記者なら1度は「韓国人の高い政治意識と民度に世界中が驚く」というコラムを書かないと格好がつかない空気となった。中央日報に「朴槿恵が残した業績」（12月5日）という見出しの記事が載った。

・6週間続いた週末ごとのろうそく集会に世界が驚いている。周辺の商店は通常通りに営業し、ガラス1枚割れない、ゴミ1つ残らないという事実に驚きを禁じ得ないのだ……。

またもや「中二病」記事か、と思いながら署名を見て愕然とした。筆者は半年前、韓国が中二病に罹ったと嘆いていた褒明福・論説委員だった。国際感覚あふれる記者までが「中二病」の輪の中に入って踊っていたのだ。

これを読んでもう1度、納得した。当時、朴槿恵政権の米中二股外交は完全に破綻し、韓国を危機に陥れていた。米国からは見捨てられ、中国からは侮られた。日本と北朝鮮は自滅する韓国を利用した。だが、体を張ってそれを食い止めようとする指導者や識者が出てこない。

それもそのはずだった。朴槿恵弾劾騒動の中で国全体に中二病の毒が回り、自分たちが自己賛美という病に罹っているとは誰も恐ろしくて指摘できなくなっていたのだ。思春期の青年を下手に刺激すると、逆切れされるのがオチだからである。

２　「反日」ではない、「卑日」なのだ

韓国人はもう「反日」ではない。彼らを突き動かすのは「日本を卑しめたい」との衝動なのだ。

サッカーも経済も上手

「サッカーも上手い韓国、サッカーだけ上手いウルグアイを鍛えてやろう」――。２０１０年６月24日付の東亜日報の見出しだ。ワールドカップ・南アフリカ大会を前に、韓国の対戦相手の戦力を分析する記事だった。

この記事には「世界に君臨したウルグアイのサッカーは１９６０年代以降、経済危機と共に実力も急激に落ちた」とある。一方、韓国は１９９７年の経済危機を克服したうえ、２００２年の日韓大会ではアジア初の４強に輝いた。

韓国社会では「自分よりも下の存在」を徹底的に貶めることで「自分が上であること」を確認するのが常である。「サッカーも経済も上手」と自信を深めた韓国人にとっ

て「サッカーだけ上手い」ウルグアイは絶好の見下すべき対象だったのだ。

こんな記事に対しても韓国では非難の声は起きない。韓国紙の記者に「この見出しはひどい」と言ったら「貧乏な国を貧乏と言ってどこが悪い」と反論された。海外から非難の声があがったためだろう、東亜日報は電子版の見出しを穏当なものに修正したが、1年もたってからだった。

2006年のドイツ大会の前にも韓国紙に同様の記事が載った。中央日報の社説「ワールドカップに『オールイン』の社会の雰囲気を憂慮する」（6月6日）にこんなくだりがあった。

・ワールドカップに没頭して全てを忘れていいのか。国政の懸案は多い。我々が、サッカーしか知らない南米の三流国でない限り、これではいけないのだ。

ワールドカップのたびに、自分より貧しい国を見下すのが韓国の恒例行事となった。

「メキシコは貧乏だ」

２０１８年のワールドカップ・ロシア大会では、韓国紙に中南米を貧しい国々と見下す記事は見当たらなかった。

韓国の品位が少しは上がったのかもしれない。あるいは、経済の雲ゆきが怪しくなってきたので「サッカーも経済も上手い韓国」と誇れなくなっただけなのだろうか――。

と、考えていたら『韓国人による恥韓論』の著者、シンシアリー氏が、韓国語のネット空間で交わされた発言を自身の日本語ブログで紹介していた。６月23日に韓国はメキシコに負けたが、その翌日のことだ。日本語を整えて引用する。

・メキシコのリードが2点差になった頃、こんなコメントが目に入りました。

・ところでサッカーに勝ってなんだというの？　メキシコってウリナラ（我が国）より貧しいじゃん。

・この件は、「ネットの一角でのこと」ということにしてください。いつものように多くの「賛成」を得ているコメントでもありません。

・ただ、決して初めて見る意見ではありません。同じ趣旨のコメントが、不定期的に、目に入ります。（中略）

・メキシコは貧しい。だからサッカーに負けても韓国の勝利だ。そう主張する人にとって、メキシコは「貧しくないといけない」存在でもあります。決めつけです。精神勝利ができなくなるからです。

・韓国人が、日本のことを「日本人は貧しい」「韓国はもう日本と同じぐらい発展している」と主張するのも、似たような心理からくるものだと私は思っています。

韓国人が見下すのは中南米だけではない。昔から朝鮮半島専門家の間では「将来もし、韓国人が日本を追い越したと考える時が来たら、韓国人から徹底的に貶められるだろう」との予想があった。

「韓国よりも劣った国」に韓国人が見せる態度からの類推だった。第2次世界大戦で負けた後、日本が韓国人の嘲りの的となった事実もある。ただ、日本人は戦争で負けるまで韓国の「卑日」を想像もしなかったろう。21世紀に入ると、再びその「まさか」が起きた。

日本は落ちて行くだけ

韓国では２０１０年頃には「日本追い越し論」が広がっていた（第3章第1節）。そこに２０１１年3月11日の東日本大震災。「もう日本は立ち直れない。落ちて行くだけ」との認識が一般的になった。その瞬間、日本を貶める国民的な運動――「卑日」が始まった。

運動の先頭には政府が立った。中南米とは異なって、日本は「絶対に敵わない上の存在」と韓国人は見ていた。そんな目の上のたんこぶの凋落には、国家の力を総動員しても貶める価値があった。もちろん、政権の人気取りにも絶大な効果を発揮する。

２０１１年8月30日、韓国の憲法裁判所が「元従軍慰安婦の請求権に関し韓国政府が何もしていないのは違憲」との決定を下した。李明博政権はこれを名分に日本に対し、元慰安婦への補償を強力に求めた。

２０１１年12月14日、元慰安婦の支援団体、韓国挺身隊問題対策協議会がソウルの日本大使館前に「慰安婦像」を建てた。日本政府が抗議したが李明博政権もソウル市も取り合わなかった。李明博政権の黙認を機に韓国、そして全世界で慰安婦像が建てられていった。

李明博大統領が先頭に立っての「卑日」は２０１２年8月、一気に噴出した。10日、大統領が竹島に上陸した。13日には国会議長ら要人に「国際社会での日本の影響力は以前ほどではない」と述べた。

14日には天皇陛下に謝罪を求めた。記録では確認できないが、土下座を要求したともされる。17日には韓国外交部が野田佳彦首相の親書の受け取りを拒否。大統領の顔色を窺い、外交慣例さえも無視した。

突然に始まった日本たたき。直前の7月10日に李明博大統領の実兄が収賄容疑で逮捕されており、それから目をそらさせるためのパフォーマンスだったとの見方が通説だ。

卑日ショーでうっぷん晴らし

確かに「卑日ショー」を提供しなければ、大統領の立場はさらに悪化していただろう。ただ当時、韓国の国民が何らかの形で「日本の上になった」ことを実感したがっていたことを見逃すべきではない。

21世紀に入った頃、ある日本人留学生が韓国の大学で「もう、日本など怖くないぞ」と唐突に言われたことがあった。李明博氏自身も大統領に当選後「子供の頃、私をいじめていた強い奴がいた。私が大統領に就任した後、その男と会った。彼は笑って近づいてきたが、私は許す気になれなかった」との趣旨を語ったことがある。

李明博大統領の２０１２年8月の一連の行動は「日本よりも上になった韓国」を、国を挙げて確認するイベントだった。15日の独立記念日の式典では「韓国は先進国となった」と演説してもいる。「卑日」は「独立宣言」でもあった。

ファンド・ビルダーのペンネームで外交・安保に関する評論で活躍する論客は「最近の反日は日本を小突きまわすもの」と反日の本質的な変化を指摘した。

保守系サイトの趙甲済ドットコムに載せた「北朝鮮の『我々独自のやり方』に似てきた韓国の『反日』」（２０１４年10月10日）にこうある。

・韓国人が現在見せる過度の反日は、不幸だった歴史のためではなく、韓国人特有のうっぷん晴らしだ。御しやすい日本を小突きまわしているだけなのだ。

被害者は上の存在

もっとも、日本人の多くは韓国が「反日」から「卑日」国家に変身したことに気が付かなかった。歴史問題を言いたてて日本を批判するという手口は同じだったからだ。

「下から目線」で日本に恨みつらみをぶつけてくる韓国人に慣れ切って、彼らが「上から目線」で日本を貶め始めたとは思いもよらなかったのである。

その結果、日本には「次の政権が発足すれば関係改善を期待できる」といった韓国を完全に見誤る言説が横行した。「月刊正論」の2011年12月号の特集のタイトルは「韓国よ、いい加減にせんか」だった。叱りつければ、あるいは逆に頭をなぜてやれば韓国の正気が戻ると、まだ日本では考えられていたのだ。

韓国は、ろくな交渉カードなしで在韓米軍の削減を阻止したり日本に援助を求めるには、一方的に要求を騒ぎ立てるしかないと考え、そう行動してきた。

そんな韓国を米国や日本の外交関係者は駄々っ子――地面に寝転がって手足をバタバタさせ、親に物をねだる幼児と見なしてきた。時々かんしゃくを起こす第1反抗期の2―4歳児として扱ったのだ。

ただ、幼児はそのうちに甘えようと親の膝に戻って来る。ひと昔前の反日は上位にある者に対する下からの抵抗だった。甘えの一種であり、日本が謝ったり援助したりすると韓国はすぐに鉾を収めて、再び日本にすり寄った。

一方、卑日は上位者が下の者を叱りつける行動である。日本がいくら謝ろうが、韓国は日本非難をやめない。叱りつけることで「お前は下にある」と思い知らせることが目的だからだ。

李明博大統領が創始した「卑日」を引き継いだ朴槿恵大統領が、日本に対し「被害者は加害者を千年怨む」と語ったのが「卑日」の本質を現わしている。韓国では「被害者は上の存在」であり、「下の存在たる加害者」を永遠に罵倒し続けるものなのだ。

民主党でさえスワップ打ち切り

もっとも、朴槿恵大統領からそれだけはっきり言われてもまだ、日本人には「卑日」――見下されているという自覚が生まれなかった。韓国の行動が自らの国益を明らかに害したからでもある。日本人は「自分の首を絞めるようなことを韓国が続けるわけがない」と考えたのだ。

実際「竹島上陸」により韓国は日本との通貨スワップを失った。普通の日本人が怒り出したため「アジアとの和解」が大好きな当時の民主党政権でさえ、スワップを延長するわけにはいかなくなった。だが、スワップを打ち切られても韓国は日本たたきをやめない。韓国は明らかに変わったのだ。

中央日報の裵明福・論説委員が韓国を「中二病」にかかったと評した（第3章第1節）。第2反抗期の青年は利害得失など計算しない。結果などはお構いなしに、ひたすら「自分は最強の存在」と信じてパフォーマンスに没頭する。韓国は「いつかは戻って来る」第1反抗期の幼児ではなくなったのだ。

3　墓穴を掘っても「告げ口」は止まらない

朴槿恵政権は「卑日」をバージョンアップした。各国首脳と会談するたびに日本の悪口を吹きこむ「告げ口外交」である。「日本は慰安婦に関し謝罪していない」「慰安婦問題は解決していない」とウソを語って歩いた。日本よりも「上」に立つため、慰安婦問題を国際化したのだ。

植民地帝国で帝国主義批判

日韓両国は1965年の国交正常化の際に結んだ請求権協定で「両国の国民、法人の請求権に関する問題が完全かつ最終的に解決された」と確認している。

さらに1993年8月の河野談話で元慰安婦に対し謝り、1995年にはアジア女性基金まで作って元慰安婦に「償い金」を渡している。

何度も謝罪を要求することに関し韓国は「我が国は民主化した。人権意識が高まって、過去の心のこもっていない謝罪では納得できなくなったのだ」との説明も使った。韓国側の事情が変わったから、日本はまた謝るべきだという理屈である。

人権意識が高まったというなら、国連の対北朝鮮人権侵害非難決議に加わってもおかしくない。ベトナム戦争当時の韓国軍の蛮行も国をあげて謝罪すべきだろう。中南米を三流国と決めつける社説など載せはしないはずだ。

明らかに屁理屈なのだが、韓国人は「民主化したから」と言い続けた。「民主主義でも日本を超えた」という言葉に酔っていたから、自分の言っていることがおかしいとは思いもしなかったのだろう。

他国の悪口を言って歩く国家元首というのも奇妙な存在だから、世界のメディアは朴槿恵大統領が会見するたびに、日本の悪口を言わせようとした。

欧州訪問時にも日本の植民地支配を非難した。もちろん相手にされなかった。作家の塩野七生氏は欧州の人々から見た告げ口外交を、朝日新聞（2016年5月25日）で語った。
・ヨーロッパは旧植民地帝国の集まりみたいなようなものだから、日本の優に十倍の年月にわたって、旧植民地に言わせれば、悪事を働きつづけた歴史を持っているのです。

それでいて、謝罪すべきだなどとは誰も考えない。
・そういう国々を歴訪しながら「日本は悪いことをしていながら謝罪もしないんです」と訴えて、効果があると考えたのでしょうか。私には、外交感覚の救いようのない欠如にしか見えませんが。

離米従中の言い訳に

意味のない――下手すれば墓穴を掘る「卑日」の国際化。朴槿恵政権はそれを米国への言い訳に利用した。発足したばかりの朴槿恵政権に対し、オバマ（Barack Obama）政権は日米韓の軍事協力体制の強化を求めた。台頭する中国を封じ込めるためである。

一方、朴槿恵大統領は政権が発足するやいなや米中二股外交に邁進した。当然、米国の要求など呑めない。そこで米国に対し「日本との軍事協力は国民感情が許さない。日本が謝罪しないからだ」と言い募った。

その理屈をもっともらしく見せるために「戦争責任を認めず、謝罪もしない日本」とのイメージを世界で広めようとしたのである。

米政府の要人が訪韓するたびに、朴槿恵大統領は執拗に「反省のない日本」を言いたてた。だが、そんな子供だましの屁理屈に騙される米国ではない。2013年12月6日、ソウルで朴槿恵大統領と会ったバイデン（Joe Biden, Jr.）副大統領は以下のように警告した。

・オバマ大統領のアジア・太平洋地域への回帰政策は決して疑念の余地がないものだ。米国は行動に移せないことは絶対に言わない。もう1度申し上げるが、行動に移せない言葉は、米国は絶対に言わない。

・今回の訪問を通じ、ずっと他の国に対しても、米国の反対側に賭けるのならそれはいい賭けではない、と言い続けてきた。米国は今後も韓国に賭けるつもりだ。

「慰安婦」にしがみつく

「日本のせいにするけれど、本当は中国が怖いんだろ？」と韓国の本音を見透かしたうえ「守ってやるから安心しろ。それでも中国側に行くというなら覚悟しろ」と「離米従中」をやめるよう脅したのだ。

それでも朴槿恵政権は「告げ口外交」を続けた。結局、バイデン副大統領が仲介に立って２０１５年12月28日、日韓の間で慰安婦合意が交わされることになる。両国外相は「慰安婦問題が最終的かつ不可逆的に解決されることを確認する」と表明した。米国と日本は朴槿恵政権から「離米従中」を言い訳する余地を取り除いたのである。

韓国は外交的には無理筋の「卑日の国際化」を展開することにより、最後は米国から「卑日」の中核である「慰安婦カード」を取り上げられた。

だが、朴槿恵政権は退陣するまで「慰安婦カード」を手放さなかった。文在寅政権もそれを引き継いだ。なぜなら「慰安婦」は外交の道具であるだけではなく「世界で日本を貶めるショー」を国民に見せる「内政カード」でもあったからだ。

２０１６年末、反日団体が釜山の日本総領事館前に慰安婦像を無許可で設置した。釜山市東区役所がいったんは排除したが、後になって認めた。当時は野党の幹部で次の大統領と見なされた文在寅氏が東区役所を「親日」と非難したうえ「釜山市民の少女像（慰安婦像）設置こそは真の意味での独立宣言」と語ったからだ。

２０１８年２月26日、文在寅政権の康京和・外交部長官は国連人権理事会のハイレベル会合で演説し「日韓合意は元慰安婦の救済に十分ではない」と述べ問題を蒸し返した。

朴槿恵政権の「告げ口外交」から、国連を舞台にした「陰口外交」に転じたのである。日韓慰安婦合意では「この問題が最終的かつ不可逆的に解決されることを確認する」としたうえで「今後、国連など国際社会でお互いに非難・批判することは控える」と約束している。

明確な合意違反であるとして日本政府は抗議した。だが、康京和長官は完全に無視。同年6月18日には慰安婦問題に関し「戦時性暴力という非常に深刻な人権問題として国際社会で位置づける計画を準備中」と語った。韓国政府には、国民を喜ばすもっとも有効な武器である「慰安婦カード」を手放すつもりはみじんもない。

「日本ブランド」が悔しい

長い間、世界の人々の平均的な韓国像は「中国の影響下にある、影の薄い貧しい小国」だった。経済成長に成功した今も「しょせん、日本の劣化コピー」と見なす人が多い。

文在寅大統領も対談集『大韓民国が聞く』（2017年1月）で「米国は韓国よりも日本を大事にする」と、そこに話題を振られると以下のように悔しそうに答えている

（199ページ）。

・すでに1700年代、1800年代から西洋社会には日本と日本文化への憧憬があった。日本文化が流行したこともある。今も米国に行けば家具やインテリアに日本文化が多く宿っている。

世界有数の強国に成長したのにイメージは昔のまま──。こんな不満が韓国紙には年中、載る。そのもっとも効果的な処方箋が、世界で「韓国は日本よりも上の国」と広めることなのだ。

そもそも「すごい自分を知ってほしい」という発想こそが中二病の本質である。『中二病　取扱説明書』は帯で、この病気にかかった中学生の思考を以下の3つに集約している。「自分は最強の存在」「誰も自分をわかってくれない」「みんなとは違う自分を見てほしい」。

世界中の人々が「韓国の方が日本よりも偉い」と言いだすまで、世界を舞台にした卑日運動は収まらないだろう。韓国人が中二病にかかっている限りは。

4　あっさりと法治を否定

１９８７年に韓国は民主化した。四半世紀後の２０１４年、韓国政府は言論弾圧に乗り出した。多くの韓国メディアがそれを支持した。

産経記者を起訴

２０１４年10月８日、奇妙な事件が起きた。朝鮮日報を引用して記事を書いた産経新聞のソウル特派員が名誉毀損で起訴されたのだ。産経の特派員――加藤達也記者は起訴前の同年８月７日から出国禁止処分となっており、処分が解除される２０１５年４月14日まで８カ月間も韓国に留め置かれることになる。

韓国政府は日本の有力政治家も使って産経新聞に謝罪させせようとした。だが、産経は断固拒否し結局、２０１５年12月17日に韓国は無罪判決を出さざるを得なくなった。

引用元の記事は朝鮮日報が２０１４年７月18日に載せた「大統領をめぐるうわさ」。その３カ月前の４月16日、旅客船「セウォル」号が沈没し死者・行方不明者は３００人を超えた。事故発生当初の7時間、大統領がどこにいたのかを青瓦台がなかなか明かさなかったことに関連、この記事は「その間に朴槿恵大統領がある男性と会っていた」という街の噂を紹介した。

加藤記者はそれを引き、8月3日に産経・ネット版に「朴槿恵大統領が旅客船沈没当日、行方不明に…誰と会っていた？」を書いた。韓国の検察はこの記事が大統領の名誉を毀損したとして起訴した。一方、朝鮮日報は一切、おとがめなしだった。

極めて恣意的な法律の運用と、それによる言論弾圧には世界が驚いた。日本や米国など西側のメディアは強く批判した。日本政府は抗議し、米国政府も懸念を表明した。だが、韓国政府は平然と裁判を進めた。

不愉快だから有罪

さらに世界を驚かせたのが、この露骨な言論弾圧をほとんどの韓国メディアが支持したことだった。本来なら産経新聞と共闘すべき朝鮮日報は激しく産経を叩いた。

「国家元首に対する日本の二重的な態度」（２０１４年10月13日）は「加藤前支局長が起訴されたのは朴大統領への批判のためではない。口にするのも恥ずかしい男女関係の疑惑をこと挙げしたからだ」と書いた。

　産経は女性を冒瀆した。だからこれは言論弾圧ではない――との主張だった。しかし「口にするのも恥ずかしい男女関係」をまず報じたのは朝鮮日報である。どう考えても理屈にならない。

　当時、韓国のメディア界では「朝鮮日報は起訴を猶予してもらう見返りに、先頭に立って産経を叩いている」との観測が流れた。

　中央日報は「産経はたちが悪い新聞だから起訴されて当然だ」との論理で起訴を正当化した。10月10日に載せた長文の記事「度の過ぎた嫌韓・反韓報道で信頼を失う産経」は産経や加藤記者の〝罪状〟を挙げた。主なものは以下だ。

・加藤記者は「月刊正論」２０１４年９月号で、慰安婦に関連し「韓国は性搾取大国である」と書いた。
・産経は１９９５年３月13日付社説で「日本の朝鮮半島統治は当時、国際社会が認めた日韓併合条約によるものであり、不法占拠ではない」と植民地統治を正当化した。
・産経は２０１４年２月、朴大統領の外交を「告げ口外交」とけなす記事を「韓国の民族的習性」との見出しで載せた。

中央日報が挙げた記事はいずれも今回の起訴とは全く関係がない。日頃「韓国にとって気にくわない記事」を産経が書いていたということに過ぎない。

だが、同紙は「これらの報道が起訴に影響した」と堂々と書いた。法律に違反しなくとも「気にくわない奴なら起訴して当然」と主張したのだ。

外交的に損だ

中央日報は翌10月11日の社説「産経前支局長への起訴に対する我々の考え」でもこの論理を繰り返した。

・産経は訂正報道はもちろん、謝罪表明さえも真摯にしなかった。さらに加藤前支局長と産経は、普段から度が過ぎる嫌韓報道で批判を受けていた人物と報道機関だった。

起訴を批判した記事もわずかながらあった。左派系紙、ハンギョレの10月11日の社説

「国の恥『産経記者の起訴』は大統領が収拾せよ」だ。ただしハンギョレも「外交的に損だから」との理由を前面に掲げた。

・外交的損失も少なくない。今回のことで日本は韓国を攻撃するいい材料を得た。慰安婦問題など韓日関係の課題は片隅に押しやられることになった。

・米国や国際社会の支持を得るという点でも、日本が優位に立つ可能性が高まった。韓日関係が冷え切っている責任を、日本は韓国のせいにするだろう。政府がこのような結果を念頭に置いていたのか、問わざるを得ない。

中央日報の社説がいみじくも示したように、多くの韓国人が「不愉快な日本のメディアに報道の自由などない」と考えている。

そんな空気の中ではハンギョレも「いかなるメディアにも普遍的に適用されるべき報道の自由を今回の起訴は侵した」とは書きにくい。そこで「韓国は世界から非難されている。だからそれを引き起こした起訴はよろしくない」との理屈にしたのだろう。

汚物を投げる韓国人

産経事件は韓国の変化を象徴した。1987年6月の民主化の前――いわゆる軍事独裁政権の時代にも、政権に批判的な記事を書いた日本の新聞に対する弾圧はあった。ただそれは特派員の国外追放ぐらいで、起訴したり、出国禁止処分にすることはなかった。

民主化後の1993年6月、フジテレビのソウル支局長が韓国軍から軍事機密を入手して報道したとして起訴され、懲役2年の実刑判決を受けたことがある。日本記者への起訴はこの事件に続き、加藤記者が2件目となった。

民主化したはずなのに言論の自由が逆行したのだ。なぜだろうか――。中央日報の社説「産経前支局長への起訴に対する我々の考え」が前文で本音を漏らしている。

・(検察は) 海外メディアの報道も治外法権領域でないことを明確にした。

国力の乏しい昔は日本に遠慮して起訴できなかったが、今や可能になった――との喜びをチラリと見せた。それを国民と分かち合うイベントが加藤記者への辱めだった。

産経ソウル支局の前では加藤記者や安倍晋三首相の人形を足蹴にするデモも行われた。

ペットボトルに入れた汚物も撒き散らされた。

２０１４年11月27日の初公判の日。朴槿恵大統領を支持する団体の構成員らが裁判所を出た加藤記者の車の前やボンネットに寝そべり、生卵を投げつけた。車は加藤記者を乗せたまま、７、８分間にわたって立ち往生した。

加藤記者の書いた『なぜ私は韓国に勝てたか』（２０１６年２月）によれば、警察当局は制服警官を配備したと後で説明したが、車内から警察官の姿は見えなかった（１０２ページ）。

もちろん、裁判所に集まっていた韓国のテレビはこの光景を一斉に放映した。裁判は、朴槿恵政権が国民に贈る格好の「卑日ショー」となった。それは「米国に対しても屈しない韓国」を誇る舞台でもあった。

事件を予言していた国務省

米国は起訴の当日、韓国の言論弾圧に対する「懸念」を表明した。10月8日、国務省のサキ（Jen Psaki）報道官は以下のように語った。記者からの質問に答える形だったが、書面を読み上げたことからして発言を準備していたのは間違いない。

・ソウルの検察当局が本日、産経新聞支局長を起訴したという報道を我々は承知している。起訴手続き後のソウルの検察の捜査を注視してきた。それ以上の細かな情報は持っていない。
・ご存じのように、我々は言論と表現の自由を幅広く支持している。これまでもそうだったが、最近発行した国務省の年次報告書も含めて、我々は韓国の法律への懸念を明確にしてきた。

年次報告書とは２０１４年２月発表の２０１３年版の国別人権報告書のことだ。「韓国」の項には以下の懸念が記されている（７―８ページ）。

・政治的指導者を批判したと当局から見なされた人々が処罰されることもあり得る。
・名誉毀損を大まかに定義することにより罪を負わせる法律が、取材活動を抑圧する可能性がある。

産経事件を予言していたようなこの報告書に言及することによって、米国務省は韓国の言論の自由の侵害に警告を発したのだ。

米国にあてつけ

公判で弁護側の証人として立った米国人ジャーナリストのドナルド・カーク（Donald Kirk）氏は「米国では大統領に失礼な表現を使ったとして処罰されたことはない」と語った。

これに対し裁判長が「ドイツの憲法では人間の尊厳に主眼が置かれている。米国とは異なる価値を表わしているのではないか」と質問した。唐突に「ドイツ」を持ち出したのは「自らの基準を押し付ける米国」へのあてつけだったのだろう。

中央日報などメディアも〝米国の干渉〟に反撃した。同紙は「気にくわない奴だから起訴されて当然」と主張した社説「産経前支局長への起訴に対する我々の考え」を英語に翻訳し、ネットで世界に流した。「Dealing with defamation」（中傷に向き合う）である。

シニア記者の中には、起訴を批判的に見つつも〝米国の干渉〟を拒否したことに話が及ぶと、実にうれしそうな顔をする人もいた。

昔なら――例えば、朴槿恵氏の父親、朴正熙（パク・チョンヒ）大統領の時代なら、米国の圧迫によって起訴は直ちに取り消されただろう。そもそも、米国の顔色を見て起訴などしなかったはずだ。

朝鮮戦争が終わって同盟を結んだ時から、米国はしばしば韓国の人権状況を改善しようとした。１９８７年の民主化まで、とても米国が満足する水準のものではなかったからだ。

米国が脅す際のカードとして使ったのは在韓米軍の削減・撤収だ。韓国は自力で国を守る自信はなかったので、米国の〝指導〞に従うほかなかった。

朴槿恵政権は、国力が増した現在はもう、米国の口出しなど無視できると国民に示したのだ。韓国人にとって「卑日」以上の痛快な出来事であっただろう。日本の支配は70年以上も前に終わったが、米国は今も自分の上に君臨していると韓国人は感じている。

小児病的な反日

世間のルールを破って自分には力があると誇る――まさに中二病にかかった韓国――

を憂えた韓国人もわずかながらいた。保守の論客、ファンド・ビルダー氏だ。第3章第2節で紹介した「北朝鮮の『我々独自のやり方』に似てきた韓国の『反日』」（2014年10月10日）はこの事件に関連し書かれた記事だ。

・国際的な常識を無視した韓国の過度の反日に対し、国際社会も疲労感を覚え始めた。産経の前支局長起訴に米国や国連が憂慮するのも、そのシグナルだろう。

・過度の反日による外交、安全保障面での不利益を生む可能性をもう、排除できない。しかし、これに対し警告をすべき韓国のメディアは、警告どころか反日を増幅することに熱心だ。

・小児病的反日は対外的なイメージばかりでなく、果ては韓米同盟も危うくするだろう。怪物に成長した反日に知らぬふりをしたり、迎合する限り、韓国に未来はない。

「卑日」――ファンド・ビルダー氏の言い方を借りれば「小児病的反日」が米韓同盟を破壊するとの憂慮は当たった。4年後の2018年6月、トランプ大統領は北朝鮮の非核化を進めるためとして、米韓合同軍事演習の中止を発表したうえ、将来の在韓米軍撤収に言及した。米韓同盟がいつまで持つか、分からなくなった。

モンゴルよりも遠い韓国

産経事件が象徴する「卑日」が直接、米韓同盟の揺らぎを生んだわけではない。だが、韓国という国が米国と共通の価値観を持っていないとの認識が広がったのは重い。米国が朝鮮半島やアジアの安全保障政策を決定する過程で、米韓同盟を維持すべきだと主張する側の説得力を大きく減じる材料となるからだ。

ＷＳＪは２０１５年12月７日の「韓国で覆面の反政府デモ、言論の自由など訴え」（日本語版）で、加藤記者の起訴を含め、韓国で言論の自由が後退しているのではないかと疑問を呈した。

１９８７年の民主化も米国が指導した結果と考える米国人がかなりいる。こうした記事からは、いったんは善導した生徒が再び非行に走ったのを嘆く気分を感じとることができる。

米国ほどには人権や民主主義、法治といった価値観を外交の場で主張しなかった日本でさえ、韓国を突き離した。

2015年3月2日、日本の外務省はホームページで韓国に関し使っていた「基本的な価値を共有する」との文言を削除した。

産経新聞によると、外務省幹部は加藤記者の起訴に関連して、民主主義の根本である法の支配をめぐり両国間に価値観の隔たりがあることを理由に挙げた。

2016年7月にモンゴルを訪問した安倍晋三首相はエルベグドルジ大統領に以下のように述べた。

・日本とモンゴルは基本的価値を共有する地域の重要なパートナー。モンゴルの自立的発展のためにできる限りの支援を惜しまない。

韓国はモンゴルよりもはるかに遠い国となったのだ。外務省は2018年4月には韓国に冠していた「戦略的利益を共有する最も重要な隣国」との表現も消した。価値観も共有しなければ外交的に手を組める相手でもないと宣言したのだ。

中国やロシアとは戦略的な関係にある——つまり、価値観は共有せずとも、特定の問題は協力して解決できる国と外務省は規定している。韓国の格付けはついに「中ロ以下」に落とされたのである。

幕引きも法治不在

産経事件――加藤記者が起訴された時には帰任の辞令が出た後だったので「産経前支局長起訴事件」とも呼ばれるが、その幕引きも韓国の法治を疑わせるものとなった。

２０１５年12月17日、ソウル中央地裁は加藤記者に無罪判決を言い渡した。判決文を読みあげる前に裁判長は韓国外交部が検察経由で裁判所に提出した対外秘の公文書を読みあげた。骨子は以下の2点だった。

・日本の各界の関係者が日韓両国関係の発展という大局的な観点から、被告人に対する善処を強く求めてきている。
・最近、韓日関係が改善の兆しを見せていることに鑑み、日本側の要請を真摯に考慮する必要がある点を斟酌していただきたい。

この文書に対しては「行政府の司法への介入を証拠づけた」として韓国でも批判が起

きた。ただし、加藤記者は『なぜ私は韓国に勝てたか』で、この対外秘の文書「量刑参考資料」は判決に影響は与えなかったとの見方を紹介している（210ページ）。

ではなぜ、司法の独立を侵す証拠となるような文書が作られたうえ、公開されたのだろうか。外交部が文書を作ったのは日本に対し「韓国政府の努力で無罪にしてやったのだ。恩に着ろ」と言いたかったからであろう。では、公開すれば独立性を疑われる裁判所が、敢えて裁判で文書を読み上げたのはなぜだろうか。

裁判長も無罪判決を言い渡す心づもりはあったものの、世間の批判を恐れた。そこにタイミングよく外交部からこの文書が届いたので公開した――との仮説を加藤記者は提示している（211ページ）。

いずれにせよ最初から最後まで、法治国家であることを自ら否定したこの事件は韓国の国際的な威信を大きく落とし、日米から「見捨てられる」1つの要因となった。

当然のことながら法治の不在は内政の不安定も呼んだ。皮肉なことに産経事件で法治を否定した朴槿恵大統領と朝鮮日報が、すぐさまその被害者となった。

第4章

「妄想外交」は止まらない

人を呪わば穴二つ

(2017年3月31日、逮捕状が発付され、地検から拘置所に
護送される朴槿恵前大統領)

写真：YONHAP NEWS／アフロ

1　儒教社会に先祖返り

２０１７年３月10日、朴槿恵大統領が罷免された。多くの国民が快哉を叫んだが、韓国の法治にはますます疑問符が付いた。

訴追にない案件で罷免

「民主主義の勝利だ」と韓国人が胸を張る朴槿恵弾劾。だが、韓国の法曹界にも罷免判断は法理を逸脱したとの見方があった。憲法裁判所が弾劾を認めた理由の中には、国会の訴追には含まれない事由が含まれたからだ。検察が訴えていない罪で裁判所が有罪を宣告するのと同じである。

２０１６年12月９日、韓国国会は朴槿恵大統領の弾劾訴追案を可決した。理由は①大統領の友人、崔順実（チェ・スンシル）氏による「国政壟断事件」に関連し職権を乱用した、②言論の自由を侵害した、③旅客船「セウォル号」沈没の際、職務怠慢だった――などだ。

翌2017年3月10日、憲法裁判所は8人の裁判官全員がその訴追を認め、罷免を宣告した。ただ、憲法裁判所は②と③に関しては罷免に足る法律違反はなかったとした。結局、罷免の理由には①に加え、大統領が検察の調査に応じなかったことをあげた。だが、この捜査非協力は訴追の理由にはなかった。

朝鮮日報系のチャンネル、TV朝鮮の「〈ニュースを撃つ〉　弾劾審判　憲法裁判所の要旨…『容認』決定の争点は?・」（3月10日）に出演した4人の法律家のうち、ソウル地裁副所長と憲法裁判所裁判官をそれぞれ歴任した2人の弁護士が以下のように語った。

・憲法裁判所は罷免の理由に、国政壟断を許した職権乱用に加え、大統領が検察や特別検察の事情聴取を拒否したことをあげた。しかし、後者は弾劾訴追には入っていない。訴追されていないことまで罷免の理由とするのはおかしい。

さらに、ソウル地裁副所長を経験した弁護士は、調査に協力しないのは被疑者の当然の権利だと指摘した。

憲法を守る意思がないから違憲

なぜ「起訴状にない罪で有罪判決」となったのか。それは①の職権乱用だけでは罷免するに不十分だったからと思われる。弁護側は「朴大統領のやったことは歴代大統領もやっていたこと。これまでの基準から言えば罷免するほどの行為ではない」と主張していた。

多くの韓国人も内心はそう思っている。そこで憲法裁判所は「事情聴取の拒否」を持ち出し、職権乱用に足して〝合わせ技一本〟としたのだろう。

憲法裁判所の宣告のうち、調査への非協力に関する部分は以下だ。

・被請求人（朴大統領）は国民への談話で、真相究明に最大限協力するとしましたが、実際は検察と特別検察の調査に応じず、青瓦台への押収・捜索も拒否しました。

・この事件の訴追事由と関連した被請求人の一連の言行を見るに、法に違反する行為が繰り返されないようにしようとの、憲法を守る意思が見られません。

・結局、被請求人の違憲・違法行為は国民の信任を裏切ったことで、憲法を守るという観点から容認できない重大な法律違反行為と見なければなりません。

・被請求人の法違反行為が憲法秩序に与える否定的な影響と、波及効果の重大さから、被請求人を罷免することで得られる憲法守護の利益が圧倒的に大きいと言えるでしょう。

被疑者の防御権の行使を憲法違反と決めつけるために「憲法を守る意思がみられないから憲法違反だ」などと、かなり苦しい論理を展開している。

戒厳令も準備

ではなぜ、憲法裁判所は素直に「罷免に当たらず」との判断を下さなかったのだろうか。弾劾訴追案は大統領の下野を求めるデモに押され、国会が可決した。審判直前の世論調査では77％の国民が罷免に賛成していた。憲法裁判所は、国民の4分の3を敵に回す勇気はなかったのだろう。

2016年12月16日、次期大統領の最有力候補と目されていた文在寅氏は「もし、憲法裁判所が朴槿恵弾劾を棄却したらどうか」と聞かれ、以下のように答えた。

・国民の憲法意識こそが憲法だ。想像するのは難しいが、そんな判決が出れば、次は革命しかない。

〝次の大統領〟から「弾劾しなければ革命するぞ」と言われれば、憲法裁判所もそれを意識せざるを得ない。罷免を宣告した女性の裁判長は当日、ヘア・カーラーをつけたまま裁判所に入った。よほど「心ここにあらず」だったに違いない。

こうした空気を受け、韓国軍は憲法裁判所の審判を不服とする勢力がソウル市内に集結し、憲法裁判所や青瓦台に侵入して占拠する可能性があると判断、戒厳令の宣布も検討した。

結局、罷免決定に抗議するデモが起きて3人が死亡したものの、騒ぎは拡大しなかった。ただ、多数派の求める罷免が棄却されていたら、軍が警戒した騒乱状態が発生したかもしれない。

韓国人は朴槿恵弾劾騒動を英国の名誉革命、フランス革命、米国の独立革命と並べ誇った（第3章第1節）。確かにある意味で、フランス革命と似ている。

英国から隣国の革命を観察していた政治家がいる。バーク（Edmund Burke）だ。過激になる一方だったフランス革命を批判的に記した『Reflections on the Revolution in

France』で、法治の崩壊を指摘した。この本は後に保守のバイブルと呼ばれることになる。

「韓国の今」を思い起させるくだりがある。邦訳『フランス革命の省察』（半澤孝麿訳）では以下の部分だ。

・彼ら（裁判官）は、時には自らの生命の危険を冒してまで有罪判決を下さねばならないとも考えられています。……（中略）……彼らが無罪を言い渡した時、釈放されたその人物が彼らの法廷の戸口で絞殺され、しかも加害者はまったく罰せられない、といったことを彼らが経験しているのを我々は知っているのです（264―265ページ）。

韓国革命への省察

韓国軍が懸念した「裁判を不服とするデモ隊が青瓦台に押し掛ける状況」が当時のフランスでは日常だった。この無法ぶりに首を傾げたフランス人もいたことだろう。ただ、渦中の彼らは声をあげることはできず、英国人だけがそれを指摘したのだ。

21世紀の韓国の法曹専門家の一部も「韓国の法治」に疑問を持った。だが、それをおおっぴらに語るわけにはいかなかった。

ＴＶ朝鮮の座談会での２人の弁護士の発言は、生放送中に思わず語られてしまった本音だったのだろう。ＴＶ朝鮮は「法治の破壊」を２度と報じなかった。他のメディアはそもそも一切、宣告の怪しさに言及しなかった。

法曹関係者はともかく、普通の韓国人は「起訴状」に何と書かれているかなどは気にしない。「法律などに関係なく、不愉快な奴をよってたかってやっつける」のが韓国の裁判だ。

２０１４年に起きた産経新聞事件がそうだった。朴槿恵政権は保守団体を使い、産経新聞の記者を名誉毀損罪で起訴させた。産経が引用した朝鮮日報は全くおとがめなしだった（第３章第４節）。

この恣意的な法律の適用には世界が驚いた。そしてその２年半後に「法治の無視」はブーメランとなって朴槿恵大統領自身を直撃したのだ。

これこそが儒教的な法治

朴槿恵弾劾に関しても、産経事件の時と同様に「法治の危機」を訴える声はあがらなかった。それどころか、韓国メディアは「これこそが法治」と自画自賛した。ハンギョレの社説「民主主義の道しるべを新たに打ち立てた市民革命の勝利」（3月10日）が典型だ。

・愚かで極悪非道な大統領は、結局権力の座から追い出された。事必帰正。国民を蔑視し国家権力を私物化して国の根本を揺るがした罪に対する当然の因果応報だ。

・朴槿恵大統領罷免の外的形式は憲法裁判所の弾劾認容だが、実際的内容は常識と当然な道理の勝利だ。

・冬の間に広場で燃え上がったろうそくの炎は「法治と民主」に向けた渇望であったし、憲法裁判所は「全員一致の罷免賛成」でこれに答えた。

こんな記事が載るようでは、韓国人は法治国家を作るつもりはない、と見なされても仕方がない。もっとも、これこそが儒教国家の法治だと説明する専門家もいる。

京都府立大学の岡本隆司教授は儒教と法律の関係について以下のように説明する。

・中国法制史の専門家の間では、法源――裁判官が判決を下す際の基準――の1つとして「情理」という言葉が語られる。
・四文字に引き延ばせば「人情天理」とか「人情事理」などと言う。史上の裁判記録でもよくこの「情理」が使われてきた。
・裁判で判決を下すなり、政府が何らかの政治的決定を下す際に、大多数の人々が「なるほどな」と納得できる判断を示す、これが「情理」だ。
・法律の条文はこの「情理」によって解釈され、また変更もされるものだ。法が最終的なよりどころではあり得ない。判決などが最終的に依拠するのは「情理」——人々が「この辺が正しい」と思う、コンセンサスなのだ。

儒教国家では裁判でも感情を優先するのが当たり前——ということだ。ハンギョレが「法治が貫徹された」と胸を張ったのも当然なのだ。

窮屈な洋服を脱ぎ捨てる

岡本隆司教授は裁判だけでなく、統治に関する考え方自体が韓国、中国などの儒教国家と、西欧や日本とでは根本から異なると説明する。

・最たる例が「徳治」――徳によって国を治めるという儒教の理念から来た統治形態だ。眼目は不完全な人間を教えさとして、ちゃんとした人間を作ることにある。この結果、まともな人間で構成する、まともな社会ができて国がちゃんと治まる、という考え方だ。

・ちゃんとした人の間では、守るべきマナーがある。これを「礼」と言い、ある種の強制力がある。ただ、建前としては自ら律するものであって「法」のように外からがんじがらめに縛りあげるものではない。

・徳治に長らく馴染んだ人々には、法律によって国を治める――法治主義は、とても窮屈に感じられるだろう。法は柔軟性がなく、人々を細かく縛るからだ。

韓国は米欧風の民主主義の制度を導入した。しかしそれは背広やズボンなど洋風の上着を着ているにすぎない。依然として韓国人の下着は、徳治主義など儒教をベースにした発想で編まれているのだ。

そして今、韓国人は窮屈な洋風の上着を脱ぎ捨て始めた。もう、米国に世話にならずとも生きていける。それならば米国に押しつけられた西欧型の民主主義や、それを下支える法治主義に気を配る必要はない。台頭する中国と共有する理想、「徳治」に戻ればいいのだ。

ただ外の世界の人々は、儒教に先祖返りする韓国人の心境をなかなか理解できない。世界の国々は右上がりの1本の数直線上のどこかにあり、「遅れた国々」が右上にある西欧を追う――といったモデルで見がちだ。

グリーンCSIS副所長が2014年8月6日、中央日報に寄せた「韓国の民主主義は米国の国家利益」がその典型だ。「離米従中」を念頭に「中国側に鞍替えすると、せっかく米国が教えた民主主義を維持できなくなるぞ」と暗に警告した記事だ。

朝鮮日報にも言論弾圧

この上から目線の忠告は韓国人の耳に届かなかった。ほどなくして産経事件が起きた。産経記者を起訴させた朴槿恵大統領も、2年半後には法理からは疑問が持たれる罷免処分となった。

産経新聞事件の際には朴槿恵大統領のお先棒を担いだ朝鮮日報も、同政権の打倒運動では主導する側に回った。だが次の文在寅政権下では言論弾圧を受けるに至った。

2018年4月「虚偽、誇張、捏造報道により国民の知る権利を毀損するTV朝鮮の廃業を請願する人が1カ月で20万人を超えた」として、青瓦台は法律に基づいて廃業させるべきか検討に入った。文在寅政権は直ちに判断を下さず、政権に最も批判的な朝鮮日報に対し、子会社のTV朝鮮経由で圧力をかけ続けると見られている。

4月27日には放送通信審議委員会が、同日開いた南北首脳会談の報道と関連して、各テレビ局に「政府発表をもとに報道せよ」と指示した。報道の客観性、出所明示、誤報訂正などをチェックするぞ、と威嚇したうえでの注意喚起だった。同委員会はテレビ局の許認可に大きな影響力を持つ。

野党第1党で保守派の自由韓国党の洪準杓代表は自身のフェイスブックで「南北首脳会談は金正恩と文在寅政権が合作した南北偽装平和ショーにすぎない」「北朝鮮の核廃棄は一言も引き出せず、金正恩が声をあげたものをそのまま受け入れて書いたものが南北首脳会談の発表文だ」と酷評した。

だが、保守系メディアはこうした激しい批判を避けた。韓国の新聞界では、系列のテレビ局経由での威嚇が効いていると見る向きが多い。

韓国は着実に先祖返りしている。

2　韓国人をやめ始めた韓国人

韓国を脱出する韓国人がいる。「いつまでたっても大人にならない自分の国に将来はない」と見切った人たちだ。

もう、疲れました

２０１０年頃のことだ。「移民したい」と漏らす韓国人が増えた。実際、彼らは米国や日本で気に入った家を見つけると、さっさと居を移してしまう。ほとんどが海外で働いた経験を持つ人だ。

昔から移民する韓国人は多かった。ただ、その動機が変わった。貧しかった頃は、よりよい生活を求めての移民だった。だが、豊かになった今も移民は減らない。新たな移民希望者の本音は「経済水準が上がっても、政治が独裁を脱しても、国民が幼いままだ」ということに尽きる。

「シンシアリー」のペンネームで日本語のブログを書く韓国の歯科医師は「デモ参加者、

3歳児にピケ持たせて『良い教育の場だった』」（2016年11月14日）を書いた。朴槿恵大統領に下野を要求する街頭行動が盛り上がった時のことだ。

この記事は1960年の4月革命、韓国での略称は「4・19」——を例に引くことで、2016年秋の朴槿恵退陣を求める「ろうそくデモ」参加者について考察した。

・彼らは、問題を「直す」ことには最初から興味がありませんでした。
・ただ、悪を設定して無慈悲に叩くことで、自分たちが善として、「それらの問題とはなんの関係も無い存在」として君臨したかっただけです。（中略）
・率直に言って、もう疲れました。
・でも、これといって出来ることがあるわけでもなく……「朴槿恵を擁護するつもりはないけど、今の韓国のやり方に同調しない韓国人だっている」の一人として存在していることが、それなりの意義なら意義ですが。
・その意義とやらが、韓国では排斥の対象になってしまいますけど（苦笑）。

シンシアリー氏は翌2017年春、日本に居を移した。

韓国は未開社会だ

21世紀の韓国人は「世界に冠たる我が国」と自信を付けた（第3章第1節）。少し前まで見上げてきた日本も見下すようになった（第3章第2節）。だが、韓国人の情緒的な行動パターンに変化はない。

海外で生活した経験を持っていたり、外国語に堪能で自分の国を客観的に眺めることができる人たちの目には、そんな同胞が国を滅ぼしかねない危い存在に映る。

韓国語のネット空間でも「幼い韓国人」への自嘲を垣間見ることができる。そこでは韓国人は「未開民族」と決めつけられたりする。保守系サイト、趙甲済ドットコムでファンド・ビルダーのペンネームを使って外交・安保分野の論陣を張る識者も年中、「未開」を使う。

世論調査で韓国人の78％が「釜山の日本総領事館前の慰安婦像はそのまま置いておくべきだ」と答えたことを嘆いた記事「韓国人の70―80％が未開な考えをしている」（2017年2月17日）での用法は以下だ。

・未開人が集まって住む場所を「未開社会」としばしば呼ぶ。国民たちの意識水準（国民性）だけを見た際、韓国は未開社会、未開国と言って差し支えない。
・今、メディアの捏造報道で韓国が総体的な危機に陥ったことも、結局は韓国人のほとんどが未開であるからそうなったと見るしかない。

日韓慰安婦合意で約束したソウルの大使館前の慰安婦像の撤去も守らないうえ、釜山総領事館前の像も許した——とファンド・ビルダー氏は韓国政府を厳しく批判していた。そして約束違反をおかしいとも思わない韓国人の78％を未開と非難したのだ。

人間ではなく犬豚

韓国人を「犬豚」と呼んで自嘲する人もいる。「無明」というペンネームで「韓国人の幼さ」を指摘し続ける識者だ。日韓関係や自民党の内情に詳しいことから、日本駐在経験のある元外交官と思われる。

「安倍の支持率と国内政治」（2018年4月2日）という見出しのブログでは文在寅政権の通商政策を厳しく批判したうえ、以下のように書いた。見出しに「安倍の支持率」とあるのは、日本の左派メディアの安倍首相批判を韓国メディアが常にそれらしく引用する結果、韓国人が「安倍政権はもうすぐ倒れる」と信じ込んでいることを指す。
・1日たてばばれる文在寅一党の嘘に韓国の大衆は騙され続ける。なぜか。人間ではなく犬豚だからだ。

この記事には何と、豚の写真まで付いている。韓国人は日本人と比べ自分の感情を率直にさらけ出す。激しい言葉にいちいち驚いていたらきりがない。

ただ、「未開」「犬豚」という言葉使いは見過ごせない。「韓国人はいつまでたってもまっとうにならない」との絶望感がこめられているからだ。「未開人」が「文明国の人間」に、「犬豚」が「人類」になることはない。

中央日報の裵明福・論説委員は「疾風怒濤の大韓民国」（2016年4月11日）という記事で韓国人を「中二病」に罹っていると断じた（第3章第1節）。精神状態の不安定な中学校2年生に例えたが、ただ「いつかは大人になる」との前提で書いていた。

一方、ファンド・ビルダー氏も無明氏も、それはあきらめた風情だ。シンシアリー氏も、韓国人がいつまでたっても大人にならないと見切ったからこそ「率直に言って、もう疲れました」とつぶやいて韓国を脱出したのだろう。

国軍よ立て！

では彼らはなぜ、自分たちはいつまでたっても大人になれないと考えるのか。韓国を厳しく見る韓国人は自分たちの考え方の骨の髄まで染み込んでいる儒教を主犯と見なすことが多い。

人間や国の関係をすべて「上下」でとらえる。現実を直視せず「どうあるべきか」といった観念論を振り回す。法よりも情を優先する――。こんな儒教特有の発想が、法や約束を平然と破る韓国人の未熟な行動にお墨付きを与えているとの自己洞察である。

韓国も西欧型の法治主義は導入した。だが、自信が付いてくると「地」の儒教的法治がどんどん顔を出してくる。産経新聞の特派員を起訴した事件では、言論の自由を要求する米国に対し、政府だけではなくメディアも「儒教モード」で反撃した（第3章第4節）。

「儒教回帰」は止まりそうにない。京都府立大学の岡本隆司教授が指摘するように、儒教的なやり方に長らく馴染んだ韓国人には、法律によって国を治める「法治」は窮屈で仕方ないからだ（第4章第1節）。

ただ、それは国の不安定という大きな副作用ももたらす。文在寅政権になって朴槿恵政権の高官たちは逮捕された。獄につながれたのは朴槿恵前大統領だけではない。保守派は政治的な報復であり、検察が新たな権力に迎合して法律を恣意的に適用したと非難する。

「やっつけられた」保守は当然、左派への報復を虎視眈々と狙う。それは左派も分かっているからますます保守派を抑え込もうとする。保守の牙城、朝鮮日報に対し露骨な弾圧が始まったのもそのためだ。

朴槿恵退陣騒動の中で、保守派のデモ隊の一部は「国軍よ立て！」というプラカードを掲げた。左派の実施した大衆行動に対抗するのはクーデターしかない、との思いからだ。

文在寅政権はスタートするや否や、軍政のトップである国防長官に海軍出身者を、軍令を司る合同参謀本部議長には空軍出身者を当てた。

過去、クーデターの際には中心となってきた陸軍を、国軍の中心から外したと見なされている。「骨抜きにされた軍がクーデターに動くことはない」と解説する韓国人が多い。

もっとも予備役の将軍に対し「いざという時の決起」を呼びかける元将官も登場した。予備役陸軍少将のハン・チョルヨン氏は趙甲済ドットコムに「予備役将星の皆さん！義兵になって銃をとりましょう」（2018年6月25日）を書いた。趣旨は以下だ。

・トランプ大統領が韓米合同演習の中止を宣言したうえ、在韓米軍の撤収を明言。文在寅政権も韓国軍独自の演習をやめる。訓練をしない軍隊は使えない。だから予備役が自発的に訓練し備えるべきだ。

ハン・チョルヨン予備役少将はクーデターを呼びかけたわけではない。「『いざ』に備えよ」と訴えただけだ。だが左派はそうは受け取らないだろう。

憲法裁判所が朴槿恵弾劾に関し判断を下すに当たって、混乱を懸念した軍は戒厳令を検討した（第4章第1節）。2018年7月になって左派がこれを問題化し「クーデター計画を想起させる」と非難した。文在寅大統領は直ちに、独立捜査団を作って調査するよう指示した。

拍手した朝日新聞

韓国が西欧的な法治主義を目指すのをやめ、儒教的な社会に戻っていく――。これに拍手した日本のメディアもある。朴槿恵大統領が罷免された時、朝日新聞の社説「朴大統領罷免　国政の安定化が急務だ」（２０１７年３月12日）は罷免を一切、批判しなかった。

読売新聞が「憲法裁判所が、大統領罷免を求める国民の声に阿《おもね》って権力を行使したとすれば、行き過ぎだ」と書いたのと対照的だった。それどころか朝日新聞の社説は以下のようにほめたたえた。

・かつての軍事独裁を脱却し、韓国が民主化を勝ち取って今年で30年。民衆の圧倒的な行動が「絶対権力」といわれた大統領の交代をもたらしたのは、韓国型民主主義のひとつの到達点として歴史に残ることだろう。

「韓国型民主主義のひとつの到達点」――――。街頭行動で権力を倒したことを「直接民主主義の成果」と自賛する韓国左派の主張を受け売りしたと思われる。

それが直接民主主義なのか、儒教型の法治かは措くとして「そんな国には住みたくない」「そんな韓国人の1人ではありたくない」と考える人たちが出てきたことを見落とすべきではない。

韓国は建国70年たった今も国が安定しない。実際に権力を持った9人の大統領すべてが何らかの形で名誉を失った。街頭行動により権力の座から引きずり降ろされるか、暗殺されるか、退任後に逮捕されるか、あるいは逮捕が迫って自殺するか、である。

金泳三、金大中の2人は不幸な死に方はしなかったが、いずれも子供が逮捕されている（「図表⑦　韓国歴代大統領の末路」参照）。

韓国人の多くが、朴槿恵弾劾はその繰り返しに過ぎないと内心思っている。韓国の外に住むリベラルな人は文化相対主義者を気取って、韓国人をおだてていれば済む。だが、中に住む人にとって、国の不安定は自分の身の安全に関わる問題だ。

2017年、日本の不動産業界で「韓国のお金持ちが東京のマンションを買いあさっている」と評判になった。彼らは1億円を超す物件を躊躇せずに買うのだという。韓国

図表⑦　韓国歴代大統領の末路

1 李承晩　(1948年7月～1960年4月)

▶不正選挙を批判され下野、ハワイに亡命。退陣要求のデモには警察が発砲、全国で183人死亡

2 尹潽善　(1960年8月～1962年3月)

▶軍部のクーデターによる政権掌握に抗議して下野。議院内閣制の大統領で実権はなかった

3 朴正熙　(1963年12月～1979年10月)

▶腹心のＫＣＩＡ部長により暗殺。1974年には在日韓国人に短銃で撃たれ、夫人の陸英修氏が殺される

4 崔圭夏　(1979年12月～1980年8月)

▶朴大統領暗殺に伴い、首相から大統領権限代行を経て大統領に。軍の実権掌握で辞任

5 全斗煥　(1980年9月～1988年2月)

▶退任後に親戚の不正を追及され隠遁生活。遡及立法で光州事件の責任など問われ死刑判決（後に恩赦）

6 盧泰愚　(1988年2月～1993年2月)

▶退任後、全斗煥氏とともに遡及立法により光州事件の責任など問われ、懲役刑判決（後に恩赦）

7 金泳三　(1993年2月～1998年2月)

▶1997年に次男が逮捕、懲役2年判決。罪状は通貨危機を呼んだ韓宝グループへの不正融資関与

8 金大中　(1998年2月～2003年2月)

▶任期末期に3人の子息全員が斡旋収賄で逮捕

9 盧武鉉　(2003年2月～2008年2月)

▶退任後、実兄が収賄罪で逮捕。自身も2009年4月に収賄容疑で検察から聴取。同年5月に自殺

10 李明博　(2008年2月～2013年2月)

▶2018年3月に収賄、背任、職権乱用で逮捕。韓日議員連盟会長を務めた実兄も斡旋収賄などで逮捕、懲役2年

11 朴槿恵　(2013年2月～2017年3月)

▶2017年3月10日、弾劾裁判で罷免宣告。収賄、職権乱用などで逮捕、2審で懲役25年、罰金200億ウォンの判決

の留学生の中で「親を日本に呼び寄せたい」と言い出す人も出てきた。

北朝鮮との緊張激化への懸念もあるだろう。保守派に対する弾圧の恐怖もあるだろう。が、自分の国そのものに絶望し「韓国人であることをやめたい」と思う人が増えているのも確かだ。移住した人のいくばくかは日本の国籍取得に動いている。

か。

3　専門家だから「本当のこと」は言わない

朝鮮半島が激変する。というのに、隣に住む日本人はそれに気付かない。なぜだろうか。

〝トンデモ本〟

2010年11月に近未来小説『朝鮮半島201Z年』を上梓した。北朝鮮の核武装とともに東アジアは大揺れ。結局、朝鮮半島全体を中立化することで非核化を実現する――というストーリーだ。

21世紀に入った頃から韓国は「離米従中」に動いた。米国に対する憤懣と中国への露骨な阿諛追従を、韓国人が漏らすようになったことからもそれは明らかだった。

その現実と、北朝鮮の核問題の平和的な解決には米韓同盟の解体が最も有効、との論理からシナリオを組み立てた。ただ、あくまで予測に過ぎないからノンフィクションではなく、小説に仕立てた。

「荒唐無稽な話」というのが普通の日本人の反応だった。無理もない。北朝鮮という「目前の敵」がいる韓国は日本以上に米国との同盟を必要とし、日本以上に親米的な国というのが日本の常識だったからだ。

その常識はすっかり古くなっていたのだが、普通の人が固定観念を変えるのは難しい。韓国の水面下の変化をきちんと伝えるメディアがろくになかったからでもある。

研究者や記者ら、朝鮮半島の専門家を自称する人のほとんどからも〝トンデモ本〟扱いされた。理由は普通の人と同じ「韓国が米国を離れて中国側に行くことなどあり得ない」だった。

すべての自称専門家が、本音を聞けるほど韓国人と深く付き合っているわけではない。まあ、その程度の専門家も多いのだな、と考えた。ただ、首を傾げたのは韓国人の心の奥底を覗きこんでいると思われた人も〝トンデモ本〟扱いしたことだ。

韓国の顔色を見て日本で発言

ほどなくその理由が分かった。韓国人の間で『朝鮮半島201Z年』の評判が極めて悪いからだった。この本の描いたシナリオが起こり得ると考えた日本の専門家も、韓国人の怒りに唱和したのだった。

日本の専門家は韓国人から情報を貰っている。教える側の韓国人は「生徒」の日本人の発言や論文、記事をチェックしている。生徒は先生の不興を買いたくはない。すると決定的な局面で、本当のことを言わない。

「慰安婦」を何度も蒸し返すのは民主化が進んだためだ、と韓国人に言われ、検証もせずにそのまま日本人に伝える専門家が多いのも、この忖度の故だ。

この本は韓国人にとってかなり不快なものだったのだろう。「そんなことは起こらない」と文句を言いに日本に来た人もいた。「米国との同盟を失うなどとは想像もしたくない。不愉快な未来像を日本人が描くのはけしからん」というのが当時の平均的な韓国人の読後感だった。

不愉快なら無視すればいい。というのにわざわざ文句を言いに来たのは、彼らも内心は「米国から見捨てられるかもしれない」と不安になっていたからだろう。

そんな韓国人は「こんな未来はあり得ない」と言い募るだけだった。小説の中で指摘した事実を想起させ「米韓同盟が消滅する可能性が高まっているではないか」といくら説明しても、論理的な反論は返ってこなかった。小説とはいっても、２０１０年９月30

日までに起こったとして書いたことはすべて事実である。

韓国から資金援助

２０１３年２月に朴槿恵政権がスタートして、画に描いたような「離米従中」を始めた。「日経ビジネスオンライン」に連載中の「早読み　深読み　朝鮮半島」でその動きを詳細に追った。

しばしば「米中星取表」を載せて、案件別に対立する米中のどちらの要求に韓国が従ったかを示した。次第に米国の黒星＝中国の白星が増えていった。

それでも日本の専門家の多くは現実から目をそむけ続けた。日本の将来に関わる大ニュースというのに「韓国が中国に寄っているなどという珍説があるが、惑わされてはいけない」と演説、普通の人の目をふさごうとした学者もいた。「離米従中」が現実化するほどに韓国人は焦りを強めたから、日本の専門家も忖度の度を強めたのだろう。

韓国政府も当然、「離米従中」を否定した。日米韓の軍事協力を拒むのは歴史問題に対し日本の反省が足りないからだ、と屁理屈をこねていたからだ。韓国の本心が「離米従中」と見切られたら、その理屈は成立しなくなってしまう。

日本人に「離米従中などと騒ぐな」と言う際、「韓国と日米を離間させ、北朝鮮を利するから」との理屈を展開する保守派の韓国人もいた。しかし、現実から目をそむけていれば対策は立てられない。彼らは自分の国が奈落に落ちて行く姿を日本人に知られたくなかっただけなのだ。

韓国忖度派の日本人が多いなかで、1人の研究者から「本当のことが書けていいですね」とこぼされたことがある。それ以上は言わなかったが、「言論統制」にあっていることが容易に想像できた。

その人の師匠筋の研究者は「離米従中などあり得ない」と公言していた。そのうえ関係する大学は韓国の政府系財団から資金援助を受けていた。

言論操作の手を感じたこともある。2015年9月3日、朴槿恵大統領が天安門の軍事パレードを参観した直後のことだ。米国の反対を無視し、中国の言うことを聞いた典型的な「離米従中」行動だった。

もちろんそう書いたのだが、韓国政府に近い日本の専門家から「分析が浅い。軍事パレード参加は韓国の深慮遠謀の結果だ」と注意された。「実は中韓の間には密約がある。軍事パレードを参観すれば中国が北朝鮮に核実験をやめさせることになっている」との

〝秘密情報〟付きだった。

当時、韓国政府は米国の怒りをかわすため、様々な言い訳を作って流していた。この〝秘密情報〟もその1つで、親切にもリークしてくれたわけだ。もちろん北朝鮮は核実験をやめたりはしなかった。

外務省も偏向分析

では、日本で最高の専門家集団と見なされ、外交方針を決めるに当たって中心的な役割を果たすと思われている外務省はどうだったのだろうか。

何と「離米従中などはあり得ない」と言い続けたのだ。いくらその事実を指摘しても、外務省の専門家は「日本と完全に同じ立ち位置を韓国に求めるのは無理がある」などと「ほんのちょっぴり中国の言うことを聞いているだけ」と説明していた。

米中星取表を見れば「ほんのちょっぴり」どころか「肝心なことはすべて中国の言いなり」になっていたのだが。

さすがに日本政府の中にも「外務省の偏向分析」に気が付く人が出た。その頃、他省庁のアジア専門家が語った「外務省が韓国を読み間違う理由」は以下の2点だ。

・外務省は北東アジア外交を日米韓の3国協力を基盤に組み立てている。そこから韓国が外れれば設計図が崩れてしまう。

・外務省の基本方針は対米追従だ。日本より力がない韓国が、米国から独立するなどあってはならない。

要は「自分に不都合な現実は認めない」ということだ。役人は他の省庁の悪口を記者に吹き込むものだが、事実と関係なく「あり得ない」と言い張る外務省の人々と話すほどに、この説明に納得することになった。同時に、自分の都合通りに世界が動くと考え、米国との戦争を誘発した「松岡外交」の伝統は未だ健在だと感心もした。

外務省の朝鮮半島専門家から「ご指摘通り、韓国は中国の言いなりの国になっていましたね」と連絡が来たのが、2015年の天安門事件――朴槿恵大統領の軍事パレード参観の後だった。

オバマ大統領が朴槿恵大統領を横に置いて「離米従中」を批判したので、外務省もそれを認めることにしたのだろう。

日本のメディアで日韓関係をカバーするのは政治部と国際部だ。前者は外務省を主たるニュースソースにする。後者は韓国の政府や識者の情報が頼りだ。外務省と韓国が口をそろえて「韓国は離米従中などしていない」と言い張ったのでそれに引っ張られ、2015年9月の天安門事件まで日本メディアが「韓国が中国寄りになっている」との視点で報じることはほとんどなかった。

だれが見ても「離米従中」の明白な証拠であるTHAAD配備拒否も、AIIBへの参加表明もそれ以前――2015年3月の出来事だったというのに。

北朝鮮に忖度する人々

専門家とは利害関係者の別名である。国益よりも、自分や属する組織の利益を優先しがちだ。そのうえ情報をもっともコントロールできる人たちでもある。専門家は専門家だからこそ本当のことを言わないのだ。

2018年に朝鮮半島が宥和モードに入ってからも、情報操作は形を変えて続いた。北朝鮮や韓国政府に近い専門家からは「北朝鮮を敵視する安倍外交は失敗した。宥和策をとる文在寅政権に学べ」との声があがった。韓国の宥和策が成功したとの根拠はどこにもない。

外務省OBも日朝関係の改善に向け蠢動した。公安関係者はOBの後ろには北朝鮮がいると見る。北朝鮮はトランプ政権が強硬策に戻らないうちに日本を引き寄せ、後戻りできないようにする作戦を立てていると思われる。

日本は北朝鮮の核武装の阻止に全力をあげている。下手すると北が核を持ち続けるばかりか、南北朝鮮の共有する「民族の核」となって日本を向くかもしれない。そんな時に恣意的な情報ばかりを専門家から流されてはたまったものではない。

『朝鮮半島201Z年』を読んで「こうなる可能性だって十分にある」と考え、周辺に薦めてくれた人がわずかながらいた。研究者、政治家、官僚と属性は様々ながら、共通する点がある。

大勢におもねらず、自分の目と頭で問題を突き詰めようとする人たちだった。利害関係者たる専門家よりも、国益を考える素人の判断の方がよほど確かなのだ。

あとがき――中二病は治るのか？

ここまで読んで下さった読者の中には「韓国の中二病は治癒するのだろうか」と考えた人もいることだろう。著者の私も、そう思いながら書いてきた。

脱稿が近くなった2018年7月、「当分、治ることはない」と確信した。以下の奇妙な言説が韓国社会に流れ始めたからである。

・金正恩委員長は核武装を完成したので、今後は経済開発に注力する。だから米国が北朝鮮を一人前の国として認め、要求に応じれば、見返りに核を放棄する。

北朝鮮が経済に力を入れ始めた――入れ始めたフリをしているのは事実だ。だが、だからと言って核を放棄するとは限らない。

第1章第3節で示したように、北朝鮮は米国を誤魔化し、核保有を認めさせようとしている。そもそも周辺国から憎まれている国なのだ。核を放棄したら仲間に入れて貰えるどころか、袋叩きにされると北朝鮮だって考えているだろう。

誰もが少し考えれば首を傾げる言説を流したのは文在寅政権だ。北朝鮮は朝鮮戦争の終結宣言を出そうと言いだした。在韓米軍撤収や米韓同盟廃棄の伏線である。米国は、北朝鮮が終戦宣言を食い逃げするつもりと見抜いており、取り合わない。

文在寅政権は何とか米国を説得し、終戦を宣言させたい。そこで「金正恩委員長の目標は開発独裁にある。言うことを聞いてやれば非核化できる」との、まるで説得力のない説を流したのだ。

驚いたことに、これをけっこう多くの国民が信じた。韓国人は米朝首脳会談の開催で「戦争は遠のいた」とほっとしながらも「我が国は米朝対話の蚊帳の外にいる」と不安になっていた。

ここで韓国が終戦宣言を「実現」すれば、対立しかけた米朝の仲をとりもつ外交大国になれる、と心を躍らせたのだ。朴槿恵政権時代に「米中の2大大国を操る天才的な外交」と国をあげて酔ったのと同工異曲である。

保守から左派政権に変わろうと、韓国の為政者は「自分たちには隠された力がある」と信じたい国民を利用する。周りの苦笑も構わず明後日の方向に突き進む、韓国の中二病が快癒するわけはないのだ。

2018年9月

鈴置高史

鈴置高史　1954年生まれ。韓国観察者。日本経済新聞でソウル特派員、香港特派員、経済解説部長などを歴任。2002年度ボーン・上田記念国際記者賞を受賞。著書に『朝鮮半島２０１Ｚ年』など多数。

Ⓢ新潮新書

785

米韓同盟消滅《べいかんどうめいしょうめつ》

著　者　鈴置高史《すずおきたかぶみ》

2018年10月20日　発行

発行者　佐　藤　隆　信

発行所　株式会社新潮社

〒162-8711　東京都新宿区矢来町71番地
編集部(03)3266-5430　読者係(03)3266-5111
http://www.shinchosha.co.jp

印刷所　錦明印刷株式会社

製本所　錦明印刷株式会社

ISBN978-4-10-610785-6　C0222

価格はカバーに表示してあります。

Ⓢ新潮新書

719
生涯現役論
佐山展生
山本　昌

地道な努力と下積みをいとわず、「好き」を追究しつづける――。球界のレジェンドと最強のビジネスマンの姿勢は驚くほど共通していた。人生１００年時代に贈る勇気と希望の仕事論。

703
国家の矛盾
高村正彦
三浦瑠麗

日本外交は本当に「対米追従」なのか。「トランプ時代」の日本の選択とは――。安全保障論議を一貫してリードしてきた自民党外交族の重鎮に気鋭の政治学者が迫った異色対談。

697
気づいたら先頭に立っていた日本経済
吉崎達彦

悲観することはない。経済が実需から遊離し「遊び」でしか伸ばせなくなった時代、もっとも可能性のある国は日本なのだから――。エコノミストが独自の「遊民経済学」で読み解く。

692
観光立国の正体
藻谷浩介
山田桂一郎

観光地の現場に跋扈する「地元のボスゾンビ」たちを一掃せよ！　日本を地方から再生させ、真の観光立国にするための処方箋を、地域振興のエキスパートと観光カリスマが徹底討論。

689
フランスはどう少子化を克服したか
髙崎順子

「２週間で男を父親にする」「３歳からは全員学校に」「出産は無痛分娩で」――子育て大国、５つの新発想を徹底レポート。これからの育児と少子化問題を考えるための必読の書。

はじめに

いま、言葉の時代だなと思う。写真や動画が、かってないほど手軽に撮れて発信できるので、「いや、言葉よりも画像の時代でしょ」と思う人が多いかもしれない。確かに、仔猫の可愛さをわかってもらうためには、百の言葉を費やすより、一枚の写真や数秒の動画のほうが雄弁……ということはある。

けれど、コミュニケーションということに関しては、時代の中で言葉の比重は増しているように思う。たとえば、生まれ育った村で一生を過ごすとしたら、周囲の人とのやり取りは、言葉以外のものがたっぷり助けてくれるだろう。なんなら、笑顔を見せるだけで、こぶしを突き上げるだけで、いつもと違う服を着ただけで、あなたの気持ちを伝えられるかもしれない。ひと言つぶやいた「いやだ」という言葉の背景に、小さいころからの性質や日ごろの習慣や最近の体調なんかも加味して、理解してもらえるかもしれない。小さなコミュニティでは、わかりあうための情報として、言葉は数あるものの一つに過ぎない。同じ言葉を発しても、「この人が言うんだから、よほどのことだ」から「また言ってるよ、しょうがないな」までグラデーション付きで伝わってゆく。

「村で一生」は極端な例だが、このような「個人の言葉の背景を理解してもらえる環境」ではないところで、多くのコミュニケーションをしていかねばならないのが現代社会だ。家族や友人、恋人同士などはこの限りではないけれど、行動範囲がグンと広がり、ネットでのやり取りが日常になっている今、背景抜きの言葉をつかいこなす力は、非常に重要だ。それは、生きる力と言ってもいい。

村の道なら、すれ違いざまに肩が触れたとして、「あ、ごめん」と顔見知り同士が軽く会釈をすればすむ。それがネットでは、大事故になったりする。相手のバックグラウンドを知らないまま始まる言葉の応酬。そもそも前提としている常識が違えば、互いに「なんて非常識な!」ということになる。イメージとしては、違うルールで高速道路を走っているようなもの。さらにSNSの場合、事故で燃えている車があるという情報が広がると、消火活動よりも、何故か油を注ぎに来る人が群がるという傾向がある。いわゆる炎上という現象だ。

便利で、やっかいな時代を、私たちは生きている。顔の見える関係が広がった先に、パソコン通信上で交わされている言葉を観察すると、書き言葉と話し言葉とが、限りなく近づいてきているなあと思うことがある。特に、リアルタイムのチャットといわれるおしゃべりなどがそうだ。「あ、○○さんがきた！」「もう、そろそろ寝よっと」「そうそう、このまえ話題になってた○○のことなんだけど」といった具合。言文一致の新しい局面、といったら大げさだろうか。

いっぽうで、お互いの意見やメッセージを書き込む掲示板のようなスタイルの場では、やわらかめの書き言葉が多い。そこに文章を書いている人は、文筆を仕事にしているわけではなく（なかには文筆業の人もいるが）ごく一般の人たちだ。そういった人たちが、これほどまでに頻繁に、しかもなかば公に向かって、ものを書くということをした時代が、かつてあっただろうか？　パソコンという道具を手に入れることによって、「ものを書く」という時間が、人々のあいだで急速に増えているように思う。そういう意味では、書き言葉としての日本語が、一部の人のものから多くの人のものへと開放されたとも言えるだろう。

もちろん、そのためにさまざまな問題もおこっている。ルールやマナーを無視した、人を傷つけたりする、無責任な書き込み。誰もが発言、発信できるという素晴らしさの陰には、誰もが発言、発信できるという恐ろしさがある。新聞の投書の場合には、採用か否かというふるいがかけられるが、パソコン通信の場合には、それがない。明らかにひどいものを、事前にチェックする機能はあるものの、あとは個人の良識にまかされている。こういう便利で素晴らしい道具を手に入れたことをきっかけに、普通の人が普通に使う書き言葉としての日本語の、足腰が鍛えられなくては、と思う。

＊

書き言葉と話し言葉は、いっそう近づいてきている。ネットのメリットとデメリットについては、25年前も今もほとんど変わらないと感じる。そして「ルールやマナーを無視した、人を傷つけたりする、無責任な書き込み」が、社会の大きな問題に育ってしまった25年でもあった。

一番の違いは、ネットはもはや新しい場所ではなく、日常のものだということだろう。ここで取り上げているのはパソコン通信がメインだが、その後スマホが普及し、SNSが登場した。「書き言葉としての日本語が、一部の人のもの」という感覚は、今の若者にはほぼないだろう。最後に記した「普通の人が普通に使う書き言葉としての日本語の、足腰を鍛える」ことが、よりいっそう重要になってきた。

生きる言葉……目次

1　「コミュ力」という教科はない

ヘレン・ケラーの「WATER」

まずは、身近な子育ての話から始めてみたい。

高校で国語の教師をしていたし、中教審や国語審議会、教科書の編集に携わっていた時期もあるので、わりと大きな視点から言葉の議論に参加する機会は多かった。が、今の自分が語るとしたら、子育ての日々から得たものが一番大きいように思う。

「子育て」を言葉の面から定義するなら、私の場合は「まっさらな状態で生まれてきた人間が、日本語ペラペラになるまで、ずっとそばで見ていられること」だ。面白くないはずがない。息子が初めて口にした言葉は「パン」だった。毎朝ベビーカーに乗せて散歩をし、帰宅するとパン粥というのが定番だったのだが、いつもなにげなく「パンだよ」「パン食べよう」「パンおいしい？」といったことを話しかけていた。それが、あるとき、頭の中で結びついたらしい。毎朝聞いている「パン」という音は、毎朝食べていることのモニャッとした美味しいモノのことなのだ、と。目を輝かせて「パン！　パン！」と叫んでいた息子。それからは、堰《せき》を切ったように単語を覚えていった。

気配濃く秋は来たれりパンのことパンとわかってパンと呼ぶ朝

思えばこれは、ヘレン・ケラーの「WATER」に匹敵する場面である。幼いときに視力と聴力を失い、話すこともできなかったヘレンが、サリヴァン先生によって、今触れている冷たいものが「WATER」であると理解する。モノと言葉の結びつきを知ることで、彼女の世界は飛躍的に広がった。その人生を舞台や映画にするならば、最も感動的なところだろう。子育て中は、好きな芝居を観に行くことが叶わなかったが「自分は今、世界でたった一人の観客として、すごいもん見せてもらってる！」と感じた朝だった。

子どもが言葉を覚えはじめると、その便利さをつくづく感じた。乳児のときは、眠いのか、寒いのか、おなかがすいているのか、単になんとなく機嫌が悪いのか……表情や泣き方で判断するしかない。それが「パン」なり「イヤ」なり言ってくれることで、コミュニケーションが取れるのだ。慣れてしまうと、自分がどうやって赤ちゃんの気持ちを汲《く》み取っていたのか忘れてしまった。それはそれで、少し寂しいことではあるけれど。子どもにとっては、生きる大きな術を手にした第一歩である。

乳飲み子と分かり合うちから消え失せて我は二歳児の母となりゆく

文字というものを理解した日のことも忘れがたい。『のりもの』というタイトルの絵本を繰り返し読んでやっていたのだが、表紙を指さして毎回「の」「り」「も」「の」と声に出していた。それがあるとき「の！」と、これまたピカーンと頭のなかで何かが結びついたようだった。「の」という音が、このグネーッと曲がった線を示していることを直感したのだ。なぜ「の」だったのかは、わからない。もしかしたら「のりもの」に二つ「の」があったからだろうか。そして「の」は世の中にあふれているので、看板や新聞や絵本で「の」を探しては「の！」と叫ぶ遊びに熱中した。

子どもと一緒に言葉を覚えていくと、自分では当たり前になっている不思議さに、さまざま気づかされる。あの赤い花も、この白い花も、「つつじ」と呼ぶこと。絵本で見る平面の生き物と、散歩のときに会う毛の生えた生き物を、どちらも「いぬ」と呼ぶこと。意外と難しかったのは、日常にまぎれこんでいる比喩的な表現だ。「早くして！時間がなくなる」と言うと「え、何がなくなるの？」と顔を上げる。急いでいるときに「時間とは」なんて説明する余裕はなくて、よけい焦ってしまう。「わ、賞味期限が切れちゃった」とお菓子の袋を見ていると「え、何が切れたの？」と近寄ってくる。これまた見せてやることのできない抽象的なものだ。勢いがあまったり、コツがつかめたり、話が流れたり。モノの名前を覚えるのとは違うワンステップが、そこにはあった。そういった小さなステップを一緒に上るとき、自分のなかにもう一度「子どもの目」が宿る。その目で世界を見ることは、とても新鮮だ。

絵本は生身のコミュニケーションツール

すっかりごぶさたしていた絵本と出会いなおせたのも、嬉しいことだった。日常とは一味違う言葉の世界が、そこにはある。絵やお話が子どもの想像力を刺激し、文字というものの存在にも気づかせてくれる。楽しくて素敵な場所だ。大人になると「この本が面白いことはわかった。では次の本を読もう」となるのだが、子どもはそうではない。「この絵本が面白いことはわかった。だからまた読んでほしい」となる。読み終えるとすぐ「もっかい！（もう一回）」と言われて、うんざりした経験をお持ちの人も多いだろう。繰り返しのなかで、絵本の言葉が栄養になってゆく。

私自身も絵本の大好きな子どもだった。三歳のころのお気に入りは『三びきのやぎのがらがらどん』で、全ページを丸暗記していた。まだ文字は読めなかったが、どこに何が書いてあるかを覚えていて「文字が読めるふりごっこ」をして遊んでいた。親がテープレコーダーに録っておいてくれたのを、後年得意な気持ちで聞いた記憶がある。が、読んでやる立場になって気づいたのだが、これは私がすごいのではなく、親がすごかったのだ。幼い子どもが丸暗記してしまうほど、何度も何度も読んでくれたのだから。「チョキン、パチン、ストン。はなしは　おしまい。」……瀬田貞二のリズミカルで美しい日本語は、今も心に蘇る。

ここで、現代の子ども（と、大人）から絵本の時間を奪う強敵について、少し考えよう。敵の名前はスマホ。あるいはタブレット。動画やゲームなどの魅力的なコンテンツが山盛りで、子どもを静かにさせるには魔法の道具である。

今の時代、これからを生きていく世代にとって、スマホやネットなしの暮らしは考えられない。だから全否定するつもりはない。ただ、子どものうちは、なるべく触らせないのが吉だと思う。一度触れてしまったら、特に幼い子どもは抗いようがない。大人のほうも、そのラクさに、ついすがってしまう。私が子育てをした2000年代、スマホはなかったものの、懇意にしていた小児科の先生から「三歳まではテレビを見せない。そういう英才教育をしてはいかがですか」と言われた。英才教育とは大げさな、と思ったが、今ならよくわかる。早期に何かを与えることよりも、電子機器との出会いを遅らせることのほうが、実は遥かに難しい。そういう環境をキープしてやるには、ありえないほどの手間ひまがかかる。それこそが英才教育なのだ。残念ながら私は、アンパンマンのビデオを擦り切れるほど見せてしまったので、偉そうなことは言えない。ただ、絵本の読み聞かせは、たっぷりしてやった。ビデオ（今なら動画）と読み聞かせの大きな違いは、生身かどうか、受け身かどうか、だろう。

絵本を読んでいるとき、子どもが「ん？」と戸惑った顔をすれば、意味がわからないのかなと察してやることができる。ゆっくり読んだり、少しかみ砕いた表現に言い直してやったり。好きな場面だとわかれば、大げさに繰り返し読んでやることもできる。ストーリーとは関係のない絵の細部に興味を示せば、脱線してその小さな花や石ころの話をしてもいい。読み聞かせというのは、生きた言葉によるオーダーメードの読書なのだ。

スキンシップも兼ねるし、コミュニケーションのきっかけにもなる。ビデオや動画では、そういったことはなく、ただ時間通りに画面は流れてゆく。音も動きも、想像の余地のないほどたっぷり付けられて。

想像といえば、こんなことがあった。息子が大好きだった『ころ ころ ころ』という絵本がある。カラフルな玉たちが、ころころころころ、ひたすら坂道やら嵐の中を転がっていくだけで、私にはどこが面白いのかよくわからなかった。だが、ある日、息子が一つの玉を指さして「この子」と言ったのだ。「この子?」と怪訝に思いつつ、はっとした。玉の一つ一つが「この子」に見えているのか。だとしたら、なんて波乱万丈の物語だろうか。だから飽きないのか。子どもの想像力、おそるべし、である。

『花さき山』という絵本を読んだときに、ふと思いついて、息子の花は咲いているかと聞いたことがあった。人のためになにか一ついいことをすると、人知れず花が一つ咲く、それが花さき山だ。「たくみん(息子の愛称)のはねえ、白い花」というのが答えだった。幼稚園で、お友だちが牛乳をこぼして泣いてしまったときに、一緒に拭いてあげたのだと言う。そんな話は初耳で、絵本があいだにあるからこそ聞けたことだなと思った。園から帰ってきた息子に「今日どうだった? 今日どうだった?」と前のめりに尋ねても、いつも「ふつう」とそっけない返事だったのに。生身のコミュニケーションツールとしての絵本である。

自然の中で「めいっぱい遊ぶ」

生身か受け身かという点では、ゲームも要注意な強敵だ。ゲームの中では、いくら動いても、風や匂いや痛み等を感じることはない。決められたルールの中で、決められたことをクリアしてゆく。そこにストーリー性があったり、仲間との連帯という喜びがあったりするのは理解できるが、そればっかりで子ども時代を過ごすのはもったいない。五感を刺激されることで、成長してゆく時期なのだから。

ゲームについては、息子もやりたがってキリがなかったので一計を案じた。

「ゲームが面白いのは、わかる。でもね、これはおやつなんだよ。ケーキやチョコレートと同じ。おいしいからって、朝はケーキ、昼はポテチ、夜はチョコレートだったら、大きくなれないし、病気になってしまうよ。だからゲームも、おやつみたいに分量と時間を決めて、楽しくやろう」

このたとえは説得力があったようで、息子も「うまいこと言うね！」と納得していた。

そしてゲームをした時間と同じだけ本を読むというルールも付け加えた。頭ごなしに否定したり、規則を押しつけたりするのでなく、「おやつ」という身近な比喩は、子どもの心をとらえてくれたようである。

その後、小学二年生から、縁あって沖縄の石垣島に住むようになったのだが、いつのまにか息子はゲームをしなくなった。「そういえば最近、全然ゲームしないね」と言うと、おやつ以上にうまい答えが返ってきた。「だってお母さん、オレが今マリオなんだよ！」。

「オレが今マリオなんだよ」島に来て子はゲーム機に触れなくなりぬ

大自然の中で、友だちと一緒に暗くなるまで遊びほうける日々。滝つぼに飛びこみ、海で釣りをし、サトウキビ畑で鬼ごっこ。その冒険は、まさに自分自身がゲームの主人公になったような気分だったのだろう。五感をフルに活用することは、言葉を鍛える土台のようなものではないか、と思う。「めいっぱい遊ぶ」ことは、机の上の勉強と同じくらい、いや大人になってからは出来ないという意味では勉強以上に、大事なことだ。

息子は、石垣島でもやや辺鄙なところにある全校児童十数名の小学校に通っていた。クラスは複式学級で、いわゆる学習面では若干の不安はあったものの、それを上回る魅力があったので移住を決めた。魅力とは三つ。圧倒的な自然と、みんなで子育てをする地域社会と、子どもだけで野放図に遊べる環境だ。都会での子育てで、懸命に努力して補ってきた三つだが（そしてなかなか足りていないという実感があった）石垣島では、やすやすと手に入る。お勉強のほうは、自分が補ってやればいい。そっちは、むしろ得意だという自負もあった。

学習面では……などと失礼なことを言ってしまったが、島の子どもたちの知恵には目を見張るものがあった。道を歩いていると、食べられる草、食べられない草、ヤギが大好きな草などを教えてくれる。近所にスーパーがなかったので、私自身、長命草（という食べられる草）にはずいぶん助けられた。魚は見事にさばくし、釣りに行くときには「弓張り月」なんて言葉を使って潮の満ち引きを考えている。大きな魚を捕まえた少女は、暴れる大物の背骨を足で踏んで折っていた。鮮度を保ったまま大人しくさせるのだとか。

児童の数が少ないので、必然的に年齢の違う子どもが一緒に遊ぶことになる。たとえば鬼ごっこの時には「一年生には二回続けてタッチしない」など、独自のルールを話し合って決めていた。ヤドカリに息を吹きかけて次々貝殻から追い出す遊びに息子が熱中していると「ほんとうに欲しい貝のだけにしといてやれ」と、にいにいが諭す。親に命の大切さを説かれるより、ずっと効くようだった。

イワサキクサゼミというハエくらいのサイズの蟬を、生きたままブローチのように胸に付ける遊びがある。地面にたたきつけて蟬を気絶させるのだが、力が強すぎると死んでしまうし、弱いと逃げられる。どこまでが効果的で、どこからがやりすぎかは、何度も試して覚えるしかない。何ごとにもそういう力加減は必要で、たとえば言葉を扱うときにも、大事なことだろう。

山奥の全寮制中学

まさに遊び放題の小学生時代だったが、六年生になって中学受験をすると決めたとき、さすがに塾なしはマズいかなと感じた。私が勉強をみてやることを、我が家では「おかべん」（お母さんと勉強、の略）と呼んで、はじめは息子も楽しみにしていた。が、国語はいいのだが、算数や理科のおかべんはイヤだと言う。「なんで?」と聞くと「だって、すぐにドヤ顔をするから」とのこと。つまり私に余裕がないのだ。だから、ちょっと難しい問題が解けると、ドヤってしまう。小学生相手に恥ずかしいことだが、昨今の中学受験の問題は、いい大人が解けて喜びを感じるくらいには難しいものだった（言い訳）。

そこで、近所の若者に家庭教師をお願いするとともに、夏休みだけは受験に特化した塾の夏期講習に通うことにした。息子はコツコツ勉強するのが好きなタイプではないが、小六の夏から冬にかけては、楽しんで机に向かっていたようだ。たぶん理由は二つ。これでもかというほど遊んで、ちょっと勉強もしたくなったのだろう。家庭教師を頼んだ若者がまた優秀で、漫画の『デスノート』を使って論理的思考を教えてくれるような人だった。

もう一つの理由は、「この学校に入りたい！」という強い意志だ。石垣島の小学校を卒業するにあたって「中学をどうするか問題」が我が家に発生した。そのまま地元の中学にも入れるが、全校生徒が数名という規模だ。思春期になれば、多くの友だちの中から気の合う人とめぐりあい、深くつきあうような体験も大事だろう。もう少し規模の大きい学校をと思うと、石垣の市街地に引っ越すしかない。でも自分が島に住むことを決めたのは、この集落のコミュニティに惹かれてのことだった。もし引っ越すなら、いっそ日本のどこでもいいのでは？　そんなふうに考えていたところ、仕事や子どものキャンプでたびたび訪れていた宮崎県にユニークな学校があることを聞き、オープンスクールに足を運んでみた。

見学した五ヶ瀬中等教育学校は、宮崎県の山奥も山奥、熊本との県境近くにある。県立の中高一貫校で、全寮制で、男女共学だ。課題解決型の探求学習に力を入れている。年間行事もユニークで、自分で作ったわらじを履いて十キロの遠足をしたり、生きた鶏をさばいて調理したり、冬にはスキーをしたり（近くに日本最南端のスキー場がある）。

寮を案内してくれる生徒たちが、ハキハキしているので好感を持ったが、息子がここに入るイメージは湧かなかった。まだまだ幼く、身の回りのこともできないヒヨッ子である。ところが、思いがけないほど息子が気に入って「絶対ここがいい！」と言い出した。「マジか！」というのが私の心の声だが、それ以降見学を予定していた学校は「見に行ってもいいけど、行くだけムダ。だって五ヶ瀬しか受けないから」とまで言う。しつこいが「マジか！」である。とはいえ「勉強も、がんばる」と張りきっている息子を見ると、このモチベーションは大事にしてやりたい。一日で虜になったということからも、学校との相性は良さそうだ。石垣島とはまた違う自然たっぷりの環境も、魅力的。そう思い、五ヶ瀬を受けることにした。

過不足なく気持ちを伝える

結論を言うと、この選択は大正解だった。探求学習や豊かな自然もさることながら、全寮制の生活が息子を大きく成長させてくれた。言葉の力を磨くうえでも、またとない環境だったと思う。それは入学してから気づいた。

中学一年生から高校三年生までが、ともに暮らす寮。高三以外は二人一部屋の相部屋で、数か月に一度、部屋替えがある。一学年四十人で男女がほぼ半々なので、同じ学年の生徒とは、いずれ必ず同じ部屋になる仕組みだ。気の合う子でも意外と生活習慣が違ったりする。まして気の合わない子と相部屋になれば、いろいろ問題が勃発する。

ドライヤーの音がうるさい、柔軟剤の匂いがキツい、自分のエリアを散らかしっぱなし……気になることは無数にある。息子の最初のトラブルは目覚まし時計だった。赤ちゃんの頃から、ちょっとした物音で目が覚めるたちだった息子。同室の子は逆のタイプで、目覚ましが鳴ってもなかなか起きられない。それが不安で、朝方の四時、五時、六時……と一時間おきに目覚ましをセットする。気づいて起きるのは毎回息子で、毎回目覚ましを止めては眠り……を繰り返すハメになる。やめてほしいと思いながらも言い出せず、悶々としていたある日、同室男子は宿題か何かで五時に起きねばならなかったらしい。当然五時のベルで彼は起きず、息子は目覚ましを止める。そしていつもの起床時間に彼を揺り起こすと「オレは五時に目覚ましをかけたはずだ!」「お前寝てたから止めといた」「なんで、その時起こしてくれんかった!」と言い合いになり、我慢の限界を超えた息子は、その子の目覚まし時計を壁にぶつけて破壊してしまった。

ことの顚末を聞いて、なぜもっと早く、一時間おきの目覚ましが迷惑だと言わなかったのだろうと思う。が、考えてみれば、相手も不安があってやっていることだし、まだ気心も知れていないのに言いづらい。自分さえ我慢すればなんとかなると、堪《こら》えてしまったのだろう。ぐっすり眠っている相手は、そんなことに気づくよしもない。そうして溜まりに溜まった不満が、「なんで、その時起こしてくれんかった!」という理不尽な文句を引き金として、爆発してしまったのだ。

つまり、この二人には、圧倒的に言葉が足りなかった。相部屋の彼は、目覚まし時計を破壊されて、初めて息子の不満に気づいたという。息子のほうは、壊したことを謝りつつ、これからは自分が必ず起こすから目覚ましはやめてほしいとお願いした。この事件をきっかけに、他にも気になることを話したらしい。また、それ以降の部屋替えの時には、初日に互いの希望や譲れない点を出し合って、ルールを作るという知恵もついた（ちなみに目覚まし時計の彼とは、卒業後も休みごとに会うほど今では仲がいい）。

　部屋の相棒は同学年だが、食堂や風呂などでは、六学年が共に生活をする。ここでも、さまざまな交渉や思いやりや説得や譲り合いが必要だ。それらを円滑にこなし、過不足なく気持ちを伝えるためには、言葉がなによりも大事になる。相手を見きわめ、タイミングを計るといったこともせねばならない。うまくいくことばかりではなく、むしろ失敗のほうが多いくらいだろう。が、その無数の失敗が子どもたちを鍛えてゆく。イワサキクサゼミを気絶させる、ほどよい力加減を知るように。大げさに言えば、言葉の力は、寮生活を生き抜く武器なのである。上級生、下級生だけでなく、寮には寮母さんやハウスマスター（日常生活の指導にあたる先生）がいる。親とは違う大人とのコミュニケーションも、言葉を通してしなくてはならない。

言葉の力を鍛えてくれるもの

ところで入学当初、あんなに楽しみにしていたのに、息子は重度のホームシックになった。考えてみれば三十日前までは小学生だった子どもが、いきなり親元を離れて、知らない人と共同生活を始めるのである。そのことを親子ともども甘くみていた。

日に四度電話をかけてくる日あり息子の声を嗅ぐように聴く

学校から出る帰省バスは、一学期に数回だけ。車を運転できない私は、宮崎市内からJRと高速バスを乗り継いで、週末ごとに五ヶ瀬に会いに行った。そして葉書は毎日書いた。他愛ない内容でも、他愛ないことを伝えたい相手としていつでもおまえのことを思っているよ、というサインにはなる。この葉書は卒業まで続けたが、高三になったとき、さすがに恥ずかしいかなと思い「もう、やめる?」と聞いたら「やめないでほしい」と言う。そうかそうかと喜んだのもつかの間、「みんなも楽しみにしてるし。ほっこりするって評判いいよ!」とのこと。驚きつつ、子ども同士の距離の近さを、あらためて感じた。つい最近も、五ヶ瀬時代の息子の友だちを家に泊めてやったのだが「万智さんって、字キレイですよね〜」と言われた次第。

ホームシックに関しては、ハウスマスターの先生が根気よく話し相手になってくれて、息子をずいぶん助けてくれた。後に先生とその話題になると「誰もが通る道ですが、この学年では彼が一番重症でしたね」とのこと。「ただ、ホームシックの自分を大肯定していたところがユニークでした。そんな生徒は初めてです」。

先生は、これまでの経験から次のように励ました。「何十人ものホームシックとつきあってきたけど、それで学校を辞めた生徒は一人もいない。みんな、そのうち慣れて、あの気持ちはなんだったのかなっていう感じに必ずなっていくから大丈夫」。それに対して息子は、しばらく考えたのち「そうはなりたくありません」と言ったそうだ。今、自分は家に帰りたくて寂しくて辛いけど、この気持ちは自分にとってすごく大事なものだから忘れたくありません、という理屈らしい。

やるじゃないか、息子。親でもない、学校の先生でもない、そういう大人に、自分の気持ちを整理して伝えるなかで、気づいたことなのかもしれない。じっくり話し相手になってくれたハウスマスターの先生のおかげである。この時の息子の考えを否定せず、むしろ感心して聞き入ってくださった。こういう経験の一つ一つが、言葉の力を鍛えてくれるのだと思う。

渋柿を甘くする知恵

息子が卒業した翌年、ＮＨＫの「プロフェッショナル　仕事の流儀」というドキュメンタリー番組の取材を受けた。たまたま宮崎県の高千穂へ行く仕事があり、その隣町にある五ヶ瀬中等教育学校にも、カメラと共に立ち寄ることにした。校門を入ると太鼓部の練習の音が聞こえてくるのが懐かしい。「こんにちは！」すれ違う生徒が、もれなく大きい声で挨拶してくれるのも、いつものことだ。寮の入り口にいた男子生徒に「もう慣れた？」と声をかけると、日々の生活の話をしてくれる。「今は、干し柿が食べごろになってきたのが楽しみです」「干し柿？」寮の裏にある渋柿を干しておやつにする方法を、家庭科の先生に教えてもらったのだとか。面白そうなので、見せてもらうことにした。

近くにコンビニもないので、生徒たちにとって甘いものは貴重品だ。中庭に面したベランダに、可愛らしいモビールのように柿の実が吊るされている。「味見してみますか？」と一つごちそうしてくれたのだが、一口食べて、びっくり。干し柿って、こんなに美味しかったっけ？　ねっとりした感触が舌に心地よく、甘さとうまさが凝縮したゼリーのようだ。茹でたり皮を剝いたり紐で結んだり、大変な手間がかかるようだが、それも楽しそうに話してくれる。考えてみれば貴重な一個を頂戴してしまったわけだが、カメラが止まったあと、テレビクルーにも彼はプレゼントしていた。

お金を出して甘いものを買うのとは、違う豊かさだなと思う。なければないで工夫して、その過程もふくめて味わう。五ヶ瀬の教育を象徴するような干し柿だ。同室になった相手も、はじめは渋柿的な存在かもしれない。けれどハナから諦めるのではなく、なんとか折り合いをつけていけば、いつか甘い関係になれるかもしれない。

ベランダには、季節外れの網戸が立てかけてあった。最近、甘くなった柿がカラスに食われるという事件が発生して、その攻防戦に忙しいのだとか。「今のところ網戸が一番効果的ですが、カラスって意外と頭がいいんで油断できません」と、彼は次の一手を考えているようだった。

背のびして柿の実ドレミ青空に音符を吊るすような手作業
渋いことあったら私も試そうか皮をむいたり茹でて干したり
渋柿を甘くする知恵身につけて五ヶ瀬中等教育学校

スマホなしの中高時代

五ヶ瀬中等教育学校では、スマホが禁じられていたというのも、大きな特色だ。息子が大学生になって自己紹介をするとき、一番驚かれたのが「離島の小学校」より「山奥の全寮制」より「スマホなしの中高時代」だったという。寮と学校には、今どき珍しい公衆電話が置かれていた。こども家庭庁の調査（令和六年二月）の数字を見てみると、中学生で七割以上、高校生で九割以上が、自分のスマホでネットにアクセスしているということがわかる。必需品といっていい普及具合だが、それによるトラブルも頻発している。いじめ、誹謗中傷、闇バイト……。青少年のほうが、ヘタな大人よりもスマホの扱いに長けていたりするから、指導するのも大変だろう。

電子機器の扱いに長けていることと、それを用いたコミュニケーションに長けていることとは、また別の話である。スマホは、コミュニケーションの拙さを増幅する装置でもあるように私には見える。だから寮でしっかりコミュ力を鍛えてから、卒業後にスマホを持つというのは理にかなっている。けれど今やそんなことが可能なのは、隔離された山奥ぐらいなのかもしれない。ならば中高生には、少なくとも日々、生身の世界で言葉を鍛えたり磨いたりしながら、手にしてほしいなと思う。リアルの日常で培われた想像力は、きっとネットの世界でも役に立つだろう。スマホの向こうにいるのは、生身の人間なのだから。

「みんな仲良く」と言われ続けて

就職試験の面接官が、学生に求めるものの代表としてよくあげるのが「コミュ力」だ。コミュニケーションの大部分は言葉が担うもの。そして、あえてそれが求められるというのは、コミュ力が低下しているという実感があるのだろう。

大人は判で押したように「ケンカをするな」「みんな仲良く」と言うが、常に先回りしてケンカを回避させるのでは、子どもは言葉の力をつけられない。一般的な中学や高校、大学は、だいたい同質の生徒や学生で構成され、気の合わない人と無理につきあう必要もない。そういった環境で成長した若者が社会に出て、さまざまなバックボーンを持つさまざまな年代の人と仕事をするのだ。コミュ力、当然必要だが、それ、いつ培えるのだろうか？

石垣島への移住を決めたときの理由の一つに「子どもだけで野放図に遊べる環境」と

いうのを、あげた。大人の目の届くところで遊ばせていると、どうしても口出ししてしまう。「ケンカをするな」「みんな仲良く」である。オモチャを使う順番を決めたり、小さい子に優しいルールを考えてやったり、ついしてしまう。けれど、それは本来子どもたちが考えるべきなのだ。遊びなんだから、いくらでも間違えていい。ケンカしながらでも、お互いが納得するルールを生み出すのがコミュニケーション。生きるための練習問題である。

遊びなんだから、いくらでも間違えていいと書いたが、これが仕事となると間違えられない。若者たち、社会に出るにあたって、いきなり「コミュ力」を求められて気の毒だなと思う。学校にいるあいだは、勉強さえしていれば大人は機嫌がよかったのに。「コミュ力」なんて教科は、なかった。もちろんそれは机の上の勉強や教科書を読んで身につくようなものではない。「ケンカをするな」「みんな仲良く」というのはお題目であって、それをどう実現するかは日々の経験のなかで身につけていくしかない。車が動く仕組みや交通ルールを理解するのは大事だが、それだけでは運転できないのと同じである。

寮生活は、かなり過酷な例かもしれないが、子どもたちが教室の外で、さまざまな人と触れあう機会（部活、ボランティア、地域活動、キャンプetc）を持つことは大切だ。
それこそが、コミュ力を鍛えてくれる。

コラム

10才のひとり旅

宮崎の市街地から北へ車で一時間ほど、くねくねした山道を越えてゆくと「木城《きじょう》えほんの郷《さと》」がある。たっぷりの自然とたっぷりの絵本。カフェや宿泊施設も併設されている。田植えから収穫までの米作り体験や虫の観察合宿など、四季折々のユニークな行事は、子どもたちに大人気だ。

その中のひとつ「10才のひとり旅」という夏と冬のキャンプに、息子は小学四年生から六年生まで毎年参加していた。高校生の時はボランティアスタッフを務め、そこからヒントを得たのだろう、自分の高校のある五ヶ瀬町の「地域起こし事業」として子どもキャンプを提案し、実現にこぎつけたりもした。

「主役で参加するのも楽しいけど、スタッフのほうが体験としては深いかも」「子どもだった自分を未来から見ている感じがあって、面白い」などと言って、大学生になってからは青年スタッフを務めている。どんだけ～！　と笑ってしまうが、もしかしたら青年期までの成長を、視野に入れた仕組みなのかもしれない。

ちなみに、キャンプの様子というのは保護者にはまったく知らされない。小学生の時はそれが不安だった。が、帰ってきた子どもの顔を見れば、それこそ想像もつかない充実した時間を過ごしてきたのだなということは、わかる。

えほんの郷の「村長」黒木郁朝さんは言う。「ここでは、とにかく自由に遊ばせます。自由というのは自分で考え、自分で責任を持つということです。もちろん最低限の安全は確保しますが、基本、野放し。それから、親の知らない秘密を持つことも大事。10才というのは、そういう年齢です」。

かつて幾つかの自然体験に息子を参加させたことがあったが、事細かに様子を知らせてくれたり、記録を渡してくれたりした。写真だけでなく動画まであって、非常に安心したし、普段とは違う我が子の表情を見られるのが嬉しい。

いっぽうで、活動内容は、かなり管理されている印象も持った。その点えほんの郷は、五日間うんともすんとも言ってこない。電話も緊急時以外はするなと釘を刺される。親は放ったらかしなのだが、迎えに行くと、息子は木にしがみついて下りてこないくらい名残りを惜しんでいた。

子どもの成長を願うなら、環境を整えてやるまでが親の務め。過程を覗いてみたい気持ちや、成果を確認したい気持ちは、結局は自分の欲でしかない……そういったことを、私自身は木城えほんの郷から学んだような気がする。

学ぶといえば、2022年六月から七月にかけて、ウクライナの絵本の原画展が開催されていた。展示されたのは、えほんの郷が所蔵するお宝の中から『セルコ』『わらのうし』『かものむすめ』。いずれもウクライナに伝わる民話を絵本にしたもので、動物たちと人との交流が、ユーモアと優しさに溢れる筆致で描かれている。三冊の絵本を手がけた元福音館編集者の唐亜明さんを招いての講演会がまた素晴らしいものだった。こういう機動力も、えほんの郷の魅力だなと思う。

唐さんは今でもウクライナの画家と連絡を取り合っているそうで、現実の厳しさに会場は静まりかえった。日々のニュースにも暗澹たる気持ちになるが、絵本を通してウクライナの文化に触れ、思いを馳せることは、意味のあることだろう。

戦争によって奪われ、脅かされるものは数えきれない。画家が思うぞんぶん絵を描く、子どもが絵本の世界に遊ぶ……そんな豊かでかけがえのない時間も、そのひとつだ。

2　ダイアローグとモノローグ

「それはでも、あれじゃないか」

高校時代は演劇部に入っていた。福井県の学校で、一時間あまりをかけての電車通学だった。ちょっと脱線すると、高校の最寄り駅が「田原町（たわらまち）」という。誰よりも早く名前を覚えてもらえて便利だった。歌集を出して以降は、この駅名をもじったペンネームだと勘違いされがちだが、俵万智は本名である。

さて、演劇部の先輩たちは、当時最先端の戯曲を紹介してくれた。文化祭で上演したのは、つかこうへいの「熱海殺人事件」や清水邦夫の「ぼくらは生まれ変わった木の葉のように」、そして別役実の「にしむくさむらい」などなど。それぞれの東京での初演を調べてみると、1973年、1972年、1977年だ。自分が高校生だったのは70年代後半だから、地方にいながら頑張ってアンテナを張っていたんだなあと思う。いずれもなかなかに不条理なストーリーで、言葉も面白かった。特に新鮮だったのは、別役実の戯曲に出て来る言葉遣いだ。

「いや、そうじゃないよ、ちょっと何してきただけじゃないか。」

「それはでも、あれじゃないか……。」

「だから今、私も、そっちに何するあれがあったけど、やめて相談に乗ってやってるところじゃないか。」

活字になった「何して」や「あれ」を見たとき、こんなのもアリなんだ！　と驚いた。もちろん、普段は自分でもよく言っている。けれど俳優のアドリブなどではなく、あらかじめ文字として書かれている「何して」や「あれ」は衝撃だった。演劇が世界や社会を映すものならば、当然あっていいはずの言葉のよどみや、曖昧さ。それが鮮やかに描かれている。教科書みたいな日本語だけで書かれた戯曲が、なんだか嘘っぽく見えたものである。自分が後に短歌で口語を用いるようになったルーツの一つは、別役実だったのかもしれない。

そして、ネットが普及した今、チャットと呼ばれる会話形式のコミュニケーションでは、まさにリアルな話し言葉が文字として書かれている。別役実の戯曲さながらに。

つかこうへいさんの稽古場

東京の大学生になった80年代は、世に言う小劇場ブーム。早稲田のキャンパスには鴻上尚史さんの第三舞台「朝日のような夕日をつれて」の横断幕が下がっていた。東大に進学した演劇部の同級生に誘われて、野田秀樹さんの「夢の遊眠社」の芝居を観にいき、度肝を抜かれた。つか、清水、別役の戯曲に感じた新しさとはまた一味違うニューウェーブが、現在進行形で進んでいることを肌で感じた。ちなみに「善人会議（現・扉座）」の横内謙介くんは、早稲田の同級生で同じクラスだったが、会うはずの中国語の授業で、ほぼ見かけなかった。当時、学生でも演劇を志すとは、そういうことだったのだ。いくつか演劇サークルを見学したものの、ビビりの私は「授業には出たい」と早々に諦めた。その後、大学二年生で歌人の佐佐木幸綱先生の授業をとったことで短歌に出会い、言葉で表現することを始める。短歌にのめりこみつつも、劇場通いは続けていた。

それにしても後に、つかこうへいさんの稽古場に入り浸るという稀有な経験をすることになろうとは、夢にも思わなかった。歌集『サラダ記念日』を出版して、高校の教員を退職して数年たった頃のことである。きっかけは、早稲田の同級生が、つかさんの担当編集者になったこと。彼につか作品の面白さを吹聴したのが私で「つか先生にそのことを話したら、今呼べとおっしゃっている」と電話がかかってきたのだ。とるものもとりあえず、夜中にタクシーを飛ばした。人見知りしない私は、かなり気難しいはずのつかさんにもすぐ懐いて、稽古場への出入りを許されたのだった。

つかさん独特の作劇術を間近で見られるのがなんといっても面白かった。それは口だてと呼ばれる方法で、つかさんがセリフを言うのを聞いて、俳優が耳でコピーして口にする。それを聞いて次のセリフをつかさんが考え、また俳優に投げかける。セリフは近くにいるスタッフが逐一書き留めている。目の前の俳優さんを原稿用紙にして書いていく感じ、とでも言おうか。その場で肉体化された言葉を確認しながら、前へ進んでいく。同じセリフを違う俳優に言わせて、しっくりきたほうを採用するということがあるので、稽古場はセリフや役の取り合いという意味では戦場でもあった。

稽古に通い、本番の舞台を何度も見て、短歌とは違う言葉の側面について思った。短歌の場合、ひとたび書物を開けば、百年前の言葉であっても、そのままの鮮度でよみがえる。万葉集なら千三百年以上前のものだ。風景は変わり、誰一人生きている人はいないけれど、言葉は残っている。言葉だけは永遠なのだとさえ感じられる。けれど演劇の言葉は違った。戯曲は残るけれど、舞台で発せられる言葉は、その日その時だけのもの。

同じ俳優の同じセリフでも、まったく同じ日はない。俳優同士のやりとりの間合いや、観客の反応などで変化する。つまり、すべての言葉は一瞬だった。その日その場で消えてゆく唯一無二の言葉を浴びるのが、劇場という場所なのである。

もう一つ感じた違いは、言葉の積み上げかただ。演劇はダイアローグで、短歌はモノローグ。人と人との間にある会話によって、演劇は進んでゆく。たった一つの言いたいことのために、言葉を積み重ねてゆく作業だ。いっぽう短歌は、たった一つの言いたいことのために、言葉を削ってゆく作業になる。演劇は、俳優の肉体や音楽、照明、舞台美術などが複合的に合わさった総合芸術だ。だから言葉で言い過ぎることは、時に仇になってしまう。

人に何かを伝えるとき、自分は今、演劇的に伝えようとしているのか、短歌的に伝えようとしているのか、それを考えてみるのは一つの方策かもしれない。どちらであるかによって、言葉の方向性や分量は変わってくるだろう。念入りにデートの準備をして、会話を重ねる中で気持ちを伝えていくのがいい場合もあれば、「好きです」と単刀直入に言ったほうが響くこともある。

野田秀樹さんの稽古場

いきなり時間が飛ぶが、つかさんの稽古場通いから三十年あまりたった2024年、私は野田秀樹さんの稽古場に通うという、これまた僥倖に恵まれた。『カラマーゾフの兄弟』を下敷きに、舞台を日本の花火師の物語に置き換えた「正三角関係」という芝居である。そこでも痛感したのが「言葉で言ってしまわない」ということだ。今回は仕事で、パンフレットのための稽古場見学記を書いた。中に、言葉で言うか言わないかというトピックに触れた箇所があるので、以下、稽古場の様子と合わせて抜粋してみよう。

【野田地図・稽古場見学記】（抜粋）

欲望という名のとある電車が舞台奥から登場するシーン。布を用いての表現は、野田さんの得意とするところだ。しかし柔らかい布が、電車という硬い直方体のものに見えるまでには、気の遠くなるような試行錯誤が繰り返される。見学初日は、布と棒の、あーだこーだから始まった。

俳優やスタッフが、野田さんのアイデアを現実のものにすべく、実際に動いてみせたり、時には意見（できること、できないこと、やってみたいことなど）を述べたりするさまが新鮮だった。私の勝手なイメージでは、巨匠野田秀樹が「ここは電車ということで」と言えば、布のプロやら棒のプロやら（？）がサクッと決める……という感じだったのだが、全然違う。その集団の姿は、文化祭で横断幕をどうやってカッコよく張ろうかと、知恵を出し合う生徒たちのよう。そして野田さんは、校長とか担任ではなく、せいぜい（失礼！）生徒会長だ。しかも、一番楽しそう。

自慢じゃないが私は、いや助走をつけて自慢するが私は、学生時代に東大の駒場小劇場で野田さんのお芝居を観て以来のファンである。稽古場を見せてもらうのは、今回が初めてだが（基本、野田さんは稽古場にマスコミ等の取材は入れない。初日以外はマネージャーさんも）、たぶんこの人は、学生時代からずっとこんなふうに、全身から「楽しくてたまんない」オーラを発し、一緒に芝居を作る仲間をリスペクトし、場面が立ち上がるたびに目を輝かせてきたのだろう。演劇界での立場の変化（今や重鎮）や作品の深化ということはあるにせよ、基本の作り方は変わらない、いや変えない。ある意味まどろっこしいようなその原点を守ってこそ生まれるものを信じている。そんなふうに見えたし、誠実とも言える泥くささに胸を打たれた。

電車の場面の直前、台本には書かれていない下ネタが追加された。すると、まんまと引っかかった男児の笑い声が稽古場に響く。取材は入れないが、スタッフの子連れはオッケーなのだ。素敵な現場だなと思う。下ネタを口にする松本潤さんは「オレの株、大暴落……いや、考えたのは野田秀樹だからね」と、男児に向かって照れくさそうに笑っていた。

稽古開始前には製本されていた台本だが、加わるセリフもあれば、削られる箇所もある。ある日、威蕃《いわん》に加えられたひと言で、戯曲の肝が見えたと感じることがあった。野田さんに伝えると「あれは、一度消したんだけど、復活させてみたんだよね。そう感じてくれたんなら、大事なセリフだぞって瑛太に言っとかなきゃ」といたずらっぽく笑う。

それからしばらく、瑛太さんの声の良さについても話した。野田さんは、声のいい俳優が好きだ。それは単に美声というのではなく、きちんと届く力を持った声という意味である。どんなに大きな劇場でもマイクを使わない野田地図にとって、声が届くかどうかは死活問題でもあるだろう。

「どうしてマイク使わないんですか?」と聞いたことがある。「だって、スピーカーから声が聞こえてきたら、距離感がわかんないでしょ。舞台の奥で話しても手前で話しても、同じに聞こえちゃうんだよ」。

空間の使い方に尋常じゃないエネルギーを注ぐ人らしい答えである。いつだったか、NHKの荷物用の大きなエレベーターでご一緒したとき、見上げたり奥行きを確認したりしていた野田さんを思い出す。少年か！　というような興味津々の顔だった。

それにしても、瑛太さんのあのセリフを一度は削ったとは驚きだ。饒舌と称されることの多い野田戯曲だが、核心に近づく言葉には、こんなにも用心深いのか。私だったら、ドヤ顔でガッツポーズしてしまうだろう。無粋を承知で、復活した威蕃のセリフから受け取ったものを短歌にしてみると、こんな感じになる。


殺人をかくも丁寧に裁きつつ戦争をする国家とは何

三日ほど稽古を見学したのち、私は、花火製造職人の父子を取材するため、福岡県みやま市に出かけた。偶然にもほどがあるが、以前から決まっていたロケである。

「日本の花火の歴史は、火縄銃が入ってきたのが始まり。平和な時代になって、武器に使われていた火薬を、花火に用いるようになったんです」

「戦国時代には狼煙の役割も果たしました。花火は常に戦争と平和のあいだで揺れてきました」

「今はショーアップした花火が人気で、それも悪くないけど、そもそもは慰霊、鎮魂の意味合いが大きかったんです」

　昨日まで稽古場で見ていた芝居の解説ですか？　というくらい刺さる言葉の数々。今回のテーマを描くにあたって、野田さんが花火師の一家を中心に据えた意図に思いを馳せる。火薬が何に使われるかは、平和の指標なのだ。この芝居を観たあと、花火を目にする観客は、かつてとは違った思いで空を見上げることになるのだろう。

　ロケを終えて再び稽古場に行くと、ほんの数日で、絵が重ね塗りされたような変化を感じた。野田秀樹は、音と光と空間を計算し尽くす稀代の花火師だ。幕があがる頃には、火薬の配合も、着火のタイミングも、すべてぬかりなく終わっていることだろう。「正三角関係」という打ち上げ花火を、客席から観る日を楽しみにしつつ、筆をおこうと思う。


　はなび花火そこに光を見る人と闇を見る人いて並びおり

（稽古場見学記終わり）

そして実際に足を運び、劇場で観た「正三角関係」は素晴らしかった。芝居の言葉は一瞬で、古典の言葉は永遠……とやや図式化してしまったが、モノとして留めておけないことと、心に刻まれることとはまた別次元だ。自分は生きている限り、この夜に浴びた俳優たちの言葉を、折に触れて思い出すことだろう。現象としては一瞬でも、自分の心には永遠に生き続ける言葉たちである。

同じ言葉を違う文脈で

見学記では触れなかったが、言葉について考えさせられるとても深いシーンがあったので、加えて紹介しておきたい（ここからはネタバレになるので、ご注意ください）。ロシアの領事館で文化遺産のグルジアの壺を、ウワサスキー夫人が威蕃に見せる。が、その後彼が誤って落として割ってしまう場面だ。

一同　……。（青ざめる）

威蓄　形あるものはみな壊れる。
ウワサスキー夫人　それは、落として壊したあなたが使う言葉じゃないわ。
威蓄　でも形あるものって、壊れません？
ウワサスキー夫人　だから落としたあんたが使う言葉じゃないってえの。それ、落とされた側の言葉でしょ。落とされた私が『形あるものは壊れますから、仕方ないわね』ならわかるけど。

「形あるものはみな壊れる。」という文自体に、間違いはない。論理的に筋は通っていて、それはそうだと誰もが納得するだろう。しかし、誰かが壺を割ってしまったという場面で、割った本人が使うとなると「ちょっと待て」と言いたくなる。つまり文意は間違っていなくても、前後の文脈によってはいかがなものかということになるのが、言葉なのだ。そこが問題視されているのに、威蓄は「でも形あるものって、壊れません？」と文そのものの正しさを主張している。この手の行き違いや論点のすりかえは、SNS上のいさかいなどでも、よく目にすることだ。

やがてウワサスキー夫人は、ロシアが日本に宣戦布告する前に帰国する。威蓄は物理学者で、どうやら日本での原爆の開発を託されていて、点火の技術を持つ者として花火師の兄を推薦している。実は、そんな戦時下の話であることが徐々に明らかになり、観客は思いもよらなかった地平へ連れ出される。これぞ野田マジック。そしてラストは、長崎に原爆が投下されるシーンだ。

「形あるものはみな壊れる」と誰が長崎の人に言えるだろうか。落としたアメリカの理屈は、こうである。「あれは戦争を終わらせるために仕方のないことだった。」ここで、ウワサスキー夫人のセリフを思い出してみよう。「だから落としたあんたが使う言葉じゃないってえの。それ、落とされた側の言葉でしょ。落とされた私が『形あるものは壊れますから、仕方ないわね』ならわかるけど。」

つまりこれは、野田秀樹からアメリカへの渾身のツッコミなのだ。それを、直接原爆の場面ではなく、グルジアの壺の場面で暗示する。同じ言葉を、違う文脈で味わうことの意味を含めて、まことに象徴的なセリフだった。

「愛の不時着」リ・ジョンヒョクの言葉

同じ言葉でも、文脈によって色合いが変わって見える。威蕃のセリフはいただけないものだったが、実は論点ずらしによって言葉が生きることもある。そこで思い浮かぶのが、韓国ドラマ「愛の不時着」の主人公、俳優ヒョンビン演じるところのリ・ジョンヒョクだ。コロナ禍のステイホーム中、どれほど彼に癒されたことか。七周したと言うとドン引きされるが、好きなドラマというのは「あの人たち元気にしているかしら」という気持ちで、何度でも見にいきたくなるのである。

リ・ジョンヒョクは、見た目も性格も男前なのだが、言葉の遣い手としても実に優れている。当然ながら元のセリフは韓国語だから、日本語に訳されたかたのセンスもあるだろう。以下は、字幕を元にした考察である（ドラマのネタバレを含みますのでご注意ください）。

ヒロインのユン・セリはパラグライダーの事故によって、韓国から北朝鮮へ不時着してしまう。いろいろあって彼女をかくまうハメになるのが北朝鮮の軍人リ・ジョンヒョクだ。

あるとき市場の人混みで、彼女が迷子になってしまった。リ・ジョンヒョクはアロマキャンドルを買い求め、それを目印に掲げて探しはじめる。これは以前「お風呂に入るときも寝るときも必要」と言って、ユン・セリがアロマキャンドルを欲しがったことが伏線になっている。そんなものがあるとも知らずに、彼は普通のろうそくを買ってきて彼女を悲しませてしまったのだった。

異国の雑踏のなか、不安でたまらない時に見えてきたキャンドルの一条の光は、ユン・セリにとって、ほんとうに救いだっただろう。北の地での彼という存在を象徴しているようにも見える。そしてグッとくるのは、出会えたときのリ・ジョンヒョクの言葉である。

「今度は香りのするろうそくだ。合ってる?」

この場面、彼がかける言葉は、これのみだ。リ・ジョンヒョクとて、心配でたまらなかったし、見つけられてホッとしたはず。でも「心配した」とか「大丈夫?」とか「これからは気をつけて」とか、ありきたりな言葉がけは、すべて彼女を遠回しに責めることになってしまう。さらに自分が、すごく心配していたことも、少し照れくさい。そこで、かつての自分のミスを持ち出して、挽回するテイにする。かすかなユーモアさえ漂わせて。

緊張をほぐしてくれるこのユーモアは、論点のずらしから生まれる。人を探す場合「ろうそくに香りがあるかないか」は実は全然問題ではない。なんなら、ろうそくはなくてもいい。それを、さも一番大事なことであるかのように、香りのほうにスポットを当てるのだ。問われたほうも答えやすい。「合ってるわ」。

気持ちに負担をかけず、「ごめんなさい」と謝る隙さえ与えない。なんという心憎さだろう。私はこれを「はにかみと思いやりのずらし話法」と名付けた。なんだか忍法みたいだが、実はリ・ジョンヒョクは、ここぞという時にこの魅力的な話法を使って、私たちの心を鷲掴《わしづか》みする。

たとえば、彼の綿密な計画によって、ユン・セリがいよいよ韓国へ帰れるという場面で、彼女が「私のこと忘れないでね」と言う。その時の返事が「空から落ちてきた女を忘れられるか」だった。論点をずらすことで、見事に、はにかみと思いやりとユーモアが表現されている。

ほんとうは「空から落ちてきたから」忘れられないわけではない。でも、それが理由であるかのように言う。まあ、空から人が落ちてきたら忘れられないわなあと思ってクスッとする。ストレートに「決して忘れない」というのも照れくさいし、そして何より「愛しているから忘れられない」と言ってしまっては、彼女の負担になってしまうだろう。でもこの話法なら「忘れようと思っても忘れられない」という気持ちは、しっかり伝えることができる。

あるいは後に、ユン・セリの身に危険が迫っていることを察知した彼は、命がけで韓国に潜入する。突然街中にリ・ジョンヒョクが現れたとき、ぼう然とするユン・セリに向かって、彼はこう言った。

「ずいぶん探した。ソウル市江南区清潭までしか教えてくれなかったから」

いやいやいや、番地とマンションの部屋番号まで教えたとしても、北朝鮮からは、普通無理でしょう！　自分の乗り越えて来た苦難を、ものすごく小さく見せることで、相手に気持ちの負担をかけさせまいという思いやり。ユン・セリのために、こんなことまでしでかした自分への照れ。それはやはり「途中までしか住所を教えてくれなかったから（探すのに苦労した）」という論点ずらしによって、みごとに成立している。

もう一つあげると、ソウルで再会したこの日、ユン・セリのマンションに天敵のような次兄夫婦が乗り込んでくるシーンがある。高圧的な態度で彼女を脅す二人を前に、ユン・セリは「窮地に置き去りにした人、窮地に追い込んだ人は絶対忘れない」と凄んでみせる。次兄夫婦が帰った後、リ・ジョンヒョクは優しく抱きしめ、「忘れてはならない人は、憎い人じゃなくて好きな人だ」と諭す。そして「人を憎むと、自分の気持ちが荒んで損をする。損をするのは、人一倍イヤだろう？」と続けるのだ。

本来なら心の話なのだが、素直になりきれない彼女に助け船を出すため、彼はわざと損得勘定の話にずらしたのだろう。実業家であるユン・セリは、負担に感じることなく「そうね、損はしたくない」と素直に頷くことができる。感情をゼニカネに置き換えるユーモアが、緊張を緩和してくれる効果もある。また、ここで言う「好きな人」は、暗に自分のことを指しているわけで、その意味では、まあまあ照れくさい。そんなさまざまな感情に、うまく落とし前をつけてくれるのが、忍法「はにかみと思いやりのずらし話法」なのである。

例をあげるときりがないが、最終話、スイスで二人が再会する場面も忘れがたい。北朝鮮からここまで、どうやって来たのか。どれほど大変だったかを気遣うユン・セリに対して、彼はこう答える。「列車に乗り間違えて……」。かつて彼女が教えてくれた「間違えて乗った汽車が、時には目的地に連れて行ってくれる」というインドのことわざを踏まえてのユーモアだ。そしてまさに「はにかみと思いやりのずらし話法」になっている。長い長い二人の歴史をも感じさせて、心にしみる言葉である。

コラム

心の中の音楽を

なめらかな肌だったたっけ若草の妻ときめてたかもしれぬ掌《て》は　佐佐木幸綱

歌集『群黎』を読み返していて、この一首のところで手が止まった。ただ懐かしいだけではない。自分の歌の原点を見つけたような気がした。

「だったたっけ」という口語の会話体は、自分がトレードマークのように活用してきたもの。いっぽうで「若草の」（妻を導く枕詞）というような古風な言葉の響きも大事にしている。そして「妻ときめてた／かもしれぬ掌は」という下の句七七における句またがり。これは大好きなリズムで、『サラダ記念日』にも頻出する。「いつ言われても／いいさようなら」「長いと思って／いる誕生日」「何か違って／いる水曜日」「言ってくれるじゃ／ないのと思う」「二本で言って／しまっていいの」……などなど。

「妻ときめてた／かもしれぬ掌は」は、「きめてた」で定型の区切りがくるので、一瞬、決めていたのかなと読者に思わせる。が、その直後に「かもしれぬ」が、たゆたいながら続くところが、まことに心憎い。リズムの揺らぎが、心の揺れと重なっている。妻と決めていたに違いないのだが、句またがりで「かもしれぬ」とかぶせるところに、なんともいえない含羞が表現されている。結句まで読めば「掌」の歌とわかるが、倒置によって「肌」が強調されているところも巧みだ。

私が短歌を作り始めたのは、早稲田大学で佐佐木先生の講義に魅せられたのがきっかけだった。先生の歌集は繰り返し読んだし、暗唱している歌も多い。が、それにしても、こんなにも直接的に影響を受けていたとは。この一首と出会いなおしたような気がした。

初めての歌集『サラダ記念日』が、思いがけずベストセラーになり、社会現象とまで言われた頃は、毎日が嵐だった。高校の教師をしながら、取材を受けたり、著者としての活動（サイン会や講演）をしたり。時間的にも肉体的にもギリギリの日々。そんななか、佐佐木先生と対談する機会があった。授業を終え、へろへろな感じで対談場所にたどり着き、たぶん対談中もへろへろだった私。別れぎわに先生が二つのことを言ってくださった。

一つめは「いろんな依頼があって大変だろうけど、短歌作品の依頼だけは断るな」である。正直、ええーっと思った。歌集が売れてからというもの、やたらと作品の依頼が来るようになり、もう限界だと感じていた。こんな状態で短歌を詠んで質を落としたくない、数は絞っても水準を保ちたい……と考えていた。が、今思うとそれは「逃げ」だし、本末転倒だった。歌集が評判になった結果、歌を作る時間が減るなんて。こういう状況だからこそ、無理にでも作歌の時間を確保することが大事だったのだ。それは、勘を鈍らせるなということでもあっただろう。実際、先生の教えを守った私は、どんどん歌を詠むことができた。

もう一つは「君は、心の音楽を聴くことができる人だから、何があっても大丈夫」。ブームともなると、いろいろなことを言われる。妬みや、見当違いからくる意地悪だとわかっていても、まあそれなりに心は折れるもの。時代の寵児みたいなかたから「安心して。すぐに時代遅れになれるから」と言われたこともあったっけ。

時代がどうであれ、君は君の歌を紡いでいけばいいと、先生は言ってくださったのだと思う。耳を傾けるべきは外野ではなく、自分の心の中を流れる音楽なのだと。

3　気分のアガる表現

ラップも短歌も言葉のアート

ひょんなことからラッパーのMummy-Dさんとお話をする機会を得た。慶応義塾大学で教鞭をとる言語学者の川原繁人教授が、三人での鼎談を企画してくださったのだ。

川原先生いわく「お二人とそれぞれ話していて、言葉についての感覚や、メッセージと音の関係など、共通する部分がすごくあると感じた」とのこと。

たとえば濁音。ラップは「パーカッシブな打楽器的表現」と言うDさんにとって、濁音は効果的に入ると迫力が増すもの。短歌を作るうえでも同様のことを感じるが、逆に爽やかさや滑らかさは薄れてしまう。

「この味がいいね」と君が言ったから七月六日はサラダ記念日

サラダのS音との響きあいを考えて、六月ではなく七月を選んだのは正解だった。が、いまだに実は「味」の「じ」という濁音が私は気になっているし気に入らない。この話をしたとき、川原先生、尋常じゃなく嬉しそうだった。

もう一つのDさんと私の共通点として「音の響きにはこだわるが、それだけのために単語を選ぶことはしない。あくまでメッセージが第一」ということを先生は指摘してくれて、鼎談でも話題になった。

確かに、音の響きだけで単語を選ぶことはしない。ただ、ではメッセージが第一で、音はその下かと問われると、そう言い切るのには抵抗がある。なぜなら私たちは言葉で表現しているわけで、「何を」表現するかと同じくらい「どう」表現するかも重要なのだ。

鼎談で私は、作品は贈り物なのだから、メッセージ（伝えたいこと）を工夫して素敵に包んで渡すことは、ラップや短歌にとってとても大事だろうと話した。まさにラップ（wrap＝包む）である。ちょっとうまいことを言った。もちろん、中身がつまらないものなら単なる過剰包装になってしまう。でも大切なものは剝き出しで渡すより、包装にも気を配りたい。受け取る側だって、気分がアガるはずだ。

そもそもラップも短歌も言葉のアートなので、純粋に「すごい！」と思えることは、受け手の側の楽しみだ。Dさんの切れ味のいいラップは、それだけで耳に心地よいし、韻による超絶技巧は、フィギュアスケートのジャンプを見るような喜びがある。そこを決してないがしろにせず、でもそのうえで伝えたいことを大事にする。それは日常の中でも、同じことだろう。「おめでとう」や「ありがとう」という気持ちを伝えるために、どれだけ心を砕いて工夫したかは、そのメッセージにこもる思いの深さと比例する。

Dさんは、すさまじい韻を踏む能力をお持ちだが、それについても悩んだ時期があるとのこと。「韻のための韻でメッセージを曲げることをしない。韻を踏むことにこだわらない」で作ったのが名曲「ONCE AGAIN」だった。とはいえ、私などが聴くと「え、これで韻が甘いとか言われちゃうの？　めっちゃ踏んでますやん」と思ってしまう。そしてさらに「ONCE AGAIN」から十年あまりがたって、Dさんはまた最近ライミングに回帰してきたとのこと。一度ライミング至上主義から距離をとったことで、あらためて韻の面白さに気づけたという。これもまた示唆的なことだ。言葉で表現するからには技術は必要で、ただし技術ばかりを追い求めてしまうと本末転倒になってしまう。そこを自覚したうえで技術を用いるのが最強なのである。

夢中・得意・努力

音の響きということで、私の最新歌集『アボカドの種』の中から、川原先生が次の短歌を紹介してくれた。

むっちゃ夢中とことん得意どこまでも努力できればプロフェッショナル

ドキュメンタリー番組の取材を受けたときの歌で、番組の最後で必ず「プロフェッショナルとは?」という定番の質問をされる。私は歌詠みなので歌詠みらしく、短歌で答えようと思った。プロフェッショナルということを自分なりに考えると、三つのキーワードが浮かぶ。

一つは夢中であること。なぜこんなに好きなのか理由なんてわからないほど夢中であること。二つ目は得意であること。誰にも向き不向きというのはあって、どんなに夢中でも努力が足し算にしかならないジャンルというのがある。プロになれるのは、努力が掛け算になる人ではないだろうか。そして三つめは、慢心せずにその努力をずっと続けられるということ。

夢中、得意、努力という三つのキーワードが出そろったところで、それぞれを際立たせるために韻を踏んで音で飾ってやろうと目論んだ。

「むっちゃ夢中」、これは「む」と「CH」という音が一致している。「とことん得意」は「と」と「K」。ここまでは順調だが「どこまでも努力」は「ど」しか合っていない。Rも響かせたくて「誰よりも努力」や「泥くさく努力」などを考えたが今ひとつだ。

「Dさん、努力の形容、なんかいいの思いつきませんか?」と韻の巨匠に尋ねたところ、意外な答えが返ってきた。

「いや、とことん得意どこまでも努力、っていうのがトコ、トン、トク、ドコ……なんだかちょっとつまずきつつも一生懸命歩いてる感じっつーか、プロでも一歩一歩みたいな雰囲気を出してて、とてもいいと思う」

私は三つのワードを個別に考えていて、「とことん」と「どこまでも」という形容する側の語の並びをチェックするという発想はなかった。しかし、言われてみれば全くその通りで、この響きあいはなかなかよい。思わず「それ聞けただけで今日来たかいがありました!」と言ってしまった。韻に関してラッパーは、一つ高い視点から見ているのだ。

息子との様々な言葉遊び

ところで、私がラップに興味を持ったのは息子の影響だ。高校生のころから大好きで、大学生になって上京してからはラップバトルにもよく出かけている。ゲームに夢中で風呂にも入らないでいるときに「シャワーくらい浴びなさいよ」と声をかけたら「昨日風呂入ったっけ?」(webnokusoyaro)という最高なラップ動画を教えてくれたりする。思わず聞き惚れて、それ以上注意するのを忘れてしまった。言葉好きの母を懐柔するには、持ってこいの作戦だ(でも風呂には入れ)。

その息子とは、幼いころから言葉でよく遊んだ。たとえば初めて覚えたカタカナは『ドラえもん』の「ドラ」で、折に触れてドラ探しをした時期がある。こういう場合、子どもはドとラを分けて捉えるのではなく「ドラ」でワンセットというのが面白い。歩くだけでドライクリーニング、ドラッグストア、ドライブスルー、けっこうある。家電量販店に入ればドライヤーにドラム式洗濯機。新聞をめくれば大河ドラマの記事やドラフトビールの広告。絵本にはドラキュラやドラゴンが登場する。あるとき、道路脇の看板に息子が目を輝かせて「ドラ、ドラ……」と近づいていったのだが、残念、「ラドン温泉」だった。

なぞなぞやしりとりも、道具なしで無限に遊べる。「パンはパンでも食べられないパンは、なーんだ?」の答えを探すことは、思えば韻を踏める言葉を集めるってことである。フライパン、鉄板、ジーパン。パンチ、パンツ、パンダ、パンフレット。時に息子は「くさったパン!」と言って得意そうにしていたが。

しりとりで相手を困らせたくて、同じ文字で終わる単語を蒐集するというのも親子のあいだで流行った。特に我々は「す」攻めに熱中。普通にタンスとかアイスとかバスとかでは飽き足りず、スス(煤)、スイス、スライス、ストレス、スーツケース、スペース、スムース、スキルス、ステルス、スパイス、スクラロース……と、「す攻め返し」のための言葉をあさった。さらに万策尽きると「す!　鳥の巣!」「す!　すっぱい酢!」「す!　素顔の素!」「す!　大根の中にできるす!(鬆)」「なんだよ、それ」……というような一文字攻防戦も展開。

こうして振り返ると、息子がラップに興味を持ったのは、幼いころの言葉遊びに端を発しているような気もしてきた。今はスマホのアプリに「ラップバトル」というのを入れて熱中している。制限時間内に、画面に出てくる単語と韻を踏んでゆくというものだ。私も試しに挑戦してみたが、楽しくてクセになる。たとえば画面に「盾　たて」と出たら、母音が「あえ」になる単語を言えればオッケーだ。「豆　まめ」とか「酒　さけ」とか「壁　かべ」とか。二文字なら難なくできるが、だんだん文字数が増えてくると結構手こずる。さらっとDさんの歌詞にある「天使か堕天使か破廉恥なペテン師」「聞かぬ忠告すでに中毒それが16」などが、すごいなあと身に染みる。

つかうほど増えてゆくもの　かけるほど子が育つもの　答えは言葉

歌集『アボカドの種』の最後にはこの一首を置いた。「使えば使うほど増えるもの、なーんだ?」というなぞなぞの答えは「言葉」である。お金や時間やモノは使えば減ってしまう。でも言葉は、興味を持って使っているうちに芋づる式に増えてゆくのだ。ドラ探しや、なぞなぞやしりとりも、その可愛らしい例だろう。

また、子どもを植物にたとえるなら、言葉は光であり水である。かけるほど吸収され、栄養になっていくというのが実感だった。さらに成長した時には、かけてやる言葉の質も問われるだろう。肥料のようなものかもしれない。子どもが、少しでもいい方向に伸びるような言葉をかけてやりたいなと思う。

相手へのリスペクト

さて、息子がネットで見ているラップバトルの様子を、私もちょいちょい覗き見させてもらうのだが、はじめは嫌悪感のほうが強かったように思う。バトルであるから仕方ないのかもしれないが、即興で交互にラップをしてゆく中で、相手をディスる（貶める）場面があまりに多い。基本、ものごとを肯定的に見たいと思っている自分にとって、そういう方向で言葉をつかうのは、とても空しくもったいないと感じた。

「あんたがもしラッパーになるんなら、絶対にディスらないで、相手をリスペクトして褒めて褒めて褒めまくるっていう新しい人になってほしいわ」と割と本気で息子に言っていた。

ただ、もう少しラップ（を含むヒップホップの文化）を知ると、ディスりも単なる罵りあいではないとわかる。アメリカのラッパー、エミネムの半生を描いた映画「8 Mile」を親子で観たが、言葉というのは、持たざる者が生きるための最後の武器なのだ。

直接的な暴力に比べたら言葉のバトルというのは、非常に平和的なものだと感じられる。

川原先生も「ラップというのは怖いお兄ちゃんたちが喧嘩している……というイメージを払拭したい」と考えておられ、「ラップは元来、アメリカのギャングたちの間で抗争が勃発した際、殺し合いの代わりにダンスや音楽で勝ち負けを決める過程で生まれたものです」ということを繰り返し言っておられる。よくよく考えたら、手を出す喧嘩ではなく、口げんかで決めるって、素晴らしい発想だ。

2024年も新年早々、息子は「すごいメンバーが揃う！」と大興奮して豊洲ピットに出かけていった。私も行ってみたかったのだが、さすがに数時間立ちっぱなしの会場はキツイので、オンラインで生配信を見ることにした。「KING OF KINGS 2023 GRAND CHAMPIONSHIP FINAL」という催しだ。全国の予選・大会を勝ち残ってきた16名の猛者が、聴衆の前でラップバトルを繰り広げる。ジャッジは聴衆の声と審査員による。画面越しにも熱狂と熱気が伝わってきて、若者の文化として定着しているんだなあと圧倒される思いだった。

ちなみにDさんは即興でのバトルは苦手で、しかけられたら「持ち帰ってもいいですか」と言うそうだ。つまりじっくりリリックを考えたいタイプ。ラップには、バトルと、楽曲として音源を出すのと二つの表現方法がある。

画面越しにバトルを見ていて興味深かったのは、お互い相手の発した言葉を一つ二つ取り入れて自分のラップを組み立てていることだ。これは、平安時代の和歌の贈答にも通じるところがある。相手の和歌の一語か二語、必ず取り入れるのが常套手段であり礼儀だった。

「ラッパーのみなさん、意外と礼儀正しいですよね！」と言うと、Dさんは苦笑い。「礼儀っていうか、それは即興であることの証しなんですよ。今まさにこの場で作ってるっていうことが、一番わかりやすく示せるでしょ」とのこと。なるほど。前もって準備してきたもので戦っているのではないということか。いや、それでも（しつこいようだが）相手の言葉へのリスペクトという一面もあるのではないかと思う。

日本語ラップの独自の土壌

バトルはしないというDさんだが、ちょうどお目にかかる数日前に新しいアルバムが出たばかり。軽い予習の気持ちで私は聴きはじめたのだが、これが素晴らしかった。言葉の技術の高さ（リリックと歌唱の両方）、ぐっとくるメッセージ（五十代になったラッパーが見る景色)、これ以上聴きこむと好きになりすぎて、当日まともにお話しできなくなるのではと危機感を抱いたほどである。

一度遠ざかり、そしてあらためて韻の楽しさに回帰されたというだけあって、耳が喜ぶ韻がこれでもかと踏まれている。そしてそれがメッセージや歌詞の内容と絶妙にリンクしている。中でも私が面白いなあと思うのは、英語と日本語で韻を踏むという手法だ。たとえば、気の多い女の子に振り回される歌詞の中で「Silly Girl(おバカな女)」と「尻軽」。すっかり変化した横浜の風景を描写する中で「(こんなに多かったっけ)外人さん?」と「Rising Sun」。ね、楽しいでしょう? 川原先生が、言語学的にも素晴らしいとしばしば出される例として「ケッとばせ ケッとばした歌詞で Get Money」というのもある(注・ヒップホップではラップすることを「バースを蹴る」と言います)。

もともと英語の文化だったラップを日本語でするというのには、大きな言語の壁があった。母音が五つしかない日本語の場合、単語の母音が一つ合致したとしても、五分の一の確率じゃんということになってしまう。加えて子音の後に必ず母音が入るので、Dさん言うところのパーカッシブな音の響きになりにくい。英語の場合は子音を連打して勢いよく表現できるが、あいだに母音がはさまると「タガのゆるんだ太鼓」(Dさん)

みたいになってしまうのだ。そこで濁音や破裂音を多用したり、母音の並びを揃えたり、母音だけでなく子音を揃えるという発明をしたりなど、日本語ラップの黎明期の人たちは工夫してきたのである。それを言語学の立場から研究・解明したのが川原繁人教授で、詳しく知りたいかたはぜひ先生のご著書を読んでほしい。

英語発祥のラップを日本語で行うことで、日本語の特徴が明らかになるのは興味深いことだ。さらにラップそのものが日本語という土壌で独自の進化をとげ、日本語による表現の領域が広がった。素敵なことである。

句またがり的韻踏み

Dさんは、予測がつく韻は面白くないと言う。たとえば「煙たがる隣のブスと／挨拶交わす俺はモラリスト」のように、「すと」という音は一致しているが、単語はまたがっているという手法があって、短歌の句またがりの気持ちよさにも似ている。「ブスと」の後に「カスと」とか「下衆と」がきても面白くないし、モラリストと並んで、ピアニストとかエゴイストとかがあっても、それは予測の範囲内でつまらない。大ヒットしたCreepy Nutsの「Bling-Bang-Bang-Born」にも、次のような歌詞がある。「あ、キレてる…呆れてる周り」「教科書に無い、問題集に無い　超BADな呪（まじな）い」「圧倒的チカラこの頭と口から」。韻を踏みながらの意味とのリンクがお見事だ。

　この句またがり的韻踏み（と今ここで勝手に命名した）が、感覚的にかなり普及しているのだなと実感したできごとがある。２０２４年度のＮＨＫ全国学校音楽コンクール高校生の部の課題曲の作詞を担当したのだが、そのことが発表になったとき、「ぜひ今回も〜〜ノバスでお願いしたい」とか「課題曲のタイトルで韻を踏んでコンプリートしてほしい」とか（主にネットで）言われて、一瞬なんのことかわからなかった。実はこれ、私がかつて作詞した中学生の部のタイトルが「朝のバス」で、小学生の部のタイトルが「手をのばす」だったことに起因している。まったく意識していなかったのだが「ノバス」の部分が句またがり的韻踏み状態なのだ。なるほどと思ったが、さすがに三度目の「〜ノバス」は成らなかった。それにしても「朝のバス」と「手をのばす」に韻を感じる人が結構いたことは印象深い。

　その影響というわけでもないのだが、いや少しあるかもしれないが、今回は作詞をするとき、韻を意識した。たとえば、こんなフレーズがある（「明日のノート」より抜粋）。

失恋のせい　友だちのせい　親のせい　世の中のせい
青春はせいせいせいせいだらけ
あーせい　こーせい　いわれても無理！

三種類の「せい」が出てくるわけだが、実は完成までの道のりの途中では、ラップよろしく英語のフレーズも考えた。「せい」が気に入ったので、欲を出したのである。

せいので　いつか　I'll set sail
Gray な海に　make my way

「せい」の「EI」という音を手がかりにして「sail」や「Gray」や「way」を用いてみたのだが、やはり自然さに欠ける。無理やり感が半端ない。というわけで、ここは幻のフレーズになったのだが、トライじたいはめちゃくちゃ楽しく、そして英語で韻を踏みながらメッセージとリンクさせるということは本当にむずかしいなと実感した。Dさんマジリスペクトである。

この時ボツにしたフレーズで未練があるのは「三日月みたいな未完成」だ。このフレーズ内で頭韻を踏みながら、未完成の最後が「せい」という音で、意味的にも高校生の今を表していて、悪くない。どこかにねじ込みたかったのだが、うまくいかなかった。

結局、見送ったフレーズも多いが、韻を踏みたいという欲から、思いがけないフレーズが生まれることにはワクワクした。当時のメモを見返してみると「再編成　大器晩成　しゃらくせい　可燃性　画竜点睛　可能性　理性　野性　補正　偶然性からの必然性　人生　超新星　未完成　気のせい　快晴　起死回生　再生　方向性　光合成　覚醒　個性　一気呵成……」と、私の頭の中こそが、せいだらけだった。

韻というのは、ある種の縛りであり制約なわけで、それは短歌でいうところの定型にも通じる。なんでもいいよという自由な状態では目に入らないものに、出くわすことがある。型を網として手にすることで、すくえる発想があるのだ。ラップと短歌の共通するところかもしれない。

日本語をリズミカルにする魔法

いっぽうでDさんは「五七調や七五調は、なるべくやらない。カッコ悪いというか、そこからどう脱却するかだから。でもたまにやると、その力は想像以上なんだよね」と話す。後半は短歌への気遣いかもしれないが、同様のことを谷川俊太郎さんにも言われたことがある。五音七音からどう自由になろうかと現代詩はあがいているのに、やすやすとのっかっているあなたたちはズルい……的な。五音七音にのせると、なぜ日本語はこんなにも気持ちよく調子よくなるのか、その「なぜ」は解明されてはいない。が、日本語をリズミカルにする魔法であることは確かなのである。「誰が使ってもうまくいく魔法なんて」と思うか、「そんないいものがあるなら使わない手はない」と思うか。ラッパーや詩人は前者で、歌人や俳人は後者である。どちらがいいとかいうことではなく、どちらの道を選ぶかの違いだ。

ただ、最近の若い歌人たちには、五音七音にのせずに、一見破調かと見まがうような作品を作る人が非常に多い。で、よくよく数えてみると三十一音には収まっているのだ。学生短歌会の機関誌などに、特に顕著な傾向ではないかと思う。私は数年前から気になっていて、直接学生に尋ねたこともある。その時の答えは「なんていうか、リズムよりも言葉の並びというか語順を大事にしているところうなるんです」「フレーズを生かしたい気持ちのほうが強いんですよね。入れたい言葉を優先して、それで全部入ると快感」

ということだった。

2023年の角川短歌賞という新人の登竜門の選考会でも、このことは話題になり、年配の選考委員の中には「読んでいて疲れる」「なんとも言えない違和感や不快感」と拒絶反応を示す人もいた。たとえば私が最高点を付けた福山ろかさんの一連の作品には次のような歌がある。

鞄から出したニベアをすくう指先　晴れてきた空が大きい
手のひらに何度もふれているはずの表紙の口づけの絵に気づく
はめ殺しの正方形の窓枠に置いているBOSEのスピーカー

それぞれ五七五七七で切ると「すくうゆび／さきはれてきた」「ひょうしのくちづ／けのえにきづく」「おいているぼう／ずのすぴーかー」と、語の途中に切れ目が入る感じになる。

選考会の時には、以前学生から聞いた「フレーズや語順を優先したい」という気持ちとして私は理解していたし、作品ごとに句またがりが持ち味を発揮しているとも感じた。

たとえば一首目なら、ハンドクリームをすくう指先から、視点が空へと動く時のスイッチのようにこのリズムが作用している。二首目は、キスの絵に何度も触れていたことに今さら気づく違和感が、リズムのぎこちなさと響きあう。三首目は正方形の窓とスピーカーの四角を重ねて不思議な絵面を生んでいるが、メーカーの名前にクッと力が入るように句またがりが効いている。そんなふうに積極的に解釈してきたが、Dさんの話を聞いたあとだと、そもそも若い人たちは五七五七七のリズムに簡単に身をゆだねることへ、なにかしら抵抗感があるのかなとも思った。

そこで右の三首について、身近な学生である息子に聞いてみた。彼は最近、短歌にも興味を持っている。結果、私とは全然違う読みかたをしていて驚いた。

「ニベアの歌は破調だね。ちゃんと切れ目を、一字空けで示しているじゃない」……確かに。指先の後に空白があるのに「ゆび／さき」と読まれるのは作者の本意ではないだろう。反省した。

「二首目の下の句は9・5のリズムで読む。で、三首目の下の句は5・9のリズム。ワードの頭の拍が揃っているから気持ちいい」

9・5のリズム？　5・9のリズム？　ワードの頭の拍？　目をテン（死語）にして

いる私に、彼は机をトントンと四拍子で叩いて、二首を読み上げてくれた。なるほど、ちゃんとリズミカルだ。「シンプルに足して14でつじつまを合わせているわけじゃないんだよ。たとえば意味が4・10で切れるようなのはダメ」とのこと。「入れたい言葉を優先っていうと、リズムは二の次みたいだけど、そんなことはないと思う」。

私は、なんでもかんでも句またがりで理解しようとしていたが、事はそう単純ではなさそうだ。従来のリズムに抵抗感があるというより、もっと自由に新しいリズムの中で、彼らは言葉を生かそうとしているのかもしれない。

最後に話をDさんのアルバム「Bars of My Life」のほうに戻そう。これまではRHYMESTER（ライムスター）というグループでの活動等が中心だったため、意外なことに初めてのソロアルバムだそうだ。五十代で初ということで、さながら自分史を思わせる面があるし、長く生きてきた人にしか見えない景色が歌われている。それはヒップホップの歴史や、この数十年の日本の景色とも重なり、胸に迫る。

「バックミラーの中の街」という作品は、車のバックミラーに30年前の街と自身の青春が映し出され、酔っぱらって起きたら今になっていたという仕掛けなのだが、両方を合わせ鏡のように歌えるのが五十代なのだと思う。私も同じく五十代の終わりに、30年ぶりに元カレと再会して歌を詠んだことがあったので、深く共感した。恋の歌は青春の特権と思われがちだが、30年ものの恋は二十代の人には歌えないのだ、と強がっておこう。

三十年の時の人混みかき分けて元カレのいる居酒屋へ着く
シャルドネの味を教えてくれたひと今も私はシャルドネが好き
「どうだった？　私のいない人生は」聞けず飲み干すミントなんちゃら

コラム

川原繁人先生との出会い

ある日スマホのツイッター画面に、次のようなつぶやきを見つけた。
「まったくをもって自分勝手な妄想なんだけど『「あ」は「い」より大きい⁉』って文庫化できたりしないかしら。すぐにとは言わず、将来的に。あれはあれで良い本だと思うのよ（自分で言うな）。」

つぶやきの主は、その本の著者である言語学者の川原繁人先生だ。ちょうど先生の近著を面白く読んだところだったので、一方的に親しみを感じてつい反応してしまった。

「ぜひ！　私でよければ、解説書かせていただきたいです。」

調子に乗ったこのツイートに、先生が気さくに応じてくださり、あれよあれよという間に対談をするということに。やった！　わらしべツイッターとでも呼びたい展開である。SNSには光と影があると言われるが、これは断然、光のほう。地方にいても東京の先生とつながれるのだ。

川原先生の本との出会いは、2019年の春先。高校生だった息子が、めっちゃハマってる本があると言って教えてくれたのが『「あ」は「い」より大きい!?』だ。言語学の中の音声学というジャンルの本で、簡単に言うと「音にはイメージがある」という話である。先生は秋葉原のメイドさんの名前やポケモンの名前を素材に、難しい学問を実に楽しく語りかけてくれる。親子で夢中になり、次々と著書を読み漁った。

その後息子は、先生達が開発した「IPAカード」という発音に関わるカードを欲しがり、宮崎の山奥の高校の寮に取り寄せていた。「あれ、俵さんの息子さんですよね」とバレていたことを、対談の日に知った（お金の出どころが私でした）。
言葉に関しては、私もオタクなところがあるので、先生とのおしゃべりは尽きない。音声学的な興味から繰り出される短歌への質問は、刺激的だ。この日、先生が一番喜ばれたのは、サラダ記念日の一首で、いまだに私としては納得いっていない「とある部分」についての話だった。

「この味がいいね」と君が言ったから七月六日はサラダ記念日

音声学的に言うと「サラダ」と「しちがつ」のS音の響きあいは、意識して作った。サラダ用の野菜が元気になる六月か七月かで迷ったさい、音の響きで七月を採用した。S音は爽やかな印象を与える。その流れでいくと「このあじ」の「じ」が実は気持ち悪い。「じ」の気持ち悪さについては、
義実家《ギジッカ》という語を友が口にするたびにびりりと揺れる夏空
という歌を詠んだことさえある。濁音は、力強いけど不快でもある。

「味のジをなんとかしたかったんですけど、うまくいかなくて……」と打ちあけたとき、川原先生の目の輝きが半端なかった。

さて、わらしべ物語には続きがあって、先生がラッパーのZeebraさんを講師に招いて、言語学の催しをするというので、そちらにもお邪魔した。ヒップホップ大好きの息子を誘うと「うそ！　マジ？　ヤバい!!」と明らかにおかしなテンションでついてきた。

「あこがれの人なの？」と聞くと「人じゃない、神」とのこと。

その日、胸に「韻」と大きくプリントされた黒のTシャツで神は現れた。Zeebraさんのお話を聞きながら、短歌も、そもそもは耳から聞くものだったことを思い出す。現代は、もっぱら目で読むものになってしまっているのは、もったいない。思いきり韻を踏んだ短歌を、作ってみたくなった。

4　言葉が拒まれるとき

思いがけない反応

それぞれの家の洗剤の匂いして汗ばんでゆく子らのTシャツ

沖縄の石垣島に住んでいたころに詠んだ一首だ。小学生の息子の友だちが、よくウチに遊びに来た。多いときは7、8人が狭いリビングにひしめいていて、週末ともなると、たいてい誰かが泊まっていく。一緒に遊んだり、着替えを手伝ったりしているうちに、気づいたことだった。それぞれの家で愛用している洗剤の匂いがあって、「ああ、これは○○家だな」とわかる。五人兄弟のにいにいと弟のTシャツから同じ匂いがするのだ。

後にこの歌をX（旧ツイッター）でつぶやいたところ、共感のリプライに混ざって、いくつかの思いがけない反応があった。

「それぞれの家の洗剤の匂い」がわかるということが、おかしいと知っていただきたいです。大量の化学物質のために、さまざまな健康被害が起きています。

あの洗剤のにおいが、香害となっています。自然派の環境配慮型の洗剤なら、汗ばんでも香りません。汗で香るのはマイクロカプセル香料です。香害で苦しむ人、万智さんの周りにはいませんか？

洗剤のニオイが服から揮発して、夏の空気に充満するなんて異常だと思う。どれだけ多くの人が苦しんでいることか。

公害にかけた「香害」という言葉は聞いたことがある。お寿司屋さんなどで、きつい香水をつけている人のせいで味がわからなくなる……というような例を思い浮かべていた。が、調べてみると最近では「化学物質過敏症」で困っている人の話が多く出てくる。

自分としては、香害を詠んだつもりも、香害を肯定するつもりもなかった。しかし日ごろからこの問題に高い関心を抱いている人には、我慢ならない短歌だったようだ。中には一首詠んで抗議してきた人もいる。

香害を知らぬか知ってか加担するこの罪の重さは海よりも深い

いっぽうで、こういった反応に対して次のような意見もあった。

こういうエンタメとか芸術に対して、自分のイデオロギーばかりを主張する人、本当に無理。だから嫌われるんだと思う。「あぁ、夏の匂いがするなぁ」と思うことさえ許されないの？　何様？

日ごろSNSに親しんでいる人なら「よく見る光景だな」と思うだろうし、そうでない人は「なんと面倒くさい……」と感じるかもしれない。よくも悪くも、これが今のSNSの一面だ。

クソリプに学ぶ

「クソリプ」という言葉をご存じだろうか。クソ（糞……最低な、ダメな）とリプライ（返信）が合わさった語で、Xなどで多く観察されるものだ。誰かの発信に付けられたコメントのなかで、くだらない、あるいは迷惑な、時には攻撃的なものを、こう呼ぶ。念のためつけ加えておくと、「香害」について教えてくれたリプライは、思いがけないものではあったが、クソリプとまでは感じなかった。

SNSでの発信は、不特定多数の人に向けられることが多く、それはつまり不特定多数の人から言葉が返ってくることにつながる。好意的な共感や意外な感想、建設的な意見などなら嬉しいが、残念ながらそうではないものも多い。所謂クソリプが付いて、少なからず気分を害したり、ショックを受けたりした経験をお持ちの人も多いだろう。

数年前、まだXがツイッターだったころ話題になった「クソリプの分類図」（左頁）というのがあって、非常によくできているので、これを活用しながらクソリプについて考えてみたい。

話題になったのは石榴さんという人のツイートで「どんなに当たり障りのないツイートも、拡散されるとクソリプがくるという法則について考え、クソリプを分類してみ

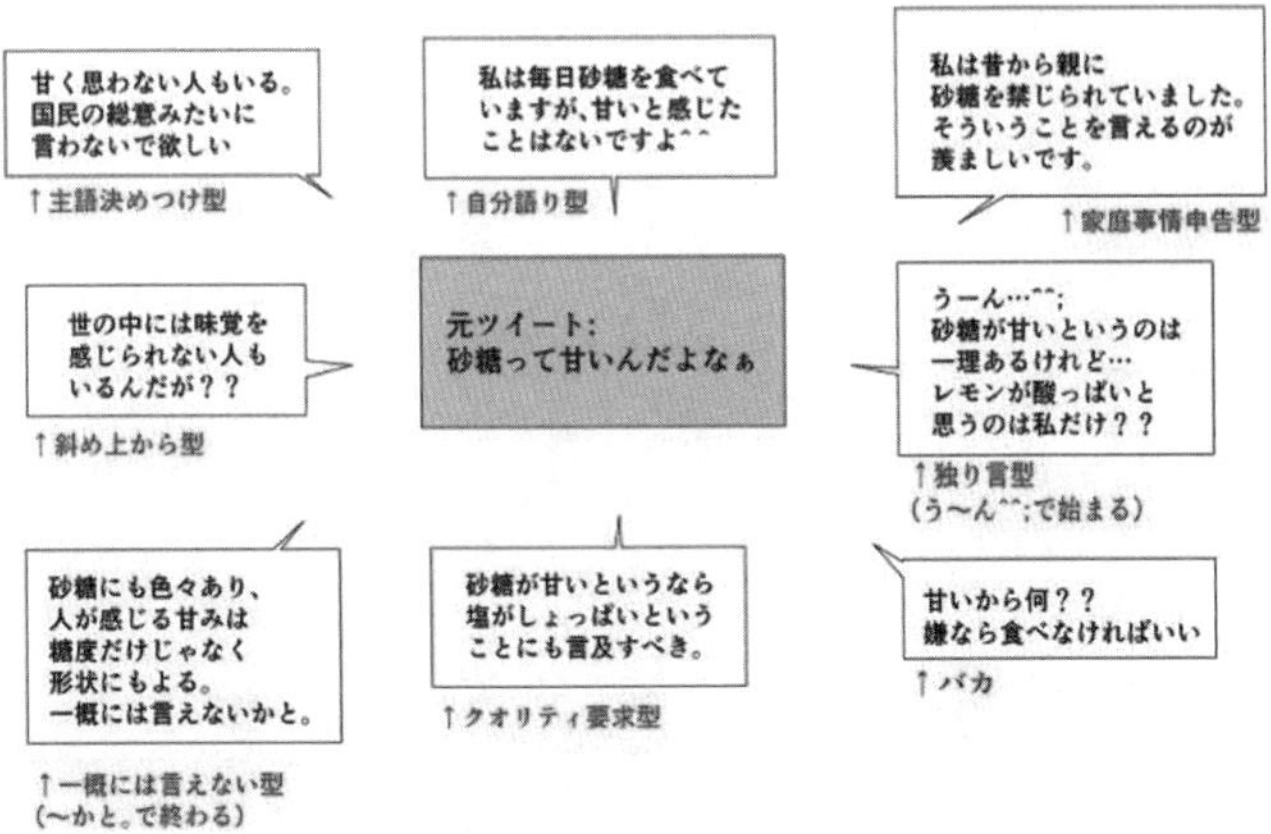

た。」とあり、具体例として「砂糖って甘いんだよなぁ」に付く典型的な八つのクソリプを示し、命名している。

まず注目しておきたいのは「どんなに当たり障りのないツイートも」ということと「拡散されると」という二点だ。つまり、元の発言になんの落ち度もなくても、不特定多数に届いてゆく過程で、クソリプの危機にさらされるのだ。ネットの宿命とも言うべき現象で、この二点、クソリプの本質をついていて、まことに鋭い。

「砂糖って甘いんだよなぁ」に対するクソリプを、石榴さんが命名、分類したものが上の図だ。順に見ていきながら、私なりにそのクソっぷりを吟味しつつ、対応を含めて検討してみたい。

1　主語決めつけ型「甘く思わない人もいる。国民の総意みたいに言わないで欲しい」

個人の感想であるつぶやきの主語を、わざと大きくして、すべての人がそうではないのだから決めつけるな！　という、まあ言いがかりだ。ただ、「甘く思わない人もいる。国民の総意みたいに言わないで欲しい」という文は、いちおう理屈が通っているように見えるところがクセモノ。甘く思わない人も確かにいるわけで、それを全ての人がそうだと決めつけることはできない。しかし、つぶやきの主は、そもそも決めつけてなどいないので、悪質な曲解をして決めつけているのはクソリプのほうだ。この手の言いがかりへの魔除けとして「※個人の感想です」という広告のパロディのような文言を、あらかじめ付けている人もいて、なかなかよい。

実は、そもそも日本語は主語が省略されがちということが、このクソリプを可能にしている。一人称で書かれているという前提の文章なら、いちいち「私が」「私は」と言わずとも、主語は私であるというのが日本語の暗黙の了解だ。SNSでの発信は基本一人称（私がするもの）なので「砂糖って甘いんだよなぁ」と言えば、そう思っているのは発信者（私）であることは明白だ。英語なら「I feel」や「I think」なのである。それを国民の総意みたいに言わないでほしいという言葉は、そっくりそのままお返しできる。

2 斜め上から型「世の中には味覚を感じられない人もいるんだが??」

つまり配慮が足りないという非難である。砂糖が甘いかどうかを確かめることのできない人が、あなたのこのつぶやきを目にしたとき、どんな気持ちになるか考えたうえで発言しているのか？ という投げかけだ。が、逆にあなたは世界中の人に目配りできる神様なんですか、と言いたくなる。ほんものの神様なら真上だが、理不尽で予想外でもあるので「斜め上」と名づけられたのだろう。

そんなことまでいちいち考えていたら、何も言えなくなるというのが正直なところだが、このクソリプには若干学ぶところがある。めぐりめぐって「味覚を感じられない人」にも言葉が届く可能性のあるのがネットの世界だ。身近にそういう人がいないからといって、世界にいないことにはならない。発信する前に一呼吸おいて、想像力を働かせ、不快な気持ちになる人がいないかを点検する習慣自体は大切なことである。

「砂糖って甘いんだよなぁ」を取り下げる必要はないと思うが、これが「母親の読み聞かせって、いいもんだよなぁ」なら、どうだろうか。私だったら、少し気になる。読み聞かせはいいものだが、母親に限定することはないし、お母さんに読んでもらえない子どもがいることは容易に想像できる。父親が読んでもいいし、保育園の先生だっていいし、要は身近な大人なら誰でもいい。だから「読み聞かせって、いいもんだよなぁ」としたほうが、より広く伝わるのではないかと思う。もちろん、これにも「読み聞かせをしてもらえない子どももいるんだが？」というクソリプはつくだろう。でも、それを恐れていては読み聞かせを話題にすることさえできなくなってしまう。

もし母親と限定するなら、たとえば自分の体験から導かれた感慨として提示するという方法が考えられる。説得力のある理由やエピソードを添えることで、一般論ではない思いを届けることができるだろう。

3　一概には言えない型（〜かと。で終わる）「砂糖にも色々あり、人が感じる甘みは糖度だけじゃなく形状にもよる。一概には言えないかと。」

この世のほとんどすべてのことは、色々あって一概には言えない。つまり間違った指摘ではないものの、ただ当たり前のことを言っているにすぎないクソリプだ。だからといって一概に言えることだけを発信しても仕方がない。タチが悪いのは、糖度とか形状とか、ちょっと難しそうな語を織り交ぜて、もっともらしくしている点と、最後を言い切らずに「かと。」で逃げ道をつくっている点だ。こういうセコいワザが用いられることは多く、石榴さんの観察眼、なかなか冴えている。コワザに惑わされず「あたりまえ体操でも踊っててください」と心の中で反論して、そっとスルーするのが得策だ。

4　自分語り型「私は毎日砂糖を食べていますが、甘いと感じたことはないですよ^^」

物腰やわらかめだが、これもイラッとするクソリプだ。感想や意見を言うと見せかけて、結局は自分のことを語っているにすぎない。

しかし、ここでイライラにまかせて「なんのお知らせ？　だから何？　私が甘いと感じたことに何かご不満でも？」などと返してはいけない。自分語りをしたい人は自分が大好きなので、勝手に語らせておくのがよい。下手に刺激すると、自分を否定されたと勘違いして逆切れしたりするから要注意だ。そして、これ以上語ってほしくない場合は、感じの良い相槌も避けるべきである。

5　クオリティ要求型「砂糖が甘いというなら塩がしょっぱいということにも言及すべき。」

　社会的な活動に力を入れている人の発言に、この手のクソリプが付いているのをよく見かける。たとえば○○地区の貧困問題について問題提起をしているツイートに「○○地区だけではないですよね」「△△地区のことは、どうなんですか?」というように。△△地区にも問題があると感じるなら、あなたが問題提起すれば?　と思うのだが、そういう気配はみじんもない。根底にあるのは、善を為す人への反感や不信感のようなものだろう。善そのものは否定できないので、見落としているとか偏っているとかいう言い方で、なんとか貶めたいのだ。あるいは、自分はこういう問題にも気づいているというマウントが混ざっていたり、そもそもの思想が対立していたりもする。より高いクオリティを相手に求めることで、相手を下げ、何か言った気になるというクソリプである。しかしどういう立場でそのクオリティを求めているのかは明らかにされないままだ。「その視点はありませんでした。もっとお話を聞かせてください」と歩み寄ることで、建設的な対話になる……という例は、残念ながら私は目撃したことがない。問題を解決することが目的ではなく、相手をもっともらしく攻撃することが眼目なのだろう。その魂胆を見抜いて、自分を消耗させないことも、ひとつの知恵である。

6　家庭事情申告型「私は昔から親に砂糖を禁じられていました。そういうことを言えるのが羨ましいです。」

これは4の自分語り型の派生形だが、独自に項目を立てられるほど頻繁に観察されるタイプなのだろう。ただの自分語りよりも、生い立ちや成育環境からくる訴えは、クソと断定するには忍びないという気持ちにさせられる。同情しないこちらが冷血人間みたいな感じにもなる。否定や無視がしづらいという点で、ただの自分語りよりもある意味やっかいだ。しかし申し訳ないが、そのやっかいさゆえ、自分語り型以上に、そっとしておくのがよいと思われる。

7　独り言型（う〜ん…^^;で始まる）「うーん…^^;　砂糖が甘いというのは一理あるけれど…レモンが酸っぱいと思うのは私だけ⁇」

うーん…^^;　というのは、全否定ではないものの、承服しかねるというニュアンスだ。

何かモノ申したい人のようである。そして、一理あるけれどなどと一応こちらを立てながら、何を言うのかと思いきや「レモンが酸っぱい」とのこと。そりゃあ、よかった。ほんとうに毒にも薬にもならない独り言で、他人へのリプライでさえなければ、クソなどと認定されずにすむものを。たぶん、意地悪な気持ちや悪気はない。しかし、取るに足らない独り言を、ひと様のツイートに付けている時点で、やはりこれはクソなのだ。モノ申したい気分だけで中身のないことを言い、読む人の時間を奪い脱力させているという自覚を、ぜひ持っていただきたい。

8　バカ「甘いから何⁇　嫌なら食べなければいい」

○○型とも名づけられず、ただ「バカ」と認定されているところに、石榴さんの深い怒りと切り捨てる気持ちが感じられる。ある意味、クソリプオブクソリプ、クソリプの真打ち登場である。

○○だから、何⁇　という言い方は、そのことを話題にしたり感想を持ったりすること自体を否定している。嫌なら……というが、嫌だなんてひと言も言っていない。誰かが何かに感想を持つということ（そして発言するということ）は、なにかが気に入らないからだという決めつけが、このバカにはあるのだ。常にそういう目でしか世の中を見られないというのは、まことに残念だし、なんだか気の毒でさえある。そういう人がいるというのは知っておいていいことの一つではあるし、そしてもちろん、バカはスルーするのが一番だ。

現実のあなたの発信は「砂糖って甘いんだよなぁ」というようなシンプルなものではないだろう。だからクソリプも、ここに例示されたものほどわかりやすくはなく、邪悪さは見えにくい。でも、本質は同じこと。

トゲのある言葉を投げられて、傷ついたり消耗したりせぬよう、クソリプの構造を知って見抜く目を持っておくのは、賢明な自衛策だ。ネット時代を生きる知恵と言ってもいい。そして万が一にも、自分がクソリプ製造機にならぬよう気をつけること、もちろんである。

しゃべる家電たち

最近、家電がよくしゃべる。電子レンジからエアコンまで、今何をしているのか逐一報告してくれる。我が家では、風呂と洗濯機も饒舌だ。たとえば風呂を沸かそうとすると、こう言ってくる。「お湯はりを始めます。お風呂の栓は閉まっていますか?」。ちなみに以前住んでいた古いマンションでは「お湯はりを始めます。お風呂の栓はしましたか?」と言っていた。限りなく似ているが、微妙に違う。

どちらも、空焚きをしないように注意を促してくれている。が、厳密に考えると「お風呂の栓はしましたか?」の場合、「いいえ、していませんよ。私はしていませんが息子がしてくれたんで、栓は閉まってますけど、なにか?」と、クソリプにも似たツッコミが可能だ。そういうクレームがあったのかどうか知るよしもないが、お風呂の栓を(お湯はりをしようとしている本人が)したかどうか動作を聞くよりも、現在お風呂の栓が閉まっているかどうか、その状態を確かめるほうが理にかなっている。

そう思って聞くと、洗濯機も、なかなかに用心深い。終盤になると「あと三分で洗濯ものが取り出せます」と知らせてくれるのだが、これが「あと三分で洗濯が終わります」だったら、どうだろう。

「洗濯が終わりますだと? 洗っただけでエラそうに……このあと干すのが大変なんだよ。干して乾かしてたたむまでが洗濯なんだよ!」と、私のなかの口の悪い誰かが今ツッコんだ。たぶん、そういう気持ちを逆なでしないための言葉の選択なのだ。加えて

「取り出せます」には、「洗ったのは機械ですが、取り出すのはあなたです（お疲れ様）」という気分が漂い、その後に続く「干す」という作業へバトンタッチしてくれるような優しさがある。うまいこと言うなあと感心した。

つまりクソリプを予防するということは、相手の気持ちになるということでもあるのだ。迎合したり、萎縮したりする必要はないけれど、気持ちを予想した段階で生まれる優しさは悪くないし、大切にしたい。家電の言葉を吟味する会議、全方位に向けて繊細なクソリプセンサーを稼働させていそうだ。チャンスがあったら、覗いてみたい。

コラム

詩が日常にある国

イーロン・マスク氏がツイッター社を買収したニュースは世界を駆け巡ったが、2023年の二月ごろ、日本のアカウントが次々と凍結されるということがあった。凍結とは、なんらかの理由で、ツイッター上で発言できなくなる措置だ。これまでと基準が変わったようである。
　そんな中、比呂ころくさんという人が「#凍結祭りだし辞世の句詠もうぜ」という呼びかけをした。凍結はアカウントの死を意味するゆえ、ならばその前に……というわけだ。#（ハッシュタグ）というのは、これを付けて発言すると、同じタグで発言した人の一覧が見られるというシステム。ほどなくアカウント凍結にまつわる投稿が集まってきたのだが、これがなんとも面白い。

ツイにゆく　道とはかねて　聞きしかど　昨日今日とは　思はざりしを　ちらいむ

タイムラインのオタの声　諸行無常の響きあり　キャラ、動物、食にエロ　盛者必衰の理をあらはす　バズれる人も久しからず　唯春の夜の夢のごとし　クソリプ者も遂にはほろびぬ　偏に風の前の塵に同じ　ま！ゆみ

呟いても独り　弓川

ああ、ツイ廃よ　君を泣く　垢死にたまうことなかれ　真琴

太郎を凍結させ、太郎の屋根に雪ふりつむ。
次郎を凍結させ、次郎の屋根に雪ふりつむ。　ゆきやなぎ

訳言っても訳言ってもロックのまま（実話）　Ram Origami

凍結（永訣）の朝　けふのうちに　とほくへいってしまふわたくしのツイアカよ　フジハラユキ

それぞれ、人口に膾炙した詩句を下敷きに、和歌でいうところの本歌取りの技法で書かれている。こういった作品が、あっというまに集まるのもすごいし、読んでニヤッとできる人たちがたくさんいることもすごい。ニヤッとした人が、ならば自分も……と次々と参戦してくる感じだ。そして何を隠そう、私もニヤッとした後に

参戦してしまった一人である。

青色のちひさき鳥のかたちして言葉ちるなり凍結の岡

もちろん与謝野晶子の「金色のちひさき鳥のかたちして銀杏ちるなり夕日の岡に」を踏まえている。ツイッターのマークが青い鳥であることや、銀杏の葉と言葉などを重ね合わせてみた。凍結された言葉が積み重なって、岡になっているイメージだ。

この盛り上がりは、外国人のあいだでも話題になったようで、職場のさまざまな国の同僚に説明したところ大変驚かれたというツイートを見かけた。一部を要約すると「なんで日本人は、こんなことできるの？　基礎教養がしっかりしすぎていて怖い！」「リメイクの文化がツイッターで華開いているのがエモい」「お遊びに本職がしれっと参加してる！」等々（最後のは私のことかも）。

海外で短歌の話をするとき、必ず持っていくのが新聞の歌壇俳壇のページだ。読書新聞などではなく一般紙であること、そして投稿者がごく普通の人であることに、とても驚かれる。ニューヨーク・タイムズやフィガロに毎週一ページをさいての詩のコーナーがあるだろうか。手前みそかもしれないが、これはやはり世界に誇れる文化だと思う。そしてもし、次に海外で話す機会があったら、今回のツイッターの盛り上がりも、付け加えたい。

詩が日常にある国、素敵じゃないですか?

5　言い切りは優しくないのか

何でもハラスメント

マルハラという言葉が、2024年の春、新聞やテレビ、ネットを賑わせた。マルとは句点のことで、マルハラスメントを略してマルハラ。中高年がＬＩＮＥなどのＳＮＳで送信する際、文末に句点を付けることが、威圧的に取られるという話だ。「連絡をください。」「わかりました。」等の句点が、若者には怒っているように感じられるらしい。

いやはや、なんでもハラスメントになる時代だなと驚く。と同時に、世代間でのギャップがコミュニケーションの妨げになるのだとしたら、お互いの感覚を理解して、円満にやりとりをしたいものだとも思う。これはハラスメントというよりは、わりとシンプルな誤解ではないだろうか。

若者が、ＬＩＮＥでの会話に句点があることに違和感を抱くのは、それが限りなく話し言葉に近いと思っているからだろう。だから「マル」がついていると、あえて付けたように感じてしまう。たとえば日常会話で「わかった」ではなく「わかった、以上！」と言われたような感じではないだろうか。後者には「もうわかったから、このことにいつまでも拘泥するな」的なニュアンスが漂う。

いっぽうで中高年世代にとっては、ＬＩＮＥといえども画面に文字が出る以上、あくまでそれは書き言葉なのだ。書き言葉であるならば、文末には句点を打つのが当然であると思ってしまう。

もちろん若者たちも、いっさい句点を使わないわけではなく、学校のレポートや会社内でのメールなどでは、文末にマルを入れているはずだ。つまり、そこがどういう場なのかの認識の違いである。普段着であいさつしに来たつもりが、年上の人がスーツ姿で現れたら、居心地が悪いし、なんだか自分の服装をとがめられたような気持になる。無言の圧力……それがハラスメントと感じられるのではないだろうか。

私は、若い世代とのやり取りでは、一文やひと言で済むときには句点は省略し、長めの文章になる時は付けている。日常的にやり取りしていれば、この人はこういうルールなんだなと伝わるので、さほど神経質にならなくてもいい。お互いのルールや感覚を探りあっているときには、年代の違いを考慮するのは有効だと思う。

マルで終わる日本語

また、マルハラの少し前に「おばさん構文」というのも話題になった。長文で、やたら絵文字や句読点が多いというものだ。ここでも句点が、マイナスのイメージで捉えられている。

そこでふと、自分の短歌を思い出した。日本語って、〇《マル》で終わるんだな、それってなんだか素敵なことだなと思い、詠んだ一首だ。世の中的には分の悪い句点だが、こういう見方もできるのでは？　と思い、Xに投稿した。

句点を打つのも、おばさん構文と聞いて…この一首をそっと置いておきますね〜

優しさにひとつ気がつく　×でなく〇で必ず終わる日本語

ちょうどマルハラの話題と重なり、またたくまに10万を超える「いいね」がついた。朝日新聞や毎日新聞、読売新聞のコラムでも、マルハラの話題にからめて取り上げられ、反響の大きさに自分でもびっくりした。みなさん若者に気をつかいながらも、どこかで「マルをつけたい」「句点があるほうが落ち着く」「そんなつもりのマルじゃない」と感じる人が多かったのかもしれない。モヤモヤを抱えていたところに「マルで終わるって日本語の優しさでは？」という一首のメッセージが、ダイレクトに届いたようである。

リプライや引用リツイートには「私の文章も、こういう気持ちで見てほしい」「○は怖くない。実は優しい！」「おじさんも助けてくれて、ありがとう」等々、中高年からの喜び（？）の声があふれていた。一首の短歌が、どんなふうに人々に手渡されていくか、可視化されるのがXの醍醐味の一つだ。

ちなみに、ここまで拡散されると、もちろん思いがけないリプライも付く。多かったのは「×《バツ》で終わる言語があるんですかね」というもの。いちおう反論というか補足をしておくと、「×でなく」とは、「今から句点の○を、○×の○と見立てますよ」という伏線としての表現である。

「曖昧表現が好き」という感覚

マルハラ問題に、もうひとつ日本語らしい観点があるとすると、「曖昧表現が好き」

というのが考えられる。若い人が「句点で言い切られるのが怖い」というのは、裏返せば「言い切らないで柔らかく終わったほうが優しい」という感覚だ。

三十年ほど前になるが、若者の「とか弁」というのが話題になった。「映画とか見て」「アイスとか食べて」といった言い回しだ。映画以外は見てなくて、アイス以外は食べていなくても、こういう表現をする。それまでは「とか」と言えば、並列や列挙に用いるものだった。「トマトとかピーマンとかを育てています」といった具合に。今では大辞泉にも、二番目の用法として「断定を避け、あいまいにするために語の後に付ける。『学校とかから帰る』〔補説〕1990年代前半から若者の間で使われ、すぐに大人にも広まった。多用する話し方を『とか弁』ともいう。」と記されている。

あっという間に定着した背景には、日本人の曖昧好みがあるだろう。当時、とか弁に対して渋い顔をしていた大人たちだって「今度の日曜あたり、ゴルフでもしませんか」というような言い方を好んでしていた。月曜にテニスをすることは、ありえないのだが「今度の日曜に、ゴルフをしませんか」と言うと、ソフトさに欠ける。それと同じ理由で、よりふんわりした表現として「とか弁」は愛され広まった。

似たような例は他にもあって「こちら、ピザトーストになります」の「なります」や、

「メニューのほう、おさげします」の「ほう」などなど。「ピザトーストです」「メニューを」とはっきり言わないほうが、まどろっこしいが丁寧な印象になる。

文末の断定ということで言うと「会議を始めます」「会議を始めさせていただきます」「会議を始めさせていただこうと思います」の順に、だんだん婉曲さが増していく。始めるということに変わりはないのだが。これがＬＩＮＥ等の文面で「会議を始めます。」となると、もしかしたら若い人には、「会議を始めます。（キッパリ！　文句あっか？）」というニュアンスに見えるのかもしれない。

だいたい新しい言い回しというのは若い人から生まれて、大人が渋い顔をするというのが定番だ。その若い人から生まれるのが「とか弁」をはじめ、句点ナシなどの新しい曖昧表現というところが面白い。本質は上の年代と変わっていないとも言える。

もちろん曖昧というのは、決して悪いことではなく、日本語のコミュニケーションにおいては丁寧な印象を与えてくれる。言葉をむき出しではなく、何かにくるんだり、クッションをはさんだりして渡すほうがよしという文化である。ただ、あまりに過剰だと、なんというか責任逃れのムードが漂って、よろしくないし、誤解を招くことにもなる。「前向きに検討させていただきます」は、ほぼやらないという意味合いだが、外国の人には通じにくい。時にはきっぱりと「無理です」と言ったほうがいい場面もあるだろう。就活用語で「お祈りメール」（不採用通知の婉曲表現。文末に○○様のこれからのご活躍を心からお祈り申し上げます等と書く）というのがあるが、あれも心にもないことを形式的に言い過ぎると、かえって空々しい。

潤滑油としての曖昧表現だが、使いすぎると滑るということを心しておきたい。

いろいろな「界隈」

最近、私が気になる不思議な言い回しは、話の途中で「……と思っていて」というもの。思っていて、どうなのかと聞いていると、特にどうというわけではなく、ただ思っているということのようだ。それを「……と思っています」と言い切らずに、言いさしの表現のまま、次の話に進んでいく。おばさんとしては、とても気持ち悪いのだが、テレビなどでも非常によく耳にするので、これも定着していくのかもしれない。21世紀の曖昧表現の一つである。

また、すでに定着した感のある「界隈」という言い方も、一種の曖昧表現ではないだろうか。もともとは、特定の地域や場所一帯を表す語だったのが、あるジャンルや趣味に関心を持つ人々、さらにそのコミュニティを指すようになった。「アニメ界隈」「自然界隈」というように。界隈という語が本来持つ「そのへん」という輪郭の曖昧さが、きっちりした「所属」よりも気楽で心地よい。中心にいても（めっちゃ熱心）、境界にいても（まだ初心者）とりあえず「界隈」と言えるようなフワッとした感じが、多くの人の心を摑んだのではないかと思う。

「風呂キャンセル界隈」というのは、要するに風呂が面倒で入るのをやめる人々を指すが、まずそういう界隈があるよということを、この言葉は言ってくれているわけで、ちょっとホッとさせられる優しさがある。「面倒なので風呂に入りません」とストレートに言うと、なんだかズボラな感じがして後ろめたい。でも「疲れたから、今日は風呂キャンで」なら、とても言いやすい。

そもそもキャンセルというのは、一度は約束したものを取りやめるということなので、気持ちはあるのだけれど、なんらかの理由によってやめるんですよというニュアンスが漂う。それが程よいエクスキューズになってくれているのが魅力だ。界隈という言葉によって、少数派ではないというイメージも生まれる。

「風呂キャンセル界隈」は、世の中で話題になっていくなかで、精神的な辛さを抱えるがゆえに入れない人への配慮という視点も加わった。この言葉の持つ、「一般的にはマイナス認定されていることを、現にあるものとして肯定する」という優しさが、生んだことではないかと感じる。

齊藤京子さんとヒコロヒーさんによる「キョコロヒー」というテレビ番組を見ていたら、風呂キャンセル界隈以外にも、いろいろな使用例があるとして、以下のような界隈が紹介されていた。

睡眠キャンセル界隈（様々な事情で寝ようとしないこと）、ごはんキャンセル界隈（食事よりも他のことを優先する）、歯磨きキャンセル界隈（歯を磨くことが面倒くさく磨かない）、労働キャンセル界隈（働くことが嫌になり休んでしまう）、健康キャンセル界隈（体に悪そうな食べ物を食べる）。

ヒコロヒーさんは「寝てない、ごはんを食べてない、歯磨きをしてない、働くのが面倒くさい、不健康……で、いいやん」と言っていて、ある意味その通り。つまり、ズバリ言えばそういうことを、婉曲に表現しているのが○○キャンセル界隈なのだ。寝ないとかご飯を食べないとか歯を磨かないとか、本来はまことに個人的なことを、そういうのをしない人々のグループ（界隈）があって、自分はその中の一人であるという言い方をする。ちょっとした安心感を得ることと、後ろめたさの緩和。それがこの曖昧表現の心地よさだろう。この言い方が流行っていると聞いたヒコロヒーさん、「(私は)流行語キャンセル界隈」とまとめていた。さすがである。

言葉の輪郭を曖昧にする「も」

最後に、短歌という創作の現場でのトピックを一つ。私は日ごろ参加している歌会では【「も」警察の万智さん】と呼ばれている。助詞の「も」が使われていないか、常にパトロールしている人なのだ。

初心者の陥りやすい罠として、助詞の「も」を使いがち、というのがある。含みを持たせられるので、限られた文字数で表現する短歌の場合、一見すると便利に思われる。けれど、たくさんのことを詰めこむのが短歌の目的ではない。日常会話ではソフトさを出す「も」は、表現としては曖昧で、時にそれはマイナスになる。「も」があったら、一度「が」「は」「の」「を」など別の助詞に置き換えてみるのがおすすめだ。もちろん的確で必要な「も」なら問題ないが、多くの場合は置き換えたほうが焦点が絞られたり、すっきりしたりする。

クリぼっちそんな言葉もあったねとグラスではじける粉雪見つめ

慶（２０２３・12）

身の程も知らずに貴方に恋をした今年の夏が暑すぎるから

甘露寺白夜（２０２３・７）

それぞれ、私が毎月参加している歌舞伎町のホスト歌会での作品だ。クリぼっち（クリスマスに独りぼっちでいること）という言葉をかみしめながら、グラスのシャンパンを見つめている一首目。泡を粉雪にたとえたところが、冬らしさを感じさせる。二首目は、無謀な恋を夏の暑さのせいにして、無茶苦茶さと健気さを際立たせている。

どちらも悪くないのだが、「も」が不用意で、どこかナルシスティックな甘さに流れているのが惜しい。クリぼっち以外の言葉があることや、身の程以外に大事なことがあるかどうかは、これらの歌では重要ではなく、「も」がかえって言葉の輪郭を曖昧にしてしまっている。ここを他の助詞にしてみよう。

クリぼっちそんな言葉があったねとグラスではじける粉雪見つめ

身の程を知らずに貴方に恋をした今年の夏が暑すぎるから

キーワードである「クリぼっち」と「身の程知らず」が、より鮮明になったのではないだろうか。なんとなく「も」を使ってしまっていないかチェックすることは、短歌に限らず有効なので試してみてほしい。

コラム

流行語の難しさ

新語・流行語大賞の選考委員をしていた時期がある。年末に大きく報道されるので、なにか公的な賞だと勘違いされがちだが、『現代用語の基礎知識』という本を売るために出版社が考えたイベントだ。

年々、選考が難しくなってきているなと感じた。マルハラの原因ともなるような世代間のギャップが、近年は流行語にも大きく影響している。さらに、同世代であっても生活様式や趣味が細分化され、すべての人に流行る言葉というのは、なかなか現れない。ネットでまたたく間に広まった言葉が、ようやくおじさんおばさんに届く頃には、もう流行遅れ……という時差もある。

NHKの紅白歌合戦を思い浮かべてみてほしい。たとえば私が小学生だった昭和40年代後半なら、祖父母から孫までの三世代がテレビを見て、みんなで口ずさめる歌があった。少なくとも出場している歌手を見て「誰、この人？」ということはなかった。けれど昨今は、全歌手が分かる人のほうが少ないのではないだろうか。世代を越えた流行歌は、なかなかない。同じように、世代を越えた流行語も、成立しにくいのが現代だ。

2016年、「保育園落ちた、日本死ね!!!」と題されたブログが話題になった。怒りに満ちた匿名の言葉は、毒のある落とし文のようだった。以下、一部を抜粋してみよう。

「何なんだよ日本。一億総活躍社会じゃねーのかよ。昨日見事に保育園落ちたわ。どうすんだよ私活躍出来ねーじゃねーか。子供を産んで子育てして社会に出て働いて税金納めてやるって言ってるのに日本は何が不満なんだ？　何が少子化だよクソ。（中略）どうすんだよ会社やめなくちゃならねーだろ。ふざけんな日本。保育園増やせないなら児童手当20万にしろよ。保育園も増やせないし児童手当も数千円しか払えないけど少子化なんとかしたいんだよねーってそんなムシのいい話あるかよボケ。（中略）金があれば子供産むってやつがゴマンといるんだから取り敢えず金出すか子供にかかる費用全てを無償にしろよ。不倫したり賄賂受け取ったりウチワ作ってるやつ見繕って国会議員を半分位クビにすりゃ財源作れるだろ。まじいい加減にしろ日本。」

多くの共感と注目を集めたこのブログは、ネットではもちろん、各新聞の論説などでも大きく取り上げられ、国会の質問にも引用された。そこから派生して「#保育園落ちたの私だ」というハッシュタグを用いて、子どもを入園させることができなかった保護者の声がツイッター（現X）上に広がった。

流行語大賞は基本、編集部が選んだ候補から、選考委員の投票と話し合いでトップ10を決める。待機児童問題の深刻さを顕在化させた言葉として「保育園落ちた、日本死ね!!!」はトップ10に入った。ちなみにこの年は「神ってる」「PPAP」「聖地巡礼」「マイナス金利」「ゲス不倫」などが選ばれている。

「死ね」というのは、そうそう簡単に使っていい言葉ではない。ただ、このブログの場合は、特定の個人や民族を指すのではなく、政治を司る国に対する恨みつらみを表現するために、比喩的に用いたもの。文脈や時代背景等も考慮しての選考だった。「保育園落ちた、残念!!!」や「保育園落ちた、悲しい!!!」では、ここまでの広がりはなかっただろうとも思われる。

これが、炎上した。「死ねというような言葉を表彰するとは何ごとだ」というわけである。選考委員の中でツイッターに個人のアカウントを持っていたのは私だけだったので、そこで説明を試みたが、火に油を注ぐ結果となった。

さまざまな批判の中には、耳を傾けるべき意見もあった。「あなたは歌人なのだから、死ねなどという言葉を用いずに問題提起をすべきだと反対するべきだった」「死ねが流行語大賞のお墨付きをもらったと知って、子どもが安易に使ったらどうするのだ」「世の中を動かすためなら、どんなに汚い言葉を使ってもいいのか」。それぞれ、もっともだと思う。一番の反省点は、トップ10として、ブログのタイトルだけが発表されてしまうことへの配慮が足りなかったことだ。子育て世代には死活問題と言っていいほど切実な話だが、全世代に浸透した言葉（ブログ）とまでは言えなかったかもしれない。タイトルを見て「ああ、あれね」と思えなかった人ほど、「何ごとか！」という印象を持っただろう。いっぽう、賞のことや時代背景、あるいはブログの全体像を丁寧に説明すれば、わかりあえる接点も見いだせるのではないかとも感じた。

ただ、ツイッターというのは、残念ながらそういう議論には向かない場所だ。特に「日本」という言葉に過剰に反応したネット右翼（通称ネトウヨ）の人たちの攻撃が始まってからは、手がつけられない状態になってしまった。

「あの女を叩け」という号令がかかったかのようだった。そもそもの待機児童問題など、どこかに吹き飛んでしまい「日本を貶めている」「死ねという言葉を推奨している」と思いこんだ人たちから、「反日活動家め！」とか「どうせ日本人じゃないんだろう」とか「おまえが○ね」とか、あらゆる種類の罵倒が届く。「大ファンだったけど、貴女の本は全部捨てました」と言われたときには泣きたくなった。

ネット上だけでなく、事務所（指揮者の岩城宏之さんの紹介で世話になっている）にも抗議の手紙が送られてきた。妙な雰囲気のものは注意して開けないようにしていたが、ファンレターを装ってファンシーな封筒に幼い文字で宛名が書かれていたこともある。おぞましいものが入っていた。なぜか韓国語の語学入門セットのサンプルが届いたこともある。

ポジティブシンキングが取り柄の私だが、さすがに参った。顔の見えない人たちから、波のように押し寄せる憎悪の感情に、押しつぶされそうになる。「ネットなんて見なければいい」というのが多くの人のアドバイスだが、心が弱ってしまうと、レストランの店員さんと目が合っただけで、この人ネットに何か書き込むんじゃないかと勘繰ってしまったりするのだ。

「見るんだったら、あなたのツイートに『いいね』している人を見てごらん。みんな標的になりたくないから擁護まではできないけど、そっと理解の足跡を残していってくれてるよ」。友人に言われて見ると、確かに罵詈雑言の数を遥かに上回る「いいね」が、この件のツイートには付けられていた。

ネットにおける誹謗中傷は、今や大きな社会問題だ。匿名の人から受ける負のエネルギーは、想像以上に人の心を蝕む。言葉は、時に凶器にもなる。比喩ではなく、人を殺すことさえある。自分の姿を見せずに、安全地帯から石を投げるのは厳に慎むべきだ。たとえそれが正義感や義憤にかられたものだとしても。

6　子どもの真っすぐな問いに答える

本質をついてくる質問

Questionary（クエスチョナリー）という子ども向けのサイトで、子どもたちからの質問に答える機会があった。今を生きる彼らの、純粋で可愛らしい質問の数々。ときには大人をハッとさせ、本質をついてくるものがある。回答といっても、正解が求められているわけではなく、人生の先輩として、どんなふうに考えるかを伝えればよさそうだ。同じ質問に、他のジャンルの専門家も答えるスタイルなので、自分は自分のジャンルである「言葉」を柱にした。子どもたちの真っすぐな質問に向き合うことは、あらためて人の心や言葉について思いを巡らせる時間となった。本章では、その質問と回答と、さらに考えたことを加えて記していこうと思う。

【なんで悲しいときに涙が出るのか？】（小三・男子、幼稚部からも二人）

自分の身体なのに、どうしてこんなことが起こるのか、わからないことって結構ある。小さいとき私も、なぜ汗って出るんだろう、気持ち悪いなと思った。歯医者さんでは、痛みなんて感じなければいいのにとも思った。が、汗は体温を調節してくれていることや、痛みは「ここヤバイよ」と知らせてくれているのだと知り、感心した。身体ってうまくできている。自分ではわからなくても、勝手に意味のあることをやってくれているのだ。

涙が出るのがなぜかは、実は大人になった今もわからない。けれどたぶん身体のほうでは、何かしら意味があるんじゃないかと思う。悲しいときだけでなく、嬉しくても出るから、ますます不思議だ。でも、一つ言えるのは、身体がゴーサインを出して流れるものならば、我慢しなくていいんじゃないかということ。今どき「泣くな！　男だろ」なんて言う人もそういないとは思うが、質問者が男子だったので、ちょっと気になった。身体は、自分が思う以上に自分のことを守って、いろんなサインを出してくれる。思いきり泣いたらスッキリ……これも涙の意味かもしれない。身体がだるいのは、休もうよというサインだろうし、ドキドキするのは、今がいつもとは違う特別な時間だっていうお知らせなんだと思う。

【説明できないわからない気持ちがあるのはなんで？】（五歳男子・森本博斗）

博斗くんは、言葉では説明できない気持ちを味わった。そういう気持ちがあるってことに気づいた。素晴らしいことだと思う。なぜ気づけたかというと、その気持ちを言葉で説明しようとしたからだろう。でも、うまくいかなかった。

身もふたもないことを言うと、実は言葉で100パーセント気持ちを説明するのは不可能だ。でも、それは言葉が無力だということではない。

そもそも、なぜ言葉って生まれたんだろう。何かを伝えたくて、だと思う。何も伝えたくない人に、言葉はいらないよね。その「何か」の中に「気持ち」も入っている。自分の感じているこの気持ちを伝えたくて、人は、たとえば「うれしい」とか「かなしい」とか「こわい」とかいう言葉を発明した。でもそれは気持ちのほんの一部というか、目印のようなもので、全部を説明しているわけではない。けれど、なにもないよりはずっと助かる目印だ。

基本、言葉は、世界と一対一で対応しているのではなくて、ざっくりした目印だと知っておくといいと思う。コップという言葉があって、目の前にコップがあれば、一対一のように見える。けれどコップという言葉は、そのコップだけを指すのではないし、コップと呼ばれているそれは「ガラス」という性質で分類されることや「花を飾る」という役割で用いられることもあるだろう。そして花を飾っているときには「花瓶」という言葉で呼ばれる。

モノの名前を表す名詞でさえこうなのだから、まして人の心という目に見えないものを表す言葉が、すべてを言い尽くせないのは当然のことだろう。でも、繰り返すが、目印はないよりもあったほうが、ずっといい。説明できないってことをわかったうえで、いくつかの目印を集めて、だいたいこんな感じなんですと伝える努力をすることが、コミュニケーションだし表現ということなのだ。

言葉の力が小さいのではなく、人の気持ちが大きいんだっていうふうに考えてもいいかもしれない。

【人間はどうして勉強しなきゃいけないの？】（小二・男子）

え、したくないの？　と思わず返してしまったが、質問を仲介してくれた大久保洋一さん（小一男子のパパ）が、私の反応を見て逆にびっくりした顔をされた。基本、今の小学生は勉強したくないらしい。受験がチラつく年ごろなら多少憂鬱になるのはわかるが、小学校の低学年からとは。かなり残念な状況だ。

実は私は、勉強が大好きな子どもだった。新しいことを知る、わからなかったことがわかるようになる、それって楽しいことではないだろうか。普通に考えれば楽しいことが、楽しくなくなっているとしたら、それは周囲の大人のせいだろう。子どもは、強制されるのが嫌いだ。子どもは、大人が言うようにはせず、大人がやることをしたがる。大人が夢中になっていることには興味を持つし、大人がつまらなそうにしていることはつまらないだろうと予測する。

「ウチの子ったらスマホばかり触りたがって困るんです。本を読むには、どうしたらいいでしょうか」。わりとよく聞かれることだが、当の親御さんがスマホを置いて、本を楽しそうに読むのが早道だろう。

私が勉強好きになったのは、もっとも身近な大人である父の影響だ。たとえば小学生だったある日、宿題をしていると、父がしみじみ言った。

「あああああ〜今の子どもはいいなあ。好きなだけ勉強ができて」

なんというか、心の叫びがダダ漏れたような、迫力のあるうらやましさが漂っていた。

父は会社勤めをしながら博士論文を書いた人である。家が貧しくて大学に行くのも反対されたが、下宿しなくて通える大学に、なんとか行かせてもらった。

そうか、今私のしている勉強は、大人がため息を漏らすほどうらやましいことなんだなと子ども心に思った。そして母もまた本好きというか活字中毒に近い人で、読むものがなければ電話帳でも読んでいた。雪で新聞が届かない日にはイライラして「隣の家の○○新聞はもう届いているようですが」と販売店に電話している。大人というのは、そんなに楽しみなものが毎朝手元に届けられるのか、早く私も新聞が読めるようになりたい、と思っていた。

前置きが長くなってしまったが、小二男子君には「世界を知るためだよ」と答えてあげたい。大げさに言えば、人類が長い時間をかけて知ったことや作り上げてきたことを、コンパクトにまとめて教えてくれるのが学校だ。初等中等教育のあいだは、いろんなジャンルの詰め合わせで幕の内弁当みたいなものだから、もしかしたら好き嫌いはあるかもしれない。でもとりあえず食わず嫌いはせずに、味わってみることをおすすめする。その中から特別に気に入ったジャンルがあれば、もっとフカボリする道もあるし、どのジャンルも基本をおさえることは決して無駄にはならない。

いや、無駄でしょ、古典とか何の役に立つの？　と、これまたよく聞かれる。高校で国語の教師をしていた頃には、わりとダイレクトに生徒からも言われた。「役に立つ」の定義にもよるかもしれないが、古典をふくめ、ものを読むことは世界を広げてくれる。人間が実際に体験できることには限りがあるが、本を手に取れば、体験は無限大になる。たとえば『源氏物語』は、小説としてもちろん面白いし（原文は手ごわいが現代語訳がある）、千年前の貴族を中心とした興味深い暮らしを味わえる。月を愛でたり和歌を詠んだりといった優雅な面だけではない。一夫多妻だったり、通い婚だったり、レイプまがいのことがまかりとおっていたり、生まれながらに身分の差が歴然とあったり、今の世の中とはかなり様子が違う。社会規範や常識の違いに驚きつつ、今の私たちもまた、別の社会規範にとらわれているのではと考えることもできるだろう。あるいは、こんなに時代が違っても、恋のときめきや失恋の辛さ、嫉妬といった感情は変わらない。ホッと共感すれば、遠い時代に同志を見つけたような気持になれる。過去から現在を照らしたり、過去の人と何かを共有できたりすることは、とても豊かな時間ではないかと思う。自分は、たまたま今という時代を生きているにすぎないのだ。

やや脱線してしまったが、大人が強制してくるからといって、勉強を嫌いにならないでほしい。日本の歴史を知れば、こんなふうに誰もが学校へ行ける時代なんて、わりとつい最近のことだとわかるだろう。世界に目を向ければ、今だって勉強の機会を得られずに働かされている子どもは大勢いる。六歳になったらすべての子どもが学校に行けるなんて、夢のようなシステムなのである。

ただ、最後に大事なこと（あるいは当然のこと）を付け加えると、子ども時代は遊ぶことも忘れないでほしい。遊びのポイントは「子ども同士で」「自然のなかで」「野放図に」。この貴重な時間を奪ってまでしなくてはならない勉強などない、とさえ私は思っている。なぜなら勉強は、大人になってからでも取り返すことができるから。でも、子どもらしく遊ぶというのは、大人になってしまってはできないことだから。

「遊びのどこに、勉強以上のメリットが？」という声が聞こえた。勉強というのは、先ほども書いたように、効率よく人類の築き上げた成果を受けとれるもの。それはもちろん素晴らしいが、自分だって長い人類の歴史の一員として、そこに何かを付け加えられる存在でもあるはずだ。そんな大それた存在にならないまでも、人類のたどった歴史をリアルに味わう体験は、勉強をより深く味わううえでも大事なことである。

堅苦しい言い方になってしまったが、そもそも子どもたちがぶつけてくれた質問のようなこと~なんで悲しいときに涙が出るんだろう、説明できない気持ちがあるのはなんでだろう~そういうところから学問は出発している。なんで空は青いんだろう、なんでケガすると痛いんだろう、なんで水がないと花は枯れるんだろう。それは、自然科学の第一歩だ。そこから教科書に書いてあるようなことを発見していったのが、大大大先輩たちなのである。

自然科学だけではない。たとえば息子が小学生の時の鬼ごっこの話を「自然の中で『めいっぱい遊ぶ』」で書いた。全校児童十数人の小規模校だったので、遊ぶときは一年生から六年生までが一緒だ。体力差があるゆえ、ただの鬼ごっこでは盛り上がらない。そこで独自のルールを子どもたちは編み出していた。一年生に二回つづけてタッチするのはナシとか、上の学年と下の学年をバランスよく混ぜてチームを作るとか。誰かが勝手に決めるのではなく、みんなで知恵を出し合う。やってみて不都合があれば微調整する。

社会のルールや法律って、そもそもはこうしてできていったんだろうなと思った。集団で何かをするときには決まりがあると便利だし、みんなが納得するには話し合いが必要だ。もちろんその過程ではケンカもあれば、失敗もある。でも、大丈夫。子どもだから。むしろそういう失敗をうんとすることが、生きる力につながるだろう。口のうまいヤツが自分に有利になるようコトを進めるかもしれないし、自分のアイデアが伝わらない子はイライラするかもしれない。言葉って大事だと気づけるチャンスである。

実際に今の日本で子育てしてみると、机の上の勉強よりも、充実した遊びの時間を確保するほうが、はるかに難しいなと感じた。理想は両輪だ。勉強の車輪ばかりが大きくて、遊びという経験の車輪が小さいと、同じところをぐるぐる回ることになる。逆もまた、しかり。勉強と遊びが揃って、子どもは前に進めるのだと思う。

【おうちでなんでしゅくだいやらなくちゃいけないの？】（小一・男子ほか）

またしても、やりたくなさそうな質問で苦笑してしまった。前の回答で大ぶろしきを広げたので、これにはコンパクトに答えたい。

今の日本の学校では、一人の先生が何十人かの子どもに、同じテキストを用いてする「一斉授業」というスタイルが主流だ。効率はいいけれど、マンツーマンではないので、子どもの理解にばらつきが出てしまう。どれくらいばらついているかを、先生が知りたくて出すのが宿題だと思ってほしい。すっかりわかっている子は、宿題によって知識を定着できるし、部分的にわからない子は、宿題をすることでどこがわかっていないかを見つけることができるのである。

これまた父の思い出話になるが、100点をとったテストを得意になって見せたとき、こう言われた。「100点か……100点というのは、自分のわかっていることしか出なかったっていうことだ。だからお父さんは、100点は、あまり嬉しくなかったなあ」。90点や80点なら、自分が理解できていなかった10点、20点ぶんが、テストのおかげで明らかになったというわけだ。それでこそ受けたかいがあるというもの。宿題というのは、テストの前に、その10点や20点を見つけるる作業なのである。

【なんでたくさんの言葉があるの？】（小三・男子）

ここまで読んでくれた子どもには、うすうすわかるのではないだろうか。たくさんの言葉があるってことは、それだけ世界が豊かだということのあかしなのだ。二つ目の回答でも触れたが、言葉は世界の目印。言葉を手がかりに、世界を理解することができるし、言葉をつかって自分の気持ちを伝えることができる。言葉がたくさんあるのは、人類の大先輩たちが、世界を理解しようとがんばったり、気持ちを伝えあおうと奮闘したりした痕跡だ。財産とも言える。

【どうしてウソをついちゃいけないの？】（小三・女子）

言葉って、どうして生まれてきたかについて考えた後だから、答えの予想がつくかもしれない。せっかく世界を把握しようと生まれた言葉、せっかく気持ちを通い合わせようと増えてきた言葉。なのに人をだます道具として使うのは、とても残念なことではないだろうか。

もちろん、なんでもかんでも本当のことを言えばいいってものではない。残念じゃないウソというのもあって、相手のためにつくウソは、オッケーだと思う。最近読んだ新聞に、ウソのバス停が出ていた。認知症を患ったお年寄りが、むやみに外に出てしまうのを防ぐために置かれたバス停だ。ここで待っていれば行こうとしている場所に向かうバスが来ますよと言う。安心したお年寄りは、そこに座って待つ。待っている人同士に会話が生まれたりもする。いつか「外に行きたい」という気持ちは失せて、おだやかに部屋に戻れる。バスが来るというのはウソだし、バス停そのものがニセモノではある。でも、無理やり引き留めたり、あなたの行きたい場所などないと告げたりするより、ずっと優しい解決方法だ。
日常会話のなかでも、衝突したり無駄に傷つけあったりしなくてすむなら、こんなバス停を設けてみるのは悪くないだろう。つまりウソがダメなのではなく、ダメな気持ちでウソをつかないことである。

【どうしてお母さんとハグすると安心する？】（小二・女子）

これもまた身体の不思議のひとつだ。ぎゅっと抱きしめられることが、どんな言葉よりも安心をくれることがある。これまで何回か私は「心」という言葉を用いてきたけれど、そもそも心ってどこにあるんだろう。
人間が考えたり感じたりする場所なんだから、心は脳にあるという説。ときめいた時ドキドキするんだから心臓でしょうという説。そして、「心は皮膚にある」という説もあるそうだ。この説を知ったとき、とても腑に落ちた。ああ、だからかと思って一首詠んでしまった。

抱きしめて確かめている子のかたち心は皮膚にあるという説

人は心を伝えたくて言葉を発明したけれど、心を伝える方法は言葉だけではない。それを忘れないでおくことも、大事だと思う。

コラム

賢い人って、どういう人？

2025年、年明け早々、インタビューの申し込みが舞いこんだ。依頼主は、17年ほど前から、発達障害に関する記事を書いているという朝日新聞の太田康夫記者だ。現在25歳のご長男が、幼稚園の時に発達障害と診断されたのがきっかけで取材を始めたという。

メールには「十年も前のことで、ご記憶にないかもしれませんが、当時の状況やお気持ちを伺いたくて」と前置きがある。彼が聞きたいというのは、2015年に、私がX（旧ツイッター）でお気に入り登録した、ある言葉についてだった。

それは米国在住の自閉症の男性・久保渡さんの言葉を、母親である由美さんが紹介したもの。宿題をしながら「僕は賢くなる」と言い続ける渡さんに、「渡、賢い人ってどういう人のことをいうのか知ってるの？」と由美さんが聞くと、たどたどしく、けれどしっかりと彼は言った。

「笑顔である事。幸せである事。正直である事。誇りを持つ事。」

驚きつつ共感した由美さんが、このことをツイッターにあげると、多くの人がリツイートした。それが私のところにも流れてきて「お気に入り」に登録したのだ。由美さんが「お気に入りに登録してくださってありがとうございます。息子が喜んでます。」とメッセージをくださり、それに対して私は「大切なことがすべて含まれている素晴らしい言葉だと思いました！」と返信した。

正直、細かいことは忘れていたのだが、メールに当時の由美さんのブログが添付されていて、私とのやりとりも紹介されており、記憶が蘇った。太田さんによると、重い自閉症があり会話が困難な渡さんは、由美さんが知人と開発した会話補助アプリを使って、少しずつ意思を伝える力をつけてきたそうだ。

インタビューを受けながら、あらためて渡さんの言葉について考えたことを、ここに記しておきたい。

まず、「賢い人って？」と問われたら、私たちはたいてい「物事をよく知っている」とか「偏差値が高い」とか「判断力に優れている」とか、そういうことをあげるのではないだろうか。これらは全て外から見たモノサシというか、客観的な評価だ。ところが渡さんのあげた「笑顔である事。幸せである事。正直である事。誇りを持つ事。」は、おおむね主観的。いずれも人から見てどうというよりも、自分がどうであるかに重きがある。そこが素晴らしいと思った。

はじめに「笑顔である事」。人間、生きていれば笑ってばかりもいられない。それでも、できるだけ笑顔でいるためには、なにごとも悪い面より良い面を見つけ、悲観的になりすぎないように心がけることだ。日々を笑顔で過ごせる人には、そういう知恵がある。

次に「幸せである事」。幸せであるかどうかは、まさに主観だ。人からどう見えるかは関係ない。ものごとを前向きにとらえ、小さなことにも幸せを見つけられるのは、真に賢い人だろう。

そして「正直である事」。子どもたちの質問に答えるなかでも触れたことだが、人をだます道具として言葉を使うのは、もったいない。せっかく言葉を用いるならば、互いの気持ちを通い合わせる方向で活用したい。正直であることは、言葉を賢く使うということでもある。

最後に「誇りを持つ事」。これも、とても主観的なものさしだ。誇りを持つとは、つまり、自分の人生を肯定するということ。ただむやみに楽天的というのとは違う。自分にも他人にも、恥ずかしくない生き方ができていると感じなければ、誇りはなかなか持てない。確かに、そういう人が賢くないはずがないと思わせられる。

四つとも、たまに立ちどまって、自分はどうかと点検してみたくなるような視点である。噛みしめるほどに味わい深いが、それぞれ言葉のカテゴリーは微妙に違う。笑顔は表情、幸せは感情、正直は人のありよう、誇りは人生を総括するような言葉だ。これだけバラエティに富んだ分野から、なぜ渡さんは言葉を拾いあげることができたのだろう。それは身近に「賢い人」として思い浮かべられる具体的なモデルがいたからではないだろうか。

「お母さまの由美さんじゃないでしょうか」。そう言うと、太田記者は一瞬メモする手を止め、深呼吸するように大きく頷いてくれた。長年取材している人の同意を得て、私の思いは確信に変わった。きっと由美さんは、いつも笑顔で困難に立ち向かい、渡さんとの暮らしが幸せで、ウソをつかず、彼を得た人生を誇りに思っているのだろう。そして渡さんがそう感じているからこそ、出てきた言葉なのだ。

賢い人はお母さん、という一言で片づけず、自分なりに言語化した渡さん。これらの言葉は、彼から由美さんへの最高の贈り物でもあると思った。

7　恋する心の言語化、読者への意識

ヒコロヒー『黙って喋って』の魅力

子どもたちからの質問に答えて、こんなことを言った。「身もふたもないことを言うと、実は言葉で100パーセント気持ちを説明するのは不可能だ。でも、それは言葉が無力だということではない」「基本、言葉は、世界と一対一で対応しているのではなくて、ざっくりした目印だと知っておくといいと思う」「モノの名前を表す名詞でさえこうなのだから、まして人の心という目に見えないものを表す言葉が、すべてを言い尽くせないのは当然のことだろう」。

言葉とは基本的にこういうものだけれど、でも言葉を生かして、なんとか人の心を表現しようとするのもまた人の営みだ。その挑戦の最たるものが文学である。最近読んだヒコロヒーさんの小説『黙って喋って』が、恋する心を言葉で捕まえてとても鮮やかだった。一部をここで一緒に読んでみよう。

十八の短編からなる小説集の、第一話「ばかだねえ」には、だらだら付き合い続けている二人が登場する。理玖《りく》と綾香は恋人同士だが、理玖は何度も浮気をし、そのたびに謝り、そのたびに綾香は許してきた。彼女は、自分が大事にされていないことに薄々気づいてはいるが、必死で反省の弁を述べられると、またつい許してしまう。その繰り返し。

物語は、いつものように理玖が「ごめん、綾香。ごめん。俺が最低だったと思う」と居酒屋で謝っている場面から始まる。聞き慣れた謝罪の言葉を浴びているときの綾香の気分は、目の前のサラダの色彩で表現される。

「真っ赤だったはずのトマトはダークブラウンになり、鮮やかな緑色のレタスは黒っぽくなる。（中略）そうしてまたしばらくすれば、周囲の客の話し声は次第に蟬の鳴き声に少し似て聞こえてくる。これはいつものことで、全て、既に、知っていることだった。」

サラダの色がくすむだけでなく、周囲の客の声も、意味のある人間の言葉ではなく単なる音でしかなくなる。現実にそうというわけではなく、理玖の謝罪が世界をそんなふうに見せているわけだが、味気なくなってゆくその世界の変化に綾香は驚くどころか

「既に、知っている」と感じている。最後のこの一文で、これまで何度も味わってきた気持ちがまた繰り返されているだけだとわかる。現在のことを描写しながら、過去と（おそらくは）未来が暗示されているのだ。

この繰り返される感じを、綾香はさらにこんなふうに思う。

「ＣＤに付いていた歌詞カードのサビの部分は上に米印が小さく打たれていて、後半になると『米印、繰り返し』と略されている。理玖はこういう時に、いつもその言葉を初めて発するみたいな姿勢で何かを言うけど、その大半はただの米印で、あの時やあの時と同じことを言うだけの米印部分を、懇切丁寧になぞって言ってくることさえもやっぱり、いつものことだった。」

歌詞カードの米印の比喩が、ただの「繰り返し」という意味合いで終わっていないところが素晴らしい。実際歌うときに、人がそこを省略せずにちゃんと歌う様子とも重ねられている。理玖という男は、毎回カラオケで心をこめて歌うように、毎回丁寧に心をこめて謝罪するのである。そして最終的に綾香は「自分の体がするすると縮んでいき、そのまま米印の右下の点にでもなってしまうみたいだった。」ということになる。

大事にされていないと感じながら、必死で謝られてしまうと「同じことの繰り返しだ」と思いつつ許してしまう。その時の心の風景や感触が、ありありと伝わってくる。言葉を丁寧に重ねれば、こんなふうに心を捕らえることができるのだ。

引用はほんの一部で、本人による心の腑分けの読みごたえったらないので、ぜひ全編読んでみてほしい。目には見えない心というものを、こんなにも輪郭のあるものとして書けるヒコロヒーさんの筆力とともに、言葉の可能性を信じさせてくれる短編集である。

そして『黙って喋って』を読んだ私は、書評を書いた。書評というのは、読んで震えた自分の心を、精いっぱい言葉で捕らえようとすることだ。

【書評】（共同通信配信）

ただの「好き」と「恋」の違いは何だろうか。なぜ惹かれてしまうのか、うまく説明できなくなったら恋ではないかと思う。この「うまく説明できない心」の説明できなさ加減が、みごとに捉えられた短編集だ。

18の物語を読みながら「わかる～！」と膝を打ち、「そういうことだったんか」と過去に思いをはせ、「でも、人って学習しないんだよね」と未来を予感した。せっかく18通りものバラエティーに富んだ恋愛で、学習させてもらったのに。

売れない芸人や女たらしのバンドマンなど、出てくるダメ男が魅力的すぎる。どんだけダメかが描写されているのに、こんな男がおったら惚れてまうやろと思わされてしまう。彼らの言葉を生け捕りにしたような会話の、説得力と破壊力。会話の妙は、本書全体のチャームポイントでもある。

食べ物やファッション（どれもうっとりするようなものではなく、ごく日常のささやかなものたち）のディテールが、楽しい。缶のまま出されたコーラに「アメリカを見習いすぎ」とツッコミを入れたりして、随所に笑いがあるのも、この著者ならではだ。俗に言う友達以上恋人未満の男達が、これまたグッとくる。読み終わるまで、いったい何人の男に惚れさせるのか。恋の相談相手となる女友達とのやりとりも、物語を立体的にして、読みごたえ十分。障がいのある恋人との葛藤や、職場でのセクハラなど、現代を映すテーマも盛りこまれている。

このように、小説を読むことの醍醐味をしっかり提供しつつ、やはり本書のもっとも素晴らしいところは、恋する心の言語化だ。右往左往し、のたうちまわる人の心の様子を、こんなにしつこく書かれて全くイヤじゃないって、すごいことだと思う。

今、本書を読み終えた人と語り合いたくて、うずうずしている。どう思う？　誰が好き？　ちなみに私の推しは「大野」です。

（書評終わり）

実は、この書評がきっかけで、ヒコロヒーさんと対談する機会を得ることになった。せっかくなのであらためて読んでみると、一つのことに気づく。29歳での苦いできごとを思い出に持つ主人公が二人いて、なんとなくリンクしているように思われるのだ。あの無難な選択をしてしまった（と私には思われた）彼女が、他の人の話ではあるが、その後こんなふうに平凡ながらも心優しい暮らしをしているとしたら、悪い選択ではなかったなと感じたりする。

塩梅が大事

「別々の短編ですけど、つながりを感じて読むとまた面白かった」と伝えると、ヒコロヒーさんはニッコリ。ネットでの連載中、「無難じゃないほうの選択」を推してくる読者が多く「いやいやいやいや、おまえら、しゃんとせえよ」という気持ちになったそうだ。後日談の意味あいを意識して、別の短編で「無難な選択をした結果」（その先の穏やかな暮らし）を描いたのだとか。そこにあるのは読者への「おい、何を言うとんじゃ、幸せになってくれよ」というメッセージ。ヒコロヒーさんの小説が、読者の心に届く秘密は、このあたりにあるのかもしれない。口は悪いが、愛情が深い。小説で描かれたダメ男にも、ダメ男に振り回される女性にも、私のようにダメ男に惹かれてしまう読者にも、そして無難じゃない選択を望んでしまう読者にも。「しゃんとせえよ、そして幸せになってくれ」と思いながら書いているのが、言葉の端々から伝わってくる。それはたぶん、自分自身へのエールでもあるのだろう。

「芸人でテレビとかに出ているから、こうして本も出してもらえる。ワシより、もっと努力して、出版にふさわしいものを書いている人もおるはず」と謙虚なヒコロヒーさん。ただ、私は逆に危惧している。つまり「どうせ芸人さんだから本にしてもらえたんだろう。たいしたことないはず」という偏見というか先入観を持っている人がいたら、まことにもったいない。芸人とか関係なく、すごい書き手がここにおる！　というのが私の偽らざる思いだ。

ヒコロヒーさんとは、私が選者を務める「NHK短歌」の司会としてお目にかかった。番組で「短歌は日記よりも手紙に似ている」という話をし「必ず読者の目で作品をチェックしましょう。人に読まれるものだということを忘れずに」といったアドバイスをしたことがある。その時、彼女に意見を求めると「芸人のネタと同じだと思うんですけど、お客さんの目線でばかり考えると、媚びた芸になってしまいます。いっぽう自分のやりたいことばかり突き詰めてしまうと玄人受けになるというか、それもイヤらしくてよくない。加減というか塩梅というかが大事やと思います」との答えだった。その通り！

ひとりよがりは、もちろんよくないが、読まれることを意識しすぎると「媚び」になってしまう。彼女は、選者の発言にバランスをもたらしてくれる、すぐれた司会者でもあるのだ（助かってます）。

どういう状況で読まれるか

とはいえ、読者が限定的な場合、思いきり媚びたほうがいいことも、時にはある。媚びというと聞こえは悪いが、要は具体的な読者がわかっている場合は、できるだけ相手に寄せて書く。それは決して悪いことではないし、むしろ自分のためにもなる。身近なところでは、ラブレターとか、大学の志望理由書とか、就活時の「御社への入社を希望する理由」とか。相手を知り、どういう状況で読まれるものなのかを考え、作戦をたてる。これもまた言葉を生かす方法の一つだ。

自慢ではないが、いや自慢してもいいのかもしれないが、高校生の時に県の英作文コンテストで優勝したことがある。正直、英語力はクラスメートには及ばなかったので(私の英語力のピークは、英語の先生に恋していた中二の夏……)、あれは作戦勝ちだったと思う。題は当日会場で発表され、規定時間内に英語で作文を書くというものだ。「私が行ってみたい外国」という割とベタな題が出された。同じ題でものを書くとき、一番やってはいけないこと。それは大多数の人が書きそうなことを、大多数の人が書きそうな理由とともに述べることだ。まして、こういうコンテストの場合、審査する人は同じような作文を大量に読まされてウンザリしているはず。そこで差別化しなくてはならない。できれば、誰も書かないような珍しい国に行きたい。

が、当時の私は、珍しい外国に住んでいる親戚がいるわけでもなければ、普段から新聞を読んで世界情勢に関心があるわけでもない。情けないが思い浮かぶのは「アメリカ」とか「イギリス」だった。一番あかんやつである。英作文コンテストに出ようなどという生徒は、少なくとも英語に興味があって、英語圏の国に行ってみたいと思うのは当然だ。自分の英語力を試してみたいとか、英語を通して友だちを作りたいとか、将来英語を活かした職業につきたいとか、そういう理由で。つまり、これらの理由も、あかんやつである。

そこで私は一計を案じた。数少ない手持ちのカードを、なるべく有効に使うため（というか珍しいカードがないことを補うため）まずは次のように書き出した。

The country that I want to go is United States of America.

私の行ってみたい国はアメリカ合衆国です。はい、一番あかんやつ登場。これを目にした審査員は思うだろう、「またか」と。で、どうせ続くであろう理由も想像がつく。そこで次のように続けた（面倒なので、以下は日本語で記します）。

その理由は、英語が大好きだから、ではありません。英語で友だちを作ってみたいから、ではありません。将来英語力を活かして仕事をしたいから、でもありません。うろ覚えだが、ここは思いつく限りのありふれた理由を並べては否定していった。本音を言えば、ありふれた理由しか思いつかなかったのだけれど。そして、「私がアメリカに行きたい理由は、アメリカが大嫌いだからです」と結んだ。ちょっと奇をてらいすぎかもしれないが、審査員に「ん？」と思ってもらいたかったし、実際私はアメリカなんぼのもんじゃいという気持ちを持っていた。入学以来、一番の仲良しだった友人が、前の年にアメリカに留学してしまったのである。それだけでもそうとう寂しいのに、期間が一年だから、帰国後の学年は別。一緒に卒業式を迎えることはできない。

留学試験に合格したことをキラキラした目で話す彼女を見ながら、私と離れることなんか一ミリも寂しくなさそうだなと、内心がっかりしていた。作文の後半は、その鬱憤というか不満をぶちまけ、ラストは「そういうわけで、私から大事な友だちを奪ったアメリカという国が、どれほど素晴らしいところなのか、いずれ確認に行きたいと思っています」と着地した。書いているうちに、留学話を打ち明けられたときの悔しさが蘇り「Why? Why, ○○!（彼女の名前）」と感情的な会話文なども、だいぶ芝居がかった感じで挿入した。それが前半の無味乾燥な理由の羅列（と否定）と好対照でもある。

とまあ、ないカードをふり絞って書いた英作文だったが「なんだ、またか……」と期待値を思いきり下げたうえで「んん？」と思わせる狙いが功を奏したのだと思う。書くものの目的がはっきりしている場合や、読む人の状況が具体的に想像できるならば、そこを踏まえて書くことはおすすめできる。

言葉のマジック

最後に、小話のような思い出話を一つ。インタビュアーを務めているテレビのロケで大分の竹田市へ行ったときのこと。仲良しのヘアメイクさんと私は、ちょっといい宿、プロデューサーは節約して近くの庶民的な宿、というのが恒例だった。荷物を宿に置いて集合すると、プロデューサーが浮かない顔をしている。

「チェックインのとき、ウチの朝ご飯は粗食です！　ってキッパリ宣言されたんだよね」

安宿とはいえ、それは珍しい歓迎の（?）挨拶だ。

「なんでしょう。雑炊一杯とか?」「おにぎりに梅干し一個」「乾パンだったりして」「さすがに非常食は非常識ｗｗｗ」

他人事なのをいいことに、盛り上がるメイクさんと私。翌朝、ちょっとワクワクしてメニューを聞いてみた。

「いや、それがですね……」と声をひそめるプロデューサー。「ご飯の隣に、ゆで卵があったんですよ」「おお～、意外と豪華じゃん」「そのうえ、パックのヨーグルトとオレンジジュースが付いてました！」「すごい、たんぱく質にビタミン。バランスとれてる!」

いい意味で期待外れだったねということになったのだが、いや、でも、ちょっと待て。「ご飯、ゆで卵、ヨーグルト、オレンジジュース、以上」。これ、何も言われずに出てきたら、結構な立腹メニューではなかろうか。

「粗食」というパワーワードで、思いきり期待値を下げられていたからこそ「覚悟してたのより、ずっといい」という気分になったのである。前日からの暗示により、朝から不愉快な思いをせずにすんだ。フロントの人が、どこまで狙ったかはわからないが、なかなかの言葉のマジックだ。

コラム

河野裕子の恋の歌

たとへば君　ガサッと落葉すくふやうに私をさらつて行つてはくれぬか

河野裕子

小佐野彈《だん》さんと、雑談をしていた。彼は第一歌集『メタリック』で現代歌人協会賞を受賞したばかり。「唯一悔やまれるのは、もっと早く受賞していたら河野裕子さんに会えたかもっていうこと」と言う。それを聞いて、自分が角川短歌賞を受賞した時のことを思い出した。吉報を聞き急きょ宴を開いてくれた先輩が「お祝いに、誰でもいいから一人、歌人と話をさせてやろう」と言う。迷わず私は「河野裕子さん！」と答えていた。そしてその場で先輩が電話をしてくれて、初めてお声を聞いたのだった。おっとりと優しい関西弁で相手をしてくださった。

歌を作りはじめた頃の自分が、抱きしめるように読んだのが河野裕子の第一歌集『森のやうに獣のやうに』だ。みずみずしい恋の歌に、ことに惹《ひ》かれた。歌集には「陽にすかし葉脈くらきを見つめをり二人のひとを愛してしまへり」という歌がある。掲出歌の背景には、その苦悩があるようだった。自分の迷いや葛藤を、たとえばこんな乱暴な方法で打開してくれないかと、君に呼びかけている。無造作に、でも確かな力を持って、私を奪ってほしいと訴えている。それは、相手の覚悟を問う挑発でもある。

もう二十年以上前になるが「あなたと読む恋の歌百首」という連載で、この一首を取り上げたところ、ご本人からお葉書をいただいた。「……俵さんのが、これまでで一番うれしい文章でした。だけど、あの頃の私は、自立にはほど遠い少女でした」とある。自立というのは、私が書いた「自立した女性の歌だ。（中略）この歌の魅力は、相手に寄りかからずに立っていられる女性が、相手に全体重を預けたい、というところにある。」を受けている。自立にはほど遠い少女に、ここまで強い言葉を吐かせるのが、歌の力（そして恋の力）なのかもしれない。

そして河野裕子の迫力のある恋は、伴侶となった歌人永田和宏に向けて、生涯続くことになる。まさに自立した女性が、全体重をかけて。結婚後一男一女に恵まれ、歌壇での充実した活躍を続けるが、2000年、五十四歳の時に乳がんで手術。2008年に転移が見つかり、2010年、六十四歳で亡くなった。この間の経緯は永田和宏『歌に私は泣くだらう』等の著作に詳しい。永田は死の前々日に「長生きして欲しいと誰彼数へつつつひにはあなたひとりを数ふ」という歌を口述筆記した。私にとっての一番は、結局あなたなのだという絶唱だ。初期の作品に「たれかれをなべてなつかしと数へつつつひには母と妹思ふ」がある。この対をなす二首の間を流れた時間が、河野の人生だったのかもしれない。

　訃報に接したとき、もう一度全作品を読み直した。恋の歌、家族の歌、子育ての歌。すべてにおいて先輩として追いかけてきたことを、あらためて感じた。その過程で気づいたことが二つある。

　一つは、自分の第二歌集にある「チューリップの花咲くような明るさであなた私を拉致せよ二月」という一首。まだ拉致問題が明らかになる前の作品で、思いきった言葉選びが気に入っていた。でも、これ、つまるところ「たとへば君」の変奏曲ではないか。あの落葉を栄養として、このチューリップが咲いたのだと感じる。

　もう一つは、河野裕子の子育ての歌。自分とはずいぶん違うと感じていたが、河野の孫の歌になると、感覚が近い。高齢出産の私にとって、息子は半分孫のような存在なのかも、と思った。

8　言葉がどう伝わるかを目撃するとき

歌会のススメ

ふだん、自分の発した言葉が、どんなふうに人に伝わっているのか、あるいは伝わっていないのか、実際に確かめることはできない。なんとなく相手の反応を見て、大丈夫そうとか、もう少し説明したほうがいいかなとか、考えることはあるにしても「今の私の言葉、どんなふうに理解しましたか？」と面と向かって聞くことはほぼないだろう。

たとえば同じ映画を観ても、ひとりひとり感想が違うように、実は自分の言葉も、相手によって伝わりかたは異なるはずだ。リアルの世界でもネット上でも、言葉のすれ違いによる誤解がもとで、人間関係がぎくしゃくしてしまうことは多い。

一度、自分の言葉がどんなふうに人に伝わるかを見てみたいと思いませんか？　実はそれができるのが「歌会」という場所だ。

何か厳格なルールがあるわけではないが、一般的な歌会の方法は以下の通り。まず、参加者が幹事に自作の短歌を一首（または何首か）提出する。それを無記名で並べたものを事前に参加者は見て、自分がいいと思った作品に投票する。投票はなしという歌会もあるし、一人一票だけでなく、何首かに投票できることもある。歌会当日、作者名は明かされないまま、参加者が歌について感想や意見を述べあう。高得点歌から取り上げられることが多いが、無投票の場合はプリント掲載順に進めていく。

自分の歌について、人が話すのを聞くのは、なかなかドキドキする。言いたいことをうまく汲み取ってもらえれば嬉しいし、そうでなければ意気消沈。時にはトンチンカンな鑑賞にムッとすることもあるが、それは自分の言葉が的確ではないことの裏返しかもしれない。同じ作品でも、読者によって受けとめかたが違ったり（むしろ100パーセント同じことのほうが少ない）、思いがけない深読みをされたりして驚くこともある。

いっぽう、自分が投票した歌について、他の人の鑑賞を聞くと、違う視点から推していたりもする。私の短歌の師である佐佐木幸綱は「歌会では、自分の投票した歌を、他の人がどう読んだかに一番注目せよ」と常々言っている。それが最も勉強になり、「読む力」をつけられるのだと。人の歌を読めるようになれば、自分の歌を客観的に読むことができる。その力が推敲のとき非常に役に立つ。

「言葉がどう伝わるか」を生々しく目撃することは、日常生活では経験できない。だからちょっと怖いかもしれないが、安心してほしい。というのは、短歌というのは、あくまで言葉による作品で、作品がけなされたからといって人格が否定されるわけではない。そしてもちろん、短歌の主語＝作者ではない。そこを区別するために、作品の主語（小説でいうところの主人公）を「作中主体」と呼ぶのが一般的になりつつある。

歌会に参加している人が、全読者を代表するわけではないし、投票結果などは当日のメンバーに左右されるものなので、一喜一憂する必要はない。けれど、何が確かに伝わったか、何が残念ながら伝わらなかったか、何を自分は読みとれて、何を読みきれなかったか、を確認できる。

カドケシのようなマンション並びおり雲をこすってみたき春空

宮崎に住んでいたころ、所属する「心の花」という結社の歌会に出した一首だ。高層マンションの出窓やバルコニーのデコボコの様子がカドケシに見えて、そのまま雲をこすって消したら楽しいだろうなあと、メルヘンチックな空想をした。カドケシの比喩から、雲を消しゴムでこするという流れが、なかなかダイナミックでいいのではと自信を持っていたのだが、結果は賛否両論といったところだった。

まず「カドケシ（という消しゴム）を知っているかいないか」で道がわかれる。使ったことのある人は、「ぴったりのユニークな比喩」と受けとめてくれたが、知らない人にはピンとこない。今はスマホで簡単に調べられるので、検索してくれた人も多かったが、出てくる画像がみな横向きだし、モノとしては小さいので「マンションの比喩としては今一つ」と言われてしまう。商品名というのは、知っている人にはピンポイントで刺さるが、裏目に出ることも多い。カドケシは、学生さんには伝わり、年配の人にはあまり知られていないようだった。つまり、そういうことを体感できるのが歌会なのである。

読者が参加して完成する

歌会とは少し違うが、選者を務める「ＮＨＫ短歌」のゲストと話すコーナーで、印象的なことがあった。

台紙ごと姉と一緒に嫁ぎゆきヤマザキじゃないパンを買う春　くらたか湖春

恒例のヤマザキ春のパンまつり。パンについてくるシールを台紙に貼って集めるのが姉妹の楽しみだったのだろう。けれど、お姉さんが結婚し、その台紙を持っていってしまった。ああ、もうヤマザキのパンだけを選ぶ必要もないなと思う。そんななにげない瞬間に、姉の不在を感じてしまう。姉と日常を共有しなくなった寂しさが、「パン」というまさに日常を象徴するもので的確に伝わってくる……そんなふうに私は鑑賞し、この歌については大体そういう読みが順当だろうと思っていた。ところが、ゲストの玉置玲央さんが「もしかして、前からヤマザキ以外のパンを買いたかったのかも」と発言されたのだ。

んん？　と思い、なるほどと思った。そうするとこの歌は、ただの寂しさだけではなく、姉からの解放というような読みができる。パンまつりに熱心な姉のため、ヤマザキを買わざるをえなかったが、実は他のパンにも興味があった。だからこそ、わざわざ「ヤマザキじゃないパン」と言っているようにも見える。

姉妹にとってのパンというものが、どういう存在だったかによって読みに幅が出てくる。この発見は、とても豊かだ。短歌は短い詩なので、背景のすべてを説明することはできない。そのぶん、読者が参加して完成するような面があるのだが、玉置さんの読みが加わったことで、一首はひとまわり大きくなった。作者も、嬉しかったのではないだろうか。

また、「あの本、読みました?」という鈴木保奈美さんがメインキャスターを務める番組で、短歌の特集が組まれたときのこと。出演者の一人、青松輝さんの一首が話題になった。

僕のさいしょの恋愛詩の対象が、いま、夜の東京にいると思う

この歌の解釈が、けっこう分かれた。大好きな歌だったこともあり、はじめに私が次のように熱く語った。初めての恋人のことを「僕のさいしょの恋愛詩の対象」と、わざとまどろっこしい言い方をしているところがいい。相手を直視できないような初々しさと、最大限のリスペクトが感じられる表現だ。これ、恋の歌として貰ったら最高に嬉しいなあと思う。「あなたは僕の初恋の人です」では普通だけれど、「初めて恋愛詩を書か

せてくれた人です」という言葉には圧倒的な特別感がある。僕を詩人にさせてくれた、というのだから。

次に、目の前に広がる夜景を、私は想像した。そうすると、もしかしたら相手とはまだ出会っていないという読みもできそうだ。キラキラ光るこの都会の夜のどこかに、まだ見ぬその人がいることを思うと、それだけで夜景はいっそう輝いて感じられる……というのも、まことにロマンチック。

同席していた歌人の岡本真帆さんは「出会ってないほう」という解釈だった。が、アナウンサーの角谷暁子さんは「元カノの歌だと思いました」と言う。つまり、かつて僕に恋愛詩を書かせた恋人がいて、もう会えなくなってしまったけれど、この大都会の同じ空の下に今もいるんだろうなあという感慨、という読みだ。なるほど、それもアリである。「さいしょのって、わざわざ言っているところを見ると、その後もいろいろ恋愛しているような感じがしますね」とも。

さらに鈴木保奈美さんは、同じく元カノ説だが、目の前に夜の東京があるのではなく「自分はもう故郷に帰って、あの大都会を思い出しているんじゃないか」という解釈だった。「そしてあの子は今、キラキラと新しい恋愛をしているのではないか」と。なるほど、なるほど。言われてみると、手の届かない感じが確かにあって、それは心の距離であると同時に、物理的な距離でもあるのかもしれない。そこで、東京と地方とに二人を置いて鑑賞してみると、独特の切なさが出てくる。

短歌の読みは一つではないし、すべてを説明するほどの文字数がないぶん、細部は読者の想像に委ねられる。さまざまな鑑賞を誘い、想像力を刺激してくれるのが、いい歌なのだ。ただ、どんな突飛な鑑賞も許されるというわけではなく、書かれた言葉から読み取れることが基本で、そこは、押さえておきたい。青松さんの歌で言うと、恋人（過去であれ現在であれ未来であれ）が存在することで、夜の東京が特別なものに感じられるということが芯として通っている。そこは外せない。

解釈がいろいろ出て、女性陣は大盛り上がり。どう読むかに、読み手の心が反映するなあということも感じられた。当の青松さんは「いかがですか？」と水を向けられると「これが楽しいっすね！」と、ただ顔をほころばせるだけ。無駄な自分語りをしないところ、カッコよかった。作者が何かを言うと、それが正解のように思われがちだが、決してそんなことはない。どんな経験から詠もうが、意図を込めようが、それが言葉から伝わらなければ、ただの場外の声でしかない。逆に青松さんは「サラダ記念日も……有名な話ですが、サラダじゃなかったわけですよね」と、暗に実体験ではないことを示唆していた。

ちなみに番組では、そのサラダ記念日の歌にまつわるエピソードを、角谷暁子アナが話してくれた。お付き合いしはじめた人の誕生日が七月六日だと聞いて「あ、サラダ記念日ですね」と言ったところ、「そうなんだよ！」と返ってきた。「心が通じ合ったというか、同じ短歌を楽しめる感性の人なんだ」と思い、彼の株が上がったのだとか。その後お二人は結婚されたそうで、作者冥利につきる話である。

歌うに値する体験

私が定期的に参加している歌会に、歌舞伎町のホストたちとの歌会がある。2018年から始めて、毎月開催しているので、かなりの回数を重ねてきた。「も」警察のところでも作品を紹介したが、ほとんどが初心者からのスタートだった。そのうちだんだん力をつけてきて、歌会に出された短歌をえりすぐって『ホスト万葉集』『ホスト万葉集巻の二』という二冊の歌集も収穫できた。

この歌会では、私は指南役というか、もっぱら指導する立場だけれど、みなとても熱心で、充実した時間を過ごしている。一番胸打たれたのは、有志が集まって「短歌雑誌の新人賞に応募したい」と言ってきたときだ。新人賞は短歌界の登竜門で、何かのコンクールに一首応募するというのとは訳が違う。数で言えば三十首から五十首が要求される。連作という形式のもので、非常にハードルが高い。内心、キツイんじゃないかと思っていたが、手ほどきを続けたところ、五、六人が最後まで残った。毎月の歌会では、女の子のことやお酒のこと、歌舞伎町やホストクラブそのものを題材とした歌が多いが、何十首もの歌を詠むにあたって、ひとりひとりがかなり重いテーマを選んできた。

震災で被災したことを初めて言葉にしたという子、幼いころに受けた性的虐待を細部にわたって再現して詠んできた子。犯罪すれすれの事件に巻き込まれた経験や、複雑な恋愛模様や同棲を詠んだ作品、父親の死と娘の誕生を重ねた作品もあった。その熱量は、こちらがたじろぐほどで、「え、これ最初に読むのが私でいいの？」というのが実感だった。

歌会で五七五七七のリズムを身につけた彼らが、何十首もの作品に取り組もうとして、それぞれが人生を振り返ったのだ。大げさに言えば、おのれの人生で歌うに値するものは何かを問うた。言葉にするということは、その体験をもう一度生き直すということである。客観的に見直すということである。そうするにはあまりに辛い話が多いとも感じたが、挑んだ彼らには心から拍手を送りたい。送った拍手は、私自身の短歌にもなった。

歌会に出す一首には収まらぬ心波うつ連作の海
十年を経てむき出しの震災の記憶をやっと毛布にくるむ
辛かった過去の記憶を薔薇として三十一文字の花瓶に活ける

歌の取捨選択や並べ方などを、グループLINEでアドバイスした。すると、他の子へのアドバイスを読みこんで、自分の作品にも生かすという熱心さを彼らは見せるのだった。ギリギリまで推敲して、みなヘトヘトになったが、なんとか期日に間に合わせて応募することができた。

しかし、現実は厳しく、結果は全員落選。私としては、予選通過くらいはするのではと、身びいきもあって期待したのだが。それでも、なんというか清々しい達成感があった。賞の候補になるとかならないとかよりも、もっと大事なことがある。彼らが、短歌を通して自分の人生を振り返り、言語化することで何かを乗り越えたという手ごたえ。

それは伴走した者として、確かに感じた。そしてそれこそが短歌を詠む意味だろう。その時間こそが尊いし、その時間を含めて短歌なのだ。

四十年も短歌を詠んでいると、つい完成度や結果に目がいきがちになってしまう。そんな自分を反省したし、何かを教えているつもりが、逆に教えられてしまったなと思う。

私もう通りすがりのおばちゃんでいられなくなる歌を受けとる
作品は副産物と思うまで詠むとは心掘り当てること

ちなみに、その後も彼らはめげずに挑戦し続けて、メンバーの一人SHUNが2022年度の角川短歌賞の予選を通過した。そしてついに2024年、『歌集　月は綺麗で死んでもいいわ』を出版。彼に続けと、多くのメンバーが今も歌会を続けている。

コラム

「夜の街」から生まれた『ホスト万葉集』

「ごめんね」と泣かせて俺は何様だ誰の一位に俺はなるんだ　手塚マキ

2018年から、一風変わった歌会に参加している。会場は、開店準備中のホストクラブ。そこに出勤前のホストたちが、思い思いの姿で現れる。歌人の参加者は、小佐野彈、野口あや子、私の三人。短歌の題を出したり、講評をしたりする。ホストの詠んだ歌を無記名で掲示し、気に入った歌に参加者が投票。集計後に感想を言い合うというスタイルだ。

ある日の歌会で、掲出の一首に出会い、心を鷲掴みにされた。「もし、この歌会から歌集が生まれる日が来たら、間違いなく代表作になると思う。私ならオビに使う」と興奮して述べたことを思い出す。

「ごめんね」と泣きながら謝っている客。立場としては、ホストがもてなす側だが、客はお金を使ってホストを応援するという関係でもある。たとえばお金が続かなくなれば、こういう場面が生まれる。そしてそう言わせているのも泣かせているのも、実は自分の手管なのだという自覚があるのだろう。

多くの客の愛と金を得た者が、ナンバーワンホストとなる世界。つまり、誰にとってもの一位を目指さねばならない。そこが恋愛と違うところだ。恋愛ならば誰か一人の一位になればいい。謝って泣く客を前にしたときの「誰の一位に俺はなるんだ」という自問の深さ。「何様だ」という後ろめたさ。この葛藤から目をそらさない誠実さ。矛盾するようだが、こういう痛みを感じられる人こそ、ナンバーワンになるのだとも思う。

作者の手塚マキさんは、歌舞伎町のナンバーワンホストを経て、今はホストクラブや飲食店、美容院などを経営する実業家だ。「ホスト歌会」の言い出しっぺでもある。若いホストの教育に力を入れている手塚さんは「お客様のちょっとした一言から気持ちを汲み取る力、そして短い言葉で的確に伝えられる力」を養うものとして、短歌がうってつけだと考えた。

君の来ない夜にトイレで聞いているあいつの席のシャンパンコール　手塚マキ

嘘《うそ》の夢嘘の関係嘘の酒こんな源氏名サヨナライツカ　同

シャンパンコールとは、シャンパンをボトルで注文した客を、店中のホストが囲んで盛り上げるもの。「あいつ」に差をつけられた悔しさと、君に来てもらえない不甲斐《ふがい》なさ。トイレという、ちょっと我にかえるような場所の設定が秀逸だ。ホストクラブの華やかさから、少し距離を置く精神性が、手塚マキのモチーフとなっているように見える。

夢を抱き、客との関係性をつくり、高価な酒を飲む。そのすべてに「嘘」をつけた時に、かえってリアルさの増すところがホストクラブなのだろう。店でだけ通用する源氏名も、そもそも嘘の名前である。結句のサヨナライツカは、辻仁成の小説のタイトルだ。読んだことのある人なら、登場人物の心情と重ね合わせることができる。読書家らしい手塚（書評集まで出している）の仕掛けである。

このほど（2020年7月）、約二年間の歌会の出詠歌からおよそ三百首を選んで『ホスト万葉集』が出版された。手塚マキはじめ七十五人の作品が収められている。

コロナ禍のなか、微妙なタイミングになってしまったけれど、むしろ今だからこそ読んでほしいとも思う。

「夜の街」に向けられる目は、厳しい。けれど、夜の街という名前の街はない。曖昧な言葉でひとくくりにするとき、抜け落ちてしまう何か。そこを掬《すく》うのが文学の役目でもあるだろう。

9　和歌ならではの凝縮力と喚起力

最重要のコミュニケーションツール

2024年のNHK大河ドラマ「光る君へ」は、紫式部が主人公だった。平安時代が舞台とあって、和歌がおおいに活躍する。スマホもSNSもない時代、特に恋愛の場面で、和歌は最重要のコミュニケーションツールだった。

脚本の大石静さんが、ここぞという場面で投入してくれるので、すでに知っている有名な和歌が、新たな命を与えられたように見える。たとえば、藤原兼家の臨終間近の場面。妾である寧子《やすこ》（右大将道綱母）に手を取られながら、息も絶え絶えの彼が一首の和歌を口にする。

嘆きつつひとり寝る夜の明くる間はいかに久しきものとかは知る

ご存じ『蜻蛉日記』の中で道綱母が詠んだものだ。久しぶりに訪れた兼家に対し、拗ねた彼女は戸を開けなかった。すると兼家は、しれっと別の女のところへ行ってしまう。その翌朝、色あせた菊の花とともに、この一首が彼のもとへ届けられた。

あなたの訪れがないことを嘆きながら一人で寝る……その夜が明けるまでの時間たるや、どれほど長く感じられるか、あなたにはわからないでしょうね！　それなのに、ちょっと私が意地悪したくらいで、待てずに行ってしまうなんて、もうこの花のように色香も失せた女ってことですかしらね。

全体にのんびりしたなだらかなリズムで始まり（これが長い一人寝の時間とダブる）、最後は「ものとかは知る」と畳みかけるように相手を非難している。なかなかにドスの効いた嘆きの歌である。

『蜻蛉日記』に恋愛のあれこれを書かれることを、兼家はけっこう喜んでいたらしい。それを踏まえての死の間際のシーンだろう。歌を口にしたあと「あれは、よかったのう」と兼家は続ける。そして最後の言葉は「輝かしき日々であった」。

リアルタイムで見ていた私は、ここで涙腺が崩壊した。兼家、かつてこの歌を受けとった時は「やれやれ、気の強い女だ（しかし、さすがに歌はうまい）」「どうやって、なだめるか……あまり下手に出るのも」などと思い、ため息の一つもついたことだろう。しかし、死を意識しつつ一生を振り返ってみれば、そんな恋愛のすったもんだが、むしろ眩しく見えるのだ。浮気したり嫉妬したりということもまた、生々しく生きているあかし。マイナスの感情も含めて、互いに思いをぶつけあっていたことそのものが人生の輝きだった。

ここで素晴らしいなと思うのは、和歌というものの凝縮力と喚起力だ。いまわの際に「あの日あんなことがあって、その頃はこんなふうな態度で云々」などと言わずとも「嘆きつつ……」というたった一首が、二人の恋愛の日々のすべてを心に呼び覚ます。時間を閉じ込め、そして時間を再現する。同じ一首が心にあることで、記憶や感情を共有することができるのだ。それは、読者である私たちの心にも起こる。平安時代の二人の恋を味わえるのは、それが和歌に閉じこめられているおかげ。和歌というタイムカプセルは、時を越えて生きる言葉を運んでくれる。

この場面について書評家のスケザネさんと語り合ったとき、彼がユニークな読みを示してくれた。

「この後、兼家は亡くなるわけですから、それを踏まえると全く違うというか新しい意味を帯びる気もします。彼女は正真正銘の一人になって寝るわけで、孤独や寂しさがより募るのではないでしょうか」

なるほど。永遠に来ないあなたを待って一人寝る夜が、これからは続くというわけだ。まことにまことに久しき時間である。そして、その時間の長さ辛さを伝えるべき人はもういない。不満というのは、ぶつける相手がいるという大きな幸せのうえにある小さな不幸だった。時を経た一首の和歌は、そんなことさえ感じさせてくれる。

一生をかけての答え合わせ

死の間際に、かつて贈られた和歌を口にした登場人物がもう一人いる。藤原兼家の長男、道隆だ。病床で妻の高階貴子と語らう場面。

忘れじの行く末まではかたければ今日を限りの命ともがな

後に百人一首にも採られた貴子の名歌で、臨終間近の道隆が苦しそうに口ずさむと、途中から彼女も唱和する。そして道隆は、遠い目をして「あの歌で、貴子と決めた」と言い残すのだった。またしても、涙腺崩壊。

和歌の意味は「この気持ちを忘れないとあなたはおっしゃるけれど、なにごとも永遠というのは難しい……ならばこの幸せな気持ちのままで今日限りの命となってしまえばいいのに」というもの。愛の誓いを嬉しく思いつつ、人の心は変わるということを、今が幸せだからこそ恐れている。そして今日死んでしまいたいという言い方で、今日の喜びを最大限に伝えている歌だ。

男に結婚を決断させるほどの名歌であるわけだが、この一首も臨終の場面を経て、また違う輝きを放ち始めたように思う。永遠なんてあてにならないと思っていたが、彼はついに死ぬまで愛してくれた。「忘れじの行く末まで」は本当だったのだ。今日を限りの命という日に、一生をかけての答え合わせを見せられたような気がする。

『枕草子』にみる美意識

「光る君へ」には、主人公のまひろ（紫式部）の他に、ききょう（清少納言）と、あかね（和泉式部）が登場して、三者三様の道のりと方法で言葉を紡ぐところも興味深かった。

ききょうが、のちに『枕草子』と呼ばれる随筆を書くきっかけは、お仕えしていた中宮定子を慰めるためだ。一条天皇に愛されながらも、父道隆の死、兄伊周の失脚などがあり、かつて栄華を極めた定子の家は政治的に没落する。華やかで楽しかった定子のサロンで見聞きしたさまざまなこと、感じたことを、ききょうは書き残す。それを読む楽しみが定子の命をつなぐことにもなった。

「たった一人の悲しき中宮のために枕草子は書き始められた」というナレーションが、まことに美しくせつなく胸に響く。『枕草子』は今でこそ誰もが知る古典だが、多くの人に届く言葉というのは、最初から「多くの人」を狙って書かれるものではない。たった一人のために心を尽くして書いたものが、結果として多くの人に届くということがある。それを教えてくれるナレーションでもあった。SNSで大量の「いいね」を付けられたり、拡散されたりすることを「バズる」と言うが、ハナからバズろうと意気込んでも、うまくいかないだろう。

話が現代に脱線するが「いいね」と言えば、「万智さんは、いいねの元祖ですね」と言われることがある。

「この味がいいね」と君が言ったから七月六日はサラダ記念日

1986年に雑誌に発表した短歌だ。もちろんSNSなどない時代だが、たしかに「いいね」と言っている。けれど……と思い、次のような投稿をXにした。

今は「いいね」の数を競うような風潮があるけれど、これはたった一つの「いいね」で幸せになれるという歌です。

これが、それこそバズった。私史上、もっとも多くの「いいね」がついた。SNSでは、フォロワーが多いとか、「いいね」がたくさん付くとか、とかく数が幅をきかせがちだ。目に見えるわかりやすいものさしではあるけれど、それだけでは測れないものもあるはず……そう感じている人が非常に多いのだなと思う。同じ「いいね」でも、大好きな人からの「いいね」は違う。それは自分にとって唯一無二の「いいね」なのである。

さて、ききょうが、書いたものをまひろに見せに来るシーンがある。その折の会話で「何を書くか」という議論が交わされた。ききょうは、あくまで美しく聡明でキラキラした定子と、華やかな後宮の様子を書き残そうとする。それに対し、まひろは定子の影の部分も知りたいと言う。「人には光もあれば影もあります。人とはそういう生き物なのです。そして複雑であればあるほど魅力があるのです」というのがまひろの持論だ。しかしその言葉を遮るように、ききょうはきっぱり言う。「皇后さまに影などはございません。あったとしても書く気はございません」と。

随筆というのは、基本あったことを書くもので、それゆえ何を書いて何を書かないかが、肝になる。何を書くかと同じくらい強い意志を持って、何を書かないか。その美意識に貫かれたのが『枕草子』の世界なのだ。

『源氏物語』という装置

いっぽうで、光だけではなく影に関心を抱き、描こうとしたのが『源氏物語』なのだと、この大河ドラマは語っている。人間の闇の部分を描くためにも、物語という装置は有効だっただろう。フィクションなら現実の人間を傷つけることはないし、フィクションというテイだからこそ、自身の経験を思いきりちりばめることもできる。ドラマには『源氏物語』と重なるような場面がちょいちょいあって、ああ、この経験から、まひろはあのエピソードを書いたのか、と視聴者はニヤニヤする。

誰のために書くかという点では、道長とまひろの、こんなやりとりがあった。はじめのうち、彼女の書いた物語は、どうやら帝《みかど》の心を捕らえることができなかった。それを道長が告げるのだが、まひろは落胆した様子を見せない。道長が訝《いぶか》しむと、さっぱりとした表情でこう答える。「帝にお読みいただくために書き始めたものにございますが、もはやそれはどうでもよくなりました」「書きたいものを書こうと、今は思っております。その心を掻き立てて下さった道長様に、心から感謝しております」と。

たった一人のためですらなく、自分自身のために書くという清々しい宣言だ。とはいえ、道長という最初の読者のために書いているようにも見えるのが、せつない。このドラマでは、二人は恋仲なのである。

ききょうとまひろの対比を見ていると、何を書くか書かないか、誰のために書くか書かないか、といった「書く」ことの大事な問題について考えさせられる。これは、作品といった大がかりなものだけでなく、私たちがふだん言葉を発するときにも心にとどめておきたいポイントだ。

人と話すとき、SNSに何かを書きこむとき。何を言うかと同じくらい、何を言わないかを考える。誰に向けての言葉なのかを意識する。発してしまう前に、一呼吸おいて確認したい。言葉が簡単に届けられる時代だから、なおさらである。

和泉式部、尋常でない言葉のセンス

さて、このドラマでは、随筆と物語で歴史に名を残した女性二人に加えて、さらに和歌で名を残した和泉式部が登場する。和泉式部は、史上もっとも和歌の神様に愛された歌人だと私は思う。

　黒髪の乱れも知らずうち伏せばまづ掻きやりし人ぞ恋しき
（『後拾遺和歌集』恋三・755）

黒髪が乱れることも構わず打ち伏せっていると、まずこの髪を愛撫してくれた人が恋しくてたまらない……。

和泉式部は夫とは別に二人の親王と大恋愛した。一人目の為尊《ためたか》親王との身分違いの恋はスキャンダルとなり、親からは勘当される。為尊親王が病死した後、その弟である敦道親王と恋愛関係になるのだが、これもまた波紋を呼び、敦道親王の正妻は家を出ていってしまう。が、彼もまた若くして病死してしまうのだった。駆け足でたどっても、恋に彩られた生涯だったことがわかる女性だ。で、その恋の歌が、半端なく素晴らしい。

黒髪の一首は、細かい解釈は微妙にわかれる。黒髪が乱れるというのは肉体関係の「事後」なので、この歌の場面をそう捉えると、愛しあった直後に、それでもなおこんなにすぐ、この髪を掻きやってくれたあなたが恋しい……という訴えになる。

あるいは、今は逢えなくて悲しみに打ちひしがれているための髪の乱れ、とみることもできる。嘆いて横になっていても、髪が乱れるにつけても、まず思い出されるのはこの髪を愛撫してくれた人……。今の寝姿と、その時の寝姿とが一首のなかで重ね合わされて艶めかしい映像が浮かんでくる。

いずれにせよ「まづ」が心の切迫感を伝えて効いている。ゆるやかに始まった歌の調べが、ここでキュッと絞られるような感じだ。

「黒髪の乱れも知らずうち伏せば……人ぞ恋しき」。「……」の部分には、まあ何が入っても無難な恋の歌には仕上がる構造なのだが、ここに入れますか！「まづ掻きやりし」を、と思う。凡人なら、たとえば人を形容する語を入れて丸く収めるところ。「つれなく見えし」とか「見目麗しき」とか（書いていて恥ずかしい）。ところが和泉式部は相手の動作を入れてくるのだ。初句に黒髪の乱れがあるので、問答無用にエロい場面の動作であることが伝わるのも巧い。さらに「まづ」ですよ、まず。たとえば、ここを「そを（髪を）」とか「そと（そっと）」とかにしてみたら台無しなのがわかるだろう（また書いていて恥ずかしい）。「まづ」は「掻きやりし」にかかる読み方と、「恋しき」にかかる読み方とがあって、前者なら初めての男を思っている歌ともとれる。私は後者のほうがしっくりくるかなと感じている（なんといっても恋しいのである）。いずれにせよ、啖呵をきるような「まづ」に、読者はビクッとさせられ、激しい恋の渦に巻き込まれてしまうのだ。

白露も夢もこの世もまぼろしもたとへていへば久しかりけり

（『後拾遺和歌集』恋四・８３１）

白露も夢もこの世もまぼろしも、（あなたとの短い恋に比べれば）たとえて言うと永遠っていうくらい長い時間であることよ……。

数々の名歌を残した和泉式部だが、この一首もすごい。詞書が付いていて「つゆばかりあひそめたる人のもとに」とある。ほんの短い逢瀬だけで終わってしまった男へ贈った歌である。

白露、夢、この世、まぼろし……儚《はかな》く短時間で消えるものとして、よくたとえに使われるものが並べられている。それを逆手にとって、これらのものをたとえに使うなら永遠っていう意味になるわ、と言う。つまりその恋は、白露などでさえ永遠に感じられるくらい短かったというわけだ。レトリックと言えばレトリックなのだが、非常に大胆不敵、失礼千万、ちゃぶ台返し……の歌だと思う。なぜなら、これまで白露や夢やこの世やまぼろしを、儚いもののたとえに使用してきた全歌人に、喧嘩を売っているようなものだから。「あなたたち、こんなものを儚いものの象徴のように言っておられるけど、私に言わせれば、すべてが永遠っていうくらい長いわね（フッ）」というわけだ。「久しかりけり」と、わざわざ詠嘆の「けり」まで添えて。もちろん、この歌が成立するのは、先人たちがさんざんこれらを儚いもののたとえとして用いてきたからで、その歴史の上にたって、言った者勝ちの、ただ一度だけ使えるレトリックである。

そしてなんといっても度肝を抜かれるのは「たとへていへば」だ。古典和歌では珍しい散文調で、口語の匂いもする。考えてみれば「白露も夢もこの世もまぼろしも……久しかりけり」で意味は充分伝わる。そこへ、あえて投入されたこのフレーズ。意味ではなく、強く生々しい口吻が感じられる。

たった二首でも、和泉式部の言葉のセンスが尋常ではないことがわかる。作ったというより宿ったというような切実感。本質を言い切る潔さ。表現は独自で、抽象度もかなり高い。だからこそ時代を越えて人の心に届く。

「宿ってしまった歌」とは

長く短歌に関わっていると、時々この和泉式部タイプの「宿ってしまった歌」に出会うことがある。短歌の神様が微笑んだとしかいいようのない歌は、どういう時に生まれるのか。

条件は二つあって、一つはやむにやまれぬ衝動があること。どうしてもこの思いを言葉にしたいという強い気持ちが根底に必要だ。そして二つ目は、空想や伝聞でなく、ゼロから全部手順を踏んで自分でたどりついた境地であること。つまり、人生の元手がかかっていることである。

一般的に言われるアドバイスやセオリーを全部無視しているのに、なぜかグッと心を掴んでくる歌。具体的でもないし、すぐれた描写があるわけでも、抜群の比喩があるわけでもない。なんなら無駄な繰り返しや稚拙な言い回しがある。それでも、そんな傷を乗り越えてしまう迫力。そういう歌は狙ってできるものではないので、普段は忘れていていい。ただ、作り続けていないと宿るものも宿らない。そして逆に言うと、生きている限り、誰にも宿る可能性はあるので、ご褒美として楽しみにしておこう。

ふだんは歌人といえども、先に紹介した『枕草子』や『源氏物語』のほうの作法で歌を詠んでいる。すなわち、現実世界から何を詠んで、何を詠まないかを選択し（枕草子方式）、自分の人生から種を拾いつつも虚構を交えて構成（源氏物語方式）したりする。そうこうしているうちに、ふいに和泉式部的な何かが降ってくるのを、あてにならない天気予報のように待っているのだ。

短歌は短いものなので、一瞬でできることもある。が、その一瞬にいたるまでの時間の長さや深さが、必ず反映する。氷山の一角というのは悪いことの描写に用いられるが、絵面としてはあの感じだ。世界に顔を出している短歌は小さいものだが、その水面下には人生の元手が隠れている。隠れているものが大きいほど、氷は輝く。
　では私の場合、四十年以上歌を作ってきて、神様が微笑んでくれたことがあったのか、なかったのか。読者が決めることではあるが、もし一首あげてもいいなら、これかなと思う。

最後とは知らぬ最後が過ぎてゆくその連続と思う子育て

　具体的な描写も比喩もない。「子育て」なんて大きな言葉を用いている。「その」の使い方も不器用だ。だいたい短歌というのは思ったことを詠むのだから「思う」も不要。いくらでも突っこめるのだけれど、この歌には、子育ての長い時間の中で「ああ、いつが最後だったんだろう。もう二度とないんだな」と繰り返し繰り返し感じてきたという元手がある。そしてある時ふっと宿るようにできてしまった。推敲しようにも、なんだか気持ちにぴったりすぎて、どの言葉も動かせない。たまには自分用に、こんな歌もいいか、と思った程度だった。が、ふたを開けてみると、子育て中の人をはじめ、介護に携わる人や大事な人との別れを経験した人などからも、大きな反響があった。結果として人生のすべての場面に、読者が当てはめて読んでくれている。
子育ての短歌は何百首と詠んできた。一般的な意味合いでの巧さが、よりまさるものはいくらでもある。けれど最も多くの人と心を共有できたという実感があるのは、この一首だ。

道長の「あの一首」

ところで「光る君へ」のメインキャストの一人が藤原道長であると知ったとき、かなりの視聴者が「あの歌が登場するに違いない」と思ったのではないだろうか。私も、もちろんその一人で、「あの歌」とは次の一首である。

この世をば我が世とぞ思ふ望月の欠けたることもなしと思へば　藤原道長

教育現場では、国語ではなく歴史の授業で取り上げられることが多い。道長が政治の頂点に立ち、この世界を手中に収めて得意満面……といったニュアンスで生徒たちは説明を聞く。摂関政治の完成を、象徴的に示すものとして、まことに便利でわかりやすい。

完璧な満月と自分の人生を重ね合わせるとは、かなり鼻持ちならない人物という印象も与える。

ある意味、全国民に刷り込まれたこのイメージを、一年がかりで覆したのが「光る君へ」だったのかもしれない。定番の解釈、一面的な鑑賞は、歌の多面性を削いでしまう。常に新しい目で読み直すことは、私たちが古典や現代短歌に接するときに、大事な態度である。

ドラマの中では、道長の長年の友人たちが、この歌について語り合っていた。藤原公任が「今宵はまことによい夜であるなーくらいの軽い気持ちではないのか？　道長は驕った歌を皆の前で披露するような人となりではない」と言ったとき、私も思いきり頷いた。子ども時代から見守ってきた身としては、ガハハハハと驕り高ぶる道長像は想像しづらい。そして「このよ」は「この世」であると同時に「この夜」でもあることに気づく。文字で示されたのではなく、口頭で伝えられた歌なのだから、「世」というのは一面的な解釈にすぎないではないか。続いて藤原行成が「月は后を表しますゆえ、三人の后は望月のように欠けていない、よい夜だということだと思いました」と感想を述べる。実際、三人の后が一堂に会していたし、道長が自分の杯をみなで回し飲みさせるシーンもあり、月には后と杯が掛けられていることにも気づく。自分ひとりの栄華ではなく、チーム道長とでも言おうか。この夜の月はみんなで分かち合う月だという道長の気持ちが伝わってくる場面だった。物語の力が、壮大な詞書として作用して、一首が新しい輝きを得た瞬間だったと思う。

とはいうものの、単独で鑑賞されるときの望月の歌の「俺様感」は、なかなかに強い。その理由について、ドラマを見ながら、私はこんなことを考えていた。

なるほど、宴の場で即興で詠まれ、口頭で伝えられたのか（そのことは史実として『小右記』にもある）。つまり紙に書いてみて、じっくり推敲したとかではない。

まずは「このよをばわがよとぞおもふ」と今夜の感慨を口にし、続いて「もちづきのかけたることもなし」と描写を加えた。なんというか、これだけで言いたいことは済んでしまったのではないだろうか。しかし、歌は五七五七七。あと五音ぶん残っている。意味的には付け加えることもないので、こういう時に無難な着地として便利なのは「と思ふ」である。ほぼ歌というものは、思ったことを詠んでいるのだから。しかし「と思ふ」では四音だ。そこで「と思へば」としたのではないだろうか。音数的には、ぴたっと着地した。しかし、最後に「自分がこう思ったんで」とダメ押しをしたことは、前面に自分を出す結果となった。下の句全体が客観的な事実というより、主観的な気分に近づく。しかも「と思へば（思うと）」という言いさしは、上の句に戻って理由付けのように再び「このよをばわがよとぞ」につながって、ますます「わが」を強調してしまう。音数合わせのちょっとした言葉遣いが、無駄に俺様感を強めてしまったように見える。

実は、こういった感想を、福井での「ＮＨＫ短歌拡大版スペシャル」公開収録の際に、道長を演じた柄本佑さんに話したところ、素晴らしい返しをいただいた。

「いま気づいたんですけど、思うって、これ二回入ってますね」

そうなのだ。上の句ですでに「とぞ思ふ」と言っているのに。思う思う、うるさいのである。もちろん、戦略的に言葉を繰り返すという技法はあるが、この歌の場合は特段の効果はない。むしろ思うを加えることで、「欠けたることもなし」のキリッとした輪郭がぼやけてしまっている。やはり結句は、半ば苦しまぎれだったのではないかと意を強くした。こういう見方も、物語の中で和歌が描かれたからこそ持てたことだろう。

公開収録では「光る君へ」というタイトルも話題になった。名詞でないタイトルは大河ドラマでは珍しい。作者がどういう意図で「光る君」ではなく「光る君へ」としたかはわからないが、完結した落ち着きよりも、流動的な動きが出ることは確かだ。司会のスケザネさんは「光る君が登場する『源氏物語』完成への物語」という意見だった。私は、この「へ」は、英語で言うなら to よりも become ではないかと思う。一年かけて、道長は光る君へなったのだろうし、ドラマ全体も、まひろの手によってこの世界が『源氏物語』へ変貌してゆく過程を描いた側面を感じた。「も」警察のところで書いたように、たった一文字でもニュアンスは大きく変わる。ちょうど収録の前に一文字で悩んでいたので、その話も付け加えた。「六歳男子に宛てたお手紙」という下の句を考えたのだが、もう少し動きがほしい。そこで「六歳男子に宛てるお手紙」と現在形にして臨場感を出してみた。さらに「六歳男子に宛ててお手紙」とすると、手紙を書く感じがいっそう強まる。この推敲も、落ち着きよりも動きをとった手直しだった。

コラム

短歌の現場、言葉探しの旅

2022年の秋から三か月余り、NHKの「プロフェッショナル」という番組の取材を受けた。仕事の現場に密着するというドキュメンタリーだ。短歌という地味なジャンルに興味を持ってもらえたのが嬉しかったし、六冊目の歌集の後、さてこれからどこへ向かおうかというタイミングでもあったので、自分を見つめ直すきっかけになればと思い、わりと軽い気持ちで引き受けた。

私のイメージでは、歌人としての仕事の場、たとえば短歌コンクールの表彰式とかサイン会とか作詞した校歌のお披露目式典とかラジオや雑誌で対談しているところとか、そういう場所にカメラが来る感じを想像していた。

ところが打ち合わせに現れたディレクターのH氏、予定をいくらあげても、反応が薄い。全然乗ってこない。なんなら、つまらなそうである。話していてようやく気づいたのだが、この人は「短歌が生まれる現場」を撮りたいと思っているのだ。

んなもん、でけるかーい！

「どういう時に短歌が生まれますか？」とは、よく受ける質問だ。あまりに聞かれるので、答えはテンプレで用意してある。「あらゆる場面で、心が揺れた時ですね。アッと思ったら立ち止まって、その揺れを観察する。そこから言葉探しの旅が始まります」的な。

でもH氏は、まったく納得してくれず、「あらゆる場面」というなら、その場面に立ち会いたいし、「言葉探しの旅」というなら、その旅に同行したいと言う。いやいやいや、私自身にも、いつ「それ」が訪れるか、わからないんよ。わかったら苦労せんのよ。どだい無理なことに、この人はトライしようとしている……と、やや暗澹たる気持ちになった。

買い物に行く途中、仙台の定禅寺通の銀杏が見事に色づいていた。私は九月から、高齢の両親の暮らしをサポートするため仙台に住んでいる。息子は大学生になって一人暮らしを始めた。

　人生の予習復習　親といて子といて順に色づく紅葉《もみじ》

　我が部屋に銀杏は降らず小さめのゴミ箱さがす東急ハンズ

実は、この二首を着想した現場にはH氏もいた。「うわあ、あの時カメラまわしとけばよかった！　なんか予感がしたんです」と頭を抱えている。つまり、ほぼこういうことの連続だった。が、その後、だんだん要領を摑まれたのか、驚くようなことが何度か起こった。彼が熱心に干し柿を撮っていたとき「干し柿の歌？　ないわ〜」と思っていたのだが、翌朝、思いがけないことに干し柿の歌が何首もできてしまったりした。

こうなると私も面白くなってきて、テンプレ回答を反省し、真剣に向き合うようになった。もちろん成功例だけでなく、笑ってしまうような失敗もある。その最たるものが「デートに参入」だろう。仕事の合間にボーイフレンドとお茶すると言ったら、目を輝かせてH氏がついてきた。結果、素敵な恋の歌でもスラスラ詠めれば、それこそプロフェッショナルなのだろうが。現実は、甘くなかった。

とはいえ、何か不思議なスイッチが入り、観察されながら私は百首余りの短歌を詠んだ。そのうち五十首は角川「短歌」二月号へ。編集部に相談した結果、載せてもらえたのだが、作品を持ちこむなんて生まれて初めてのことだった。

歌はいつできるのだろう気がつけば葉っぱ増やしている長命草

10　そこに「心」の種はあるか

1から100より0から1を

言語学者の川添愛さんと対談した折に、ＡＩのことが話題となった。私は歌集『アボカドの種』のあとがきで次のように書いている。

「言葉から言葉をつむぐだけなら、たとえばＡＩにだってできるだろう。心から言葉をつむぐとき、歌は命を持つのだと感じる」。歌集のタイトルは、次の一首からとった。

言葉から言葉つむがずテーブルにアボカドの種芽吹くのを待つ

今は短歌を詠むＡＩも開発されていて、上の句を入れると、数秒で数百首を出力したりする。それはそれで、なかなか面白いのだけれど、結局は言葉から言葉をつむぐ作業だ。生きた人間である私たちが目指すのは、心から言葉をつむぐこと。ＡＩが１から１

0を生むのを横目に、自分は0から1を生みたいと思う。

意外だったのは、川添さんが「AIの創作と人間の創作を切り分ける答えだと思う」として、『アボカドの種』から次の一首をあげてくれたことだ。


作品は副産物と思うまで詠むとは心掘り当てること

この歌が生まれた経緯については「歌うに値する体験」で触れた。ホストのみんなの情熱に気おされるようにして生まれた一首だった。

川添さん曰く「AIは作品をいっぱい作るけど、人間にとって作品はあくまで副産物であり、心を掘り当てることが創作の醍醐味なんだと教えていただいて、すごくしっくりきました」。AIという文脈の中で鑑賞してもらい、一首が別の方向から光をあてられ、今までにない表情を見せてくれたように感じた。川添さんは、こうも言う。

「AIが書く小説がはやったら、人間の作家は職がなくなってしまうんじゃないかとよく言われますが、それは生産に焦点が当たっているから。作品を生み出すモノとして捉えたら、作家もAIも同じですよね。私は作品を書く過程で自分の中を掘り下げて、嫌だったことや楽しかったことが作品の中に何となく出てくるところが面白いので、やはり書いている過程が楽しいんですよね。作品は大事だけどあくまで副産物で、文章を書いたりすることで自分をよく知ることが一番の宝物、主産物なんだと、非常に腑に落ちました。どことなく人間をマシンとして見ているから、『AＩに侵食される』みたいな論が出てくるのかなと思います」

そうなのだ。結果の優劣に意識がいきすぎると、見失うものがある。ご自身で小説も書かれる川添さんの言葉には説得力があった。もう一首、彼女があげてくれたのが歌集『プーさんの鼻』にある次の歌。

「かーかん」にいろんな意味のしっぽあり「かーかんやって」「かーかんちょうだい」

「これは、一見、子どもからお母さんへの呼びかけでも、意図としては要求だったり、お願いだったりする、という歌ですよね。最初からそんなふうに、言葉に表面的じゃないいろんな意図を込めているのが、人間の言葉の本質なのかなと思いますね。隠れた意図を指す『意味のしっぽ』という表現がすごく面白い」

まことに言語学者らしい視点からの鑑賞だ。言葉には「意味」と「意図」があるという。「かーかん」の意味は「お母さん」だが、時と場合によって「お母さん、これやって」「お母さん、これちょうだい」というような意図を持つ。表面的な意味だけでなく、背景にある意図を汲み取れるのが人間のコミュニケーションだ。もしＡＩに伝えようとするならば「やって」や「ちょうだい」の部分を入力しなくてはならないだろう。

万智さんＡＩ

さて、ここまでのところ、ＡＩと人間の違いを強調してきたが、決してＡＩを敵視しているわけでも、張り合おうと思っているわけでもない。本質的な違いを認識したうえで、面白い相棒として付き合っていけたら、というのが私のスタンスだ。短歌の創作ということについても、ＡＩを通して見えてくるものがある。

朝日新聞社メディア研究開発センターに浦川通さんという人がいて、短歌ＡＩを開発している。文化部の佐々波幸子記者を通して彼からお声がけいただき、２０２２年に私はそのＡＩに触れる機会を得た。また、それまでウィキペディアなどで学習してきた短歌ＡＩに、私の歌集を学習させて「万智さんＡＩ」が誕生した。

一つの実験として興味深かったのは、同じ上の句を入力しても、それまでの短歌ＡＩと万智さんＡＩとでは出力にかなり違いがあったことだ。そして万智さんＡＩのほうが、短歌としてまっとうというか味わいがあるように見えた。これを人間に置き換えると、いいものを読んだほうが、いいものを詠めるようになるということではないだろうか。やや手前みそで恐縮だが、ウィキペディアよりは私の歌集のほうが勉強になるということである（逆でなくて、よかった……）。

また、もし短歌ＡＩと付き合うなら「壁打ち相手」としてそばに置くのがいいなと感じた。上の句だけができて、下の句が決まらない時や、一か所だけ言葉が埋まらず空白になっていることは、よくある。そんな時に、ＡＩに頼めば瞬時に無数の候補を出してくれる。もちろんそのまま採用するというのではなく、そうかそういう言葉もアリかと、行き詰まった発想を刺激してもらえそうだ。

浦川さんの作ったＡＩは、発想の飛び具合を調節できるというスグレモノ。常識的な文言から、段階を経て想像を超える発想（言葉と言葉の意味合いの距離が遠いもの）まで、リクエストが可能だ。

初めてAIを使わせてもらった時に、上の句だけで、ずっと止まっていた歌があった。「一人称あまり使わぬ日本語に」というものだ。英語なら必ず「I」と言うところ、日本語はたいてい省略してしまう。ただ、それはよく知られたことなので、下の句で普通に受けてもつまらない。どう展開すればいいかが探せずにいた。

そこで、万智さんAIである。ズラッと出てきた下の句に、なかなかいいのがあった。ちなみに、よしあしの判断はAIにはできない。これにはホッとさせられる。あまたの候補から見どころのあるものを選ぶのは、人間の感性なのだ。

一人称あまり使わぬ日本語に君の心を隠しているか

これがピックアップしたAIによる下の句だ。どうです、悪くないでしょう？　一人称を用いないというのは、自分の心を隠したいという潜在意識があるのではという問いかけになっている。

短歌AIについては、浦川通著『AIは短歌をどう詠むか』に詳しいので、興味のある人は、ぜひ手に取ってほしい。万智さんAIと、その後さらに永田和宏さんの短歌を学習した永田さんＡＩも登場している。

ＡＩの優しさにグッときて

また２０２４年４月には、木下龍也さんの『あなたのための短歌集』を学習した木下さんＡＩを用いたイベントが行われた。仕掛け人は浦川さんと佐々波さんである。オンラインで私も視聴したのだが、ちょっとびっくりするほどＡＩのデキがよくなっていた。『あなたのための短歌集』は、短歌を注文する人の依頼文と、それに応えて木下さんが詠んだ短歌がセットになっている歌集だ。依頼文ごと学習しているからだろうか、イベントで紹介されたＡＩの短歌は、どれも結構なレベルだった。もちろん、無数の出力作品からセレクトした浦川さんの眼力によるところも大きいだろう。さらに、この時のＡＩは、これまでと違って対話型のチャットＧＰＴベースにしたそうで（ファインチューニング）、その影響も考えられる。『あなたのための短歌集』は、まさに依頼人と木下さんの対話のような本だから、相性が良かったのかもしれない。

たとえば最初に紹介された依頼は次のようなものだった。

「結婚しないこと、子供を産まないこと。多様な生き方が認められる時代といえど、私の年代では『しないこと』の理由は、やはり問われます。その重圧に自分も耐えられなくなるときがあります。自由な生き方に対して歌をお願いします。（千葉県・40代）」

これに応えて木下さんが詠んだ一首。

心配をありがとうでも帆をたたむ港がみんなとは違うだけ

なんだかんだプレッシャーをかけてくる人というのは、うっとうしいけれど心配してくれている人でもある。まずは「ありがとう」とその気持ちを受けとめつつ、自分のたどりついた場所を否定しない下の句が優しい。「みんな／とは違う」の句またがりが効いていて、「とは」にクッと力が入るのもいい。私は私にふさわしい港に帆をたたんだだけですよ、と穏やかに着地している。

対する木下さんAIは次のように詠んだ。

揺れるとは美しいことの証明で花びらでも花は群れないのです

依頼人の揺れ動く心を、まずは思いきり肯定してくれている。それは美しいことの証明なのだ、と。理由は書かれていないが、感覚的にはわかる。そしてたとえば、同様に美しく揺れる花びらは、たまたま同じ花を形成してはいるけれど群れているわけではない。そう、花びらだって、結局は1枚1枚なんだから、人もそれぞれでいいし、群れていなくても心配ないよ……。

なんと優しいＡＩ！　と思わず拍手しそうになった。だが、今綴った鑑賞は、私がこの歌に参加して完成させた部分だ。そもそものＡＩにこのような意図があったかどうかは確かめようがない。いや、たぶん意図などというものはなくて、あるのは出力された意味だけだ。それなのに、こんなにグッときてしまう自分が、ちょっと怖かった。

ちなみに、結婚や出産ということに関しては、私自身も少数派の道のりを歩いてきた（結婚はしない、子どもは産む）。で、こんな歌を詠んだことがある。

恋、結婚、子育て、運転、引っ越しの「する」は「しない」よりも偶然

「しない側」から見ると、している人たちには何かしらの必然性があって、そうしてい

るように見えがちだ。だが、いくつか「する側」になってみると、意外とそれは偶然で、むしろしないほうが強い意志があってのことなのだと感じる。だから依頼人の40代の女性には「あなたは意志の強い人なんじゃないかな。偶然に流されず、しっかり考えてきたから、今の人生があるんだと思う！」と言ってさしあげたい。

やるじゃないか、AI

また、こんな依頼文もあった。
「病気であまり家から出られません。早く元気になって自由になりたいです。こんな自分に短歌ください！（埼玉県・20代）」
応えた木下さんの一首は、こうだ。

それまではおやすみいつか砂浜でいっしょに疲れようね　靴より

家を出るときの相棒としての靴。その靴からの手紙というかメッセージというテイで詠まれている。疲れようねという語りかけが素晴らしい。ありがちなのは、遊ぼうねとか走ろうねとかいう動詞だろう。でも、遊んだり走ったりした後の時間をも共有する感じが「疲れようね」にはある。そして、一般的にはマイナスイメージの「疲れる」ということが、病気でずっと家にいる人にとっては、とんでもなく贅沢なことなのだと、読者は気づかされる。木下さんも「疲れるっていうのは、元気があるから疲れられる」と言っていた。

対するＡＩの短歌は、ややぎょっとさせられるものだった。

「自由」と呼ぶのはきみがきみのためにつくる小さなケージだけど

一読したとき、おいおい、なんてことを言ってくれるんや、喧嘩売っとんのかと思った。家を出て自由になりたいと言っている人に対して「きみの考えている自由は、外に出るってことなんだね。でも、それを自由だと思っているかぎり、それ以上の自由はないし、それって自分をケージに閉じ込めているようなもんだよね」と言っているのだ。

木下さんもやや顔を曇らせ、優しくはない……発見の歌ではあるけれど、これを自分が思いついても依頼者には送らないかなと言っていた。現実に家というケージから出られない人に対して、世界もケージだよとはあんまりな言いようではある。

だが、何度も読んでいるうちに、少し違う見方もできるのではと思い始めた。何かを「自由」と定義してしまうと、それが枠組みになって、それ以上やそれ以外の自由は見えなくなってしまう。依頼人が「外に出ることが自由」と定義したからこそ、「家の中にいることは不自由」なのだ。むしろ定義することが、自由の意味を狭めているのではないだろうか。外に出なくたって、見方によってはきみはなんらかの自由を手にしているかもしれないよ……そんな揺さぶりとも受け取れる。全体が字足らずなのも、不安定な気分をうまく象徴しているように感じられる。うん、これ、悪くないのでは？　と最終的に私は納得してしまった。やるじゃないか、ＡＩ。

深読みだ、と感じる人もいるだろう。けれど短歌という小さな種は、受け取った人の心の中で培養されて、思いがけない花を咲かせることがあるし、そこまでを含めて歌なのだ、とも思う。永田和宏さんは「ある短歌に自分が感動したとして、もしそれがＡＩによるものだったと知ったとき、どんな感情を抱くだろうか」という問題提起をされていた。自由のケージの歌については、私は始めからＡＩ作品と知っていたわけだが、それでも結構感動してしまった。そして、その感動は、作者がＡＩだからといって無くなるものではないと感じる。

作品の価値を決めるもの

作品から読み取れる作者像が、実際とは違った場合、どうなるか。実は似たような問題が、リアル短歌の世界でもあった。父親の死をテーマにした作品が、ある短歌誌の新人賞を受賞したのだが、現実には作者の父上は御健在だということが後に明らかになったのだ。そのとき、一部の選考委員は批判的な発言をした。短歌と虚構をめぐる議論は、おのおのの短歌観がからんでくるので一筋縄ではいかない。事実か事実でないかが作品の価値を決めるわけではないが、そこに「心」があるかどうかは大事なことではないかと思う。しかし、では、心を持たないＡＩの場合はどうなるのだろうか？　ＡＩの登場は、短歌と虚構の問題を解決するのか、あるいはより複雑にするのか。少なくとも、これまでにない視点をもたらしてくれることになりそうだ。

ところで、イベントでは聞き上手の佐々波記者が、木下さんの創作の現場に迫ってくれたことも興味深かった。イベントのために木下さんに寄せられた短歌の依頼文は１５１件にも上ったという。その中で最初の依頼文「結婚しないこと、子供を産まないこと。

（中略）自由な生き方に対して歌をお願いします。（千葉県・40代）」を彼がまず選んだのは何故かと聞いてくれた。

30代後半の木下さんは、自分自身も結婚していないし、子どももおらず、ラフに理由を聞かれることが多いとのこと。重圧とまでは感じないが、日々の膜のようにあるこのテーマなら、自分のこととして考えられそう、「しないことの理由」は依頼人だけでなく自分にも欲しいなと思った、という答えだった。

これを聞いたとき、木下さんもまた、自分の心のなかのフックを探すところから始めるんだ！　と軽い驚きがあった。「依頼文の束の中から目をつぶって一枚選びました」くらいのクールな答えを予想していた私。ものすごく器用で、表現力のある人なので、お題さえあればどんなシチュエーションにも対応して、スラスラ言葉をつむぐ……勝手ながらそんなイメージを持っていた。これは、よくよく考えたら、リスペクトしつつディスっているような感じというか、ある意味究極のＡＩだと言っているようなものである。でも、違ったのだ。

依頼文を読んで、相手の気持ちに寄り添って短歌を創作するとき、そこに自分の心の種は必要だと彼は言っている。恩返しをする鶴は、自分の羽を織りこむからこそ、輝く布を織ることができる。同じように木下さんも、自分の心の羽を織りこんで、歌をつむいでおられるのだろう。

コラム

非正規の翼

牛丼屋頑張っているきみがいてきみの頑張り時給以上だ　萩原慎一郎

優しい男だな、と思う。牛丼屋といえば、時間の余裕も、お金の余裕もあまりない時に行くところ。そこで、アルバイト店員の頑張りを、ちゃんと見て肯定している。

萩原慎一郎は、非正規雇用である自分についても多くの歌を詠んだ。それが社会への恨みつらみや他者への攻撃になるのではなく、弱者に寄り添うまなざしへと育ったところに、彼の人間性の深さを感じる。たとえば掲出歌の「きみ」が、「ぼく」だったら、単なる愚痴になってしまうだろう。

「夜明けとはぼくにとっては残酷だ　朝になったら下っ端だから」という一首がある。夜明けという言葉は、前向きな明るいイメージで使われるが、それを逆手にとったレトリックが光る。現実を直視して表現した下の句は切ないが、それだけではない。朝になるまでは、自分は誰の上でも下でもない、自由な何者かなのだ。そういう精神の自由を、彼は短歌によって得たのではないだろうか。「抑圧されたままでいるなよ　ぼくたちは三十一文字で鳥になるのだ」とも歌う。「ぼく」ではなく「ぼくたち」であるところが、萩原らしい。

弱者に寄り添うまなざしは、おそらく彼の辛い経験と無縁ではないだろう。名門の私立中高一貫校に合格し、意気揚々と入学したものの、そこでいじめを受けた。その後、精神の不調に悩まされながらも、時間をかけて大学を卒業、少しずつ働けるようになり、アルバイトや契約社員として頑張った。十七歳で短歌をはじめ、歌集をまとめるまでの十五年は「不本意の十五年間」と本人が書いている。ただし短歌に関しては、すさまじい数の投稿をし、朝日歌壇賞など多くの賞を受けた。

短歌という翼を得た彼にふさわしく、第一歌集のタイトルは『歌集 滑走路』。縁あって私は、帯を書かせてもらった。萩原が短歌をはじめたきっかけが、たまたま近所の書店で催された私と立松和平さんとの共著のサイン会だったという。ある短歌大会の授賞式後のパーティで、本人から直接その話を聞き、嬉しかった。ぜひ続けてくださいね、というような話をしたが、残念なことに、それが最初で最後の会話になってしまった。歌集の原稿を入稿したのち、彼は自らの命を絶ってしまう。享年三十二歳。

『歌集 滑走路』は2017年12月に出版されると、歌壇にとどまらず大きな話題となり、新聞やテレビなどでも取り上げられた。現在9刷で累計3万5000部にまで達している。多くの人が抱えている社会的な不安を、「自分ごと」として詠みつつ、すぐれたエールにもなっているところが共感を呼んだのだろう。

彼が人生を賭けて詠んだ一首一首が、歌集という滑走路を飛び立ち、多くの人の心に着陸している。その様子を、本人に見届けてほしかったし、まだまだ短歌を作ってほしかったという思いは強い。けれど私たちは、萩原慎一郎という歌人を失ったのではない。歌集出版を機に、萩原慎一郎という歌人を得たのである。残された歌を通して、何度でも彼に会いにいこう。

社会詠ばかりが注目されがちだが、みずみずしい相聞歌も、大きな魅力だ。「きみからのメールを待っているあいだ送信メール読み返したり」。言葉を大事に、慎重に扱う人ならではの一首。「遠くからみてもあなたとわかるのはあなたがあなたしかいないから」。シンプルで深い下の句に、胸を打たれる。

11　言葉は疑うに値する

「贅沢」を感じられる言葉遣い

２０２４年の秋、東京大学の駒場祭に呼ばれて、英文学者の阿部公彦教授と対談した。先生は日本の近現代詩にもユニークな視点をお持ちで、講演などで私の短歌に言及してくださっている人だ。

「俵さんの短歌は、全体に言葉のつかいかたが贅沢ですね」として、たとえば次の一首が示された。

生ビール買い求めいる君の手をふと見るそしてつくづくと見る

たった三十一音で表現しなくてはならないのに「見る」が二回も出てくる。こんな短いフレーズなのに「そして」とか言っている。そういったところが「贅沢」と思わせるのだろう。何文字でも使ってよいのなら、ともかく……ということになるのだが、実はそこがミソなのだ。限られた文字数だからこそ感じられる贅沢。小さい器ゆえ逆に際立つ余裕感。同じことを散文でしても、決して贅沢だとは思われない。

「つまり、お金のない人が気前よく使っている感じ？」と阿部先生。面白いたとえだ。さらにお金で言うと、同じ１０００円の予算ならスニーカーを買わずに靴下を買う感じだろうか。限られたお金を、よりリッチに使う。これは短歌では大きなテーマを詠めないという意味ではなく、大きなテーマを詠むときにも、靴下を買うようなアプローチで、ということだ。

短歌の初心者あるあるとして「情報を詰め込み過ぎる」というのがあげられる。限られた文字数で、なるべくたくさんのことを言わねばと、ついつい欲張ってしまうのだ。ただでさえ小さい器がギチギチになって、大変息苦しい。

そもそも、情報量で勝負ということなら、短歌などハナから負け戦である。盛りこめる器が小さいのだから。そこで量では勝ち目がないならと、思いきり濃くするという方法を初心の人は考えがちだ。密度をあげて、大きい器に対抗する。でもその結果、濃縮三倍の麺つゆみたいなことになって、そのまま味わうには、とても美味しいとは言えないものができあがる。

短歌を作るときに、言葉の濃度というのは非常に大事で、濃さがちょうどいいなと思えたときが完成の実感を持てる瞬間だ。器に対して、濃すぎても薄すぎても、よくない。適切な濃度の中でこそ、言葉は生きるのだ。これは短歌に限らず、どんな場面でも大切なことだろう。４００字詰め原稿用紙一枚で書けること、三分間のスピーチで言えること、半日のデートで伝えられること。それぞれの器に対する濃さの程よさが、もしかしたら具体的な文言以上に結果に影響する。

先ほどの生ビールの短歌に話を戻すと、この歌で「贅沢だなあ」と感じられる言葉遣いができたのは、対象を絞ったからだろう。一首が描きたいのは視線で、自分の視線（気になる相手の手を見てしまう）を通して好意を実感するというのがテーマだ。短歌では描写が大事だと言われるが、なんでも描写すればいいというものではない。やりがちなのは「青いチェックのシャツの君」とか「ごつごつした日に焼けた手」とか。確かに情報量は増えるが、視線を描くには必要ではない。見たものを描きたいのではなく、つい見てしまった視線を描きたいのだから。

現実の時間としては「ふと見る」と「つくづくと見る」は、ほぼ同時に起こっている。

もし散文なら「ふと見てからつくづくと見た」だと、くどい感じがする。むしろ「つくづくと見た」だけで済ませたほうがすっきりしていいかもしれない。ところがこの短歌では、その上さらに「そして」を挟んでいるのだから、確かに贅沢きわまりない。三十一音のうちの三音は、ほぼ一割に相当する。

意味や情報という点では「そして」は限りなくゼロに近い。が、ここに「そして」という一呼吸が入ると、時間が流れる。現実では一瞬のことを、歌の中ではかなり引きのばしているのだ。映像でいえばスローモーションのような感じ。それによって、描きたい視線がクローズアップされる。そこにこそ文字数をかけるのである。

「ふと見る」と「つくづくと見る」の、それぞれに流れる時間も異なる。意味の上で「ふと」より「つくづくと」のほうが長いことは明らかだが、それ以上に重要なのは「ふと」より「つくづくと」の音の数が多いこと。音として再生されるのに時間がより長くかかるということが、現実の視線と重なる仕組みになっている。

阿部先生の感じた贅沢さを、自分なりに分析するとこんな感じだが、視線を描くためのベストな濃度で着地したというのが実感だ。「ぜいたく短歌」としては、次の歌もあげられた。

なんでもない会話なんでもない笑顔なんでもないからふるさとが好き

この一首では「なんでもない」×3で、半分以上の音数を使ってしまっている。我ながら気前がいい。いくらなんでも、もうちょっと意味のある言葉を入れるべきだろうか。どんな会話なのか、どんな笑顔なのか。それらをひっくるめて「なんでもない」と言ってしまうのはアバウトすぎるだろうか。

実は、そう思ってもらえたら成功だ。「意味」といったこととは無関係のユルさ。会話にも笑顔にも、いちいち深い意味などない。意味という語を使うとしたら、どんな会話であるか、どんな笑顔であるかということよりも、それが会話であり笑顔であること自体に意味がある。それこそがふるさとのなんでもなさの良さなのだ。つまり、この歌の大半を使って、それを実演というか体現している。そういう点では、ちょうどいい濃度なのである。

谷川俊太郎さんのこと

ところで、対談の数日前に谷川俊太郎さんの訃報が伝えられ、冒頭はその話から始まった。『詩的思考のめざめ』という著書の中で、阿部先生は谷川さんについて「困った存在」として、次のように書いておられる。

「中でも大きな問題は、彼が詩を信じていないことです。もっと言えば、言葉を信じていない。こんな詩人いるでしょうか」

生前、何度か谷川さんとご一緒した私も、まったく同じ印象を抱いていた。まさに対談の前日に書いた追悼文のタイトルは「言葉を疑う人」である。本書でも触れてきたように、言葉は、この世界のモノや人の心を捕らえるのに完璧ではない。完璧ではないけれど、なんとか私たちは日々言葉を用いて生きている。誤差が小さくなるよう心がけたり、受け取る時にもズレがあることを意識したり、背景を想像したり。その際に大事なのは、言葉とはそもそもそういうものだということを、どこかで覚えておくことだろう。谷川さんは、そのことに非常に敏感で、とことん誠実な人だった。

＊

言葉を疑う人（初出「文學界」２０２５・１　追悼　谷川俊太郎）

初めてお目にかかったとき「あなたは現代詩の敵です」と言われた。容赦ないエールだと思う。定型を手ばなすところから出発しているのが現代詩なら、定型を信じるところから出発したのが現代短歌だから。五音七音を、呪縛とみなすか魔法と感じるか。封印するか活用するか。そのころ私は、最初の歌集が予想外に売れてちやほやされがちだったので、笑顔で怖いことを言う谷川俊太郎、かっこええ！　といっぺんで好きになってしまった。それによくよく考えたら「現代詩の敵」とは言っているけれど「私の敵」とは言っていない。

その後は、香月泰男の美術館にご一緒したり、全詩集のCD－ROMが出たときにインタビュアーにご指名いただいたり、絵本の朗読会をしたり。ともに過ごすことのできた時間を、いま宝物のように思い出している。

そして息子を育てる日々のなかで、谷川さんの言葉の力を、あらためて思い知った。幼児向けの詩を、いろいろ読んでやったが、とにかく谷川さんの作品への反応がいい。何度でもねだってくる。舐めても小さくならない、舐めるほど美味しくなる飴のような言葉たちだなと思った。ちなみに、息子が初めて読めるようになった漢字は「谷川俊太郎」だ。一文字ずつではなく、ひとかたまりとして「たにかわしゅんたろう」と覚えていた。『フレデリック』や『スイミー』など、絵本の表紙にある訳者の名前を指さして

「たにかわしゅんたろう！」と得意げに言っていたっけ。

小一の息子を連れて、谷川さんの子ども向けの催しに出かけたことがある。「谷川俊太郎さんだよ」と言うと「いもくって　ぶ！　のおじちゃんですか？」と、まあまあ失礼な第一声。でも、そんなことも気に入ってくださったみたいで、後に息子あてに絵本が届いた。

最後にきちんとお話ししたのは、2021年だ。コロナ禍で直接お目にかかることはかなわず、オンラインだったのが残念だが、いま思うとコロナ禍だったからこそ、ゆったり話せたのかもしれない。数回にわたって、三か月余りをかけての対談だった。

2020年に出された詩集『ベージュ』を読むと、この人は今でも「言葉で詩が書けるのか？」と問い続けていることがわかる。たとえば「裸の詩」は、言葉では詩は捕まえられない、ということを詩にしている。「何も」では、詩は言葉ではないと訴える。「顔は蓋」に出てくる若者は「仮に寂しさと呼ばれているものは、言語より出自がはるかに古いから、基本的に命名不可能なんだ」と言う。「階段未生」では、階段という語と階段がどれほどずれ違っているかを、記憶の底まで検証しにゆく。谷川さんに、そのことを聞くと「僕は詩を書き始めたときから詩を疑っていたし、言葉も疑っていたんです」とにっこり。

そもそも言葉と世界とは、一対一で対応していないし、絶望的にズレがある。そのことを呑気に忘れて、私たちは何かを書いたつもりになっている。いや、呑気に忘れないと怖くて言葉なんかつかえない。ともかくズレはズレとして、いかにズレを小さくするかがポイントだとしたら、谷川俊太郎ほど高い精度で言葉を扱える人は稀有だろう。一番無自覚でも許される人（現に言葉がつかえてしまっているという点で）が、誰よりも自覚的だということに胸を打たれた。逆に言えば、とことん疑っているからこそ生まれる精度なのだろう。

対談では、音楽のことを何度も話題にされた。言葉と違って意味を持たないところが、谷川さんにとって大きな魅力なのかなと思った。残念ながら私は、音楽に疎い。とんちんかんなところもあっただろうけど、谷川さんは楽しそうだった。思えば音楽に限らず、あまり共通点のない二人ではある。人見知りせず、何度でも引っ越しをして、住んだところにすぐ馴染んでしまう私に、「なんか、どこへ行っても大丈夫そうですね」と半ば呆れていた谷川さん。ご自身は同じ家に九十年近く住んでおられる。

そのあたりをまとめて、「あなたはアタッチメントの人で、ぼくはデタッチメント」

と言われた。「そのわりに三回も結婚してますね！　私なんかまだ一回もしてませんよ」

と突っ込むと、苦笑い。つまり、どこまでも似た者同士ではないから、話が弾んだのかもしれない。

　対談を書籍にまとめたとき、まえがきとして谷川さんが「俵の中身」という詩を書いてくださった。俵（私）の俵の中には、日本語という米が入っていて、あとは息子、それだけで十分だという。そして「対面していると俵万智は他の♀ホモサピエンスと大した違いはありません」とも。これがことのほか嬉しかった。あなたは普通に、あなたの大好きな日本語と息子を大事にしていけばよい、そう言ってもらえた気がする。

　あとがきを担当した私は、はじめの質問に立ち返ってこう書いた。「谷川俊太郎は『言葉は疑うに値する』ということを信じている」と。

生きる言葉をめぐる旅路が、ひとまず終わりに近づいてきた。振り返れば谷川俊太郎さんが言ってくれた「大好きな日本語と息子」の話だったようにも思う。そして「他の♀ホモサピエンスと大した違いはありません」と見抜かれたように、歌人なんて呼ばれながら私自身も日々、言葉に迷い、しくじりながら生きている。

近所に住む母と、あるとき口論になった。父の書斎を整理し、大事にしていた大量の囲碁の本を捨ててしまったと言う。父は入院中で、ほぼ寝たきり。余命も数か月ではないかと聞かされていた。

「もう本を読むなんて、絶対無理でしょ」というのが母の理屈だ。無理だろうなとは私も思ったが、父は病室でも囲碁の話をすると喜ぶし、万が一にも、手に取る日が来ないとは限らないではないか。捨てるというのは、可能性がゼロだと認めてしまうことになるわけで、そのネガティブな考え方が気にくわない。遺品整理じゃあるまいし、なんという不吉な行為だろう。

「ちょっと、ひどくない？」怒りが収まらず、息子に電話で愚痴ると、意外な見立てが返ってきた。

「ばあばは何かしら、じいじに関わることをしたり、考えたりしたかったんじゃないの。手を動かせば、気持ちも落ち着くし」

な、なるほど。そういうことなのだろうか。あらためて母に聞いてみると「確かにそうねえ。本を整理しているあいだは、昔のことを思い出したりして楽しかったわ」とのこと。息子、大正解である。それならそうと言ってくれれば、私だって責めなかったのに……と思いつつ、反省した。自分は、母の気持ちを汲みとって、その行為の本当の意味を言語化することができなかったのだ。怒ったりせず「百科事典みたいな箱入りのやつ、重かったでしょ。あれ、ほんとに読んでたのかな」とでも水を向ければ、父の思い出話に花が咲いたかもしれない。

「もう本を読むなんて、絶対無理でしょ」という言葉には、いろいろな心が貼りついている。額面通りに受けとって腹を立てるか、背景を感じとって労わるかで、人と人との関係は変化してゆく。そういうことの積み重ねが、日々の暮らしなのだ。なかなか、うまくいかないのが現実だけれど。落ちこむ私を、息子は慰めてくれた。

「オレは距離があるから、客観的に見られるだけ。エライのは、実際そばにいるオカンだよ」

なんちゅうできた息子！　寮で培われた優しさと洞察力！　親バカ炸裂で恥ずかしいが、この言葉には救われた。近くにいすぎると視野が狭くなる。疲れがたまると心も狭くなる。言葉は、受けとめる側のコンディションにも左右されるのだ。

息子の言葉は今でも支えになっているが、ちなみに、もしこれ、私が言ったとしたらどうなるだろう。

「オマエは距離があるから、客観的に見られるだけ。エライのは、実際そばにいる私だよ」

台無しである。同じことなのに。野田秀樹さんの芝居のセリフを思い出す。それは「あんたが使う言葉じゃないってえの」である。

テーブルに「明解言語学辞典」ありて息子の日常思う

今、息子は東京の大学で、言語学や国語学を中心に学んでいる。うらやましい。かつて父が幼い私に向かって「いいなあ。好きなだけ勉強ができて」と言った気持ちが、つくづくわかる。私自身も、大学では国語学で卒論を書くつもりだった。が、短歌の師である佐佐木幸綱先生に出会い、先生に卒論を見てもらいたくて、路線を変更した。そんな自分が、めぐりめぐって言葉についての新書を書かせてもらえたのだから、ほんとうに幸せだ。執筆を見守り、伴走してくれた石井昂さん、阿部正孝さんに、心からお礼申しあげたい。最近は、大学の講義の内容を、息子から聞くのが大きな楽しみになっている。チョムスキーが存命していることに驚きながら生成文法を学ぶ現役大学生、しつこいがうらやましい。

先日、「来週は連濁についてだって」と言うので、私は色めき立った。息子が幼いころ「べつばらって、なあに?」と聞いてきたことがある。ひととおり別腹の意味を説明したあと「ことばが二つくっつく時には、てんてんが付くんだよ。べんとう、と、はこ、がくっつくと、べんとうばこになるでしょ。そと、と、くつ、で、そとぐつだね。だから、べつ、と、はら、で、べつばら」と教えてやった。これが「連濁」という現象である。しかし数日後、「ねえ、なんで、くつしたには、てんてんが付かないの?」と質問されて、答えに窮した。言われてみれば「くつばこ」「くつべら」「くつぶくろ」などは連濁するのに、なぜ「くつじた」にならないのだろう。謎は解明されないまま、月日は流れた。そしてついに我が家の「靴下はなぜ、くつじたにならないのか問題」が解決するのか！ と期待したのだが、話はそれほど甘くなかった。

まず連濁の起源について三回講義があり、その後も延々と学び続けている。本書に登場した川原繁人教授も「連濁は学者が一生を捧げるくらいの大きなテーマ」と言っておられた。そんな複雑な現象ではあるけれど、私たち、間違えずに単語を連濁させたり、させなかったりして日本語を遣いこなしている。

遣いこなすといえば、「朝ごはんを食べましたか？」と聞かれた場合、日本語では午前と午後で答え方が変わるというのも、息子から聞いて「なるほど」と思った話だ。食べていない場合、午前に聞かれれば「食べていません」だが、午後なら「食べませんでした」になる。これ、日本語が母語でない人にとっては、「なに、その違い⁉」となるらしいが、私たちには自然なことだ。無意識に的確に言い分けている。つまり、言語学の知識がなくても、すでに立派な日本語の遣い手なのである。これって実はすごいことではないだろうか。

スポーツ、音楽、手芸etc……趣味というものはたくさんあるけれど、手ぶらでスタート地点に立てるものは、なかなかない。が、短歌の場合、道具とも言うべき日本語は、とっくに手にしていて扱える状態だ。だから私は誰彼となくおすすめしている。短歌を作ってみませんか？　と。楽器で言えば、すでに音は出る状態なのだから。そこから、さらによい音色を出すことができれば、日々はきっとより楽しいものになるはず。本書で見てきたように、言葉の力は生きる力に直結する。

決まりは、五七五七七だけ。型というのは、決して窮屈なものではない。むしろ型があって、支えてくれるからサマになる。正直、何文字でもいいよと言われたら、私などは途方にくれてしまう。そしてそのリズムは、日本語を輝かせてくれる魔法の杖である。

とはいえ、いざ作ってみようと思えば、それなりに時間や手間ひまはかかるだろう。来週までに一首、作ってきてくださいと宿題を出されたら、たぶんあなたのこの一週間の心の持ち方は変わるはず。ちょっとしたことに心を立ちどまらせ「これ、短歌になるかな？」と考える。慌ただしい日々の中で、それはとても贅沢な時間だし、丁寧に生きるということにもつながる。心が立ちどまったその時、もう歌ははじまっている。私自身、そういう時間を持てることこそが歌作りの醍醐味だと感じている。ホストのみんなとの歌会で、再確認したことでもあった。

五七五七七という小箱に、自分なりの言葉を詰めながら、眺めたり、位置を変えたりしてみる。別の言葉のほうがいいかなと入れ替えたりする。そんなふうに時間をかけて言葉をつむぐ場面が、昨今どんどん少なくなっているのではないだろうか。秒で言葉を届けられる時代だが、だからといって、秒で言葉をつむがなければならないわけではない。でも、そうしないと、できるのにしていないみたいな気持ちになってしまう。


友に送ったメールの返事を待つ二時間　五日は待てた手紙の頃は　村田知子

NHK短歌の入選作に、こんな一首があった。便利になったぶん、待つことが苦手になった私たち。お互いがせっかちに言葉を投げ合うまえに、ほんの少しでも立ちどまることを、大事にしたい。歌を詠むことは、そんな習慣をもたらしてくれるだろう。

雨の日も風の日も太陽が照りつける日も、人生が上り坂でも下り坂でも、私たちは言葉をつかって生きている。

傘だった言葉を閉じて歩くとき杖ともなりてゆく空の下

言葉は、世界をともに歩く頼もしい相棒だ。

【コラム】初出：流行語の難しさ／賢い人って、どういう人？（書き下ろし）心の中の音楽を／河野裕子の恋の歌／「夜の街」から生まれた『ホスト万葉集』／非正規の翼（西日本新聞連載「俵万智の一首一会」より）10才のひとり旅／川原繁人先生との出会い／詩が日常にある国／短歌の現場、言葉探しの旅（朝日新聞連載「想 日向夏のポストから」、収載順に2022・8・10、同11・9、2023・5・10、同2・8）

俵万智　1962年大阪府生まれ。歌人。早稲田大学第一文学部卒。88年に現代歌人協会賞、2021年に迢空賞を受賞。『サラダ記念日』『考える短歌』『愛する源氏物語』『未来のサイズ』など歌集・著書多数。

Ⓢ新潮新書

1083

生《い》きる言葉《ことば》

著　者　俵万智《たわらまち》

2025年４月20日　発行
2025年６月20日　５刷

発行者　佐　藤　隆　信

発行所　株式会社 新潮社

〒162-8711　東京都新宿区矢来町71番地
編集部(03)3266-5430　読者係(03)3266-5111
https://www.shinchosha.co.jp
装幀　新潮社装幀室

印刷所　錦明印刷株式会社

製本所　錦明印刷株式会社

ISBN978-4-10-611083-2　C0281

新潮新書

983
脳の闇
中野信子

承認欲求と無縁ではいられない現代。社会の構造的病理を誘うヒトの脳の厄介な闇を解き明かす。著者自身の半生を交えて、脳科学の知見を媒介にした衝撃の人間論！

1017
男と女
恋愛の落とし前
唯川恵

不倫はすることより、バレてからが本番——36歳から74歳まで12人の女性のリアルな証言を恋愛小説の名手が冷徹に一刀両断。珠玉の名言にあふれた「修羅場の恋愛学」。

1018
貧乏ピッツァ
ヤマザキマリ

極貧の時代を救ったピッツァ、トマト大好きイタリア人、世界一美味しい意外な日本の飲料、亡き母の思い出のアップルパイ……食の記憶と共に溢れ出す人生のシーンを描く極上エッセイ。

1021
歴史は予言する
片山杜秀

ローマ滅亡の裏に「少子化」、ウイグル美女が中華皇帝を倒す「幻の日本製オペラ」、ジャニーズ創業家と皇室の意外な関係——。教科書に載らない秘話から「この国の未来」が見える。

1037
苦しくて切ないすべての人たちへ
南直哉

生きているだけで、大仕事——。恐山の禅僧が説く、心の重荷を軽くする後ろ向き人生訓。死者を求めて霊場を訪れる人々、よい宗教とわるい宗教など、「生老病死」に本音で寄り添う。

Ⓢ新潮新書

1052
義父母の介護
村井理子

認知症の義母と90歳の義父のケアに奔走する日々。仕事も家事も抱えたままで、やがて体力と気力は限界に……。最初の一歩から悪徳業者との闘いまで、超リアルな介護奮闘記！

1050
歪んだ幸せを求める人たち
ケーキの切れない非行少年たち3
宮口幸治

「おばあちゃんを悲しませたくないので殺そうと思いました」。歪んだ幸せを求める人たちの戦慄のロジック、そしてその歪みから脱却する方法を詳述。大ベストセラーシリーズ第三弾。

1056
アマテラスの正体
関 裕二

歴代天皇は、祖神アマテラスを祀る伊勢神宮を、避けてきた。一体なぜなのか。これまで注目されなかった「ある神」に光を当てることで、古代史研究の鬼才が、最大の謎を解き明かす。

1066
人生の壁
養老孟司

「嫌なことをやってわかることがある」「生きる意味を過剰に考えすぎてはいけない」――幼年期から今日までを振り返りつつ、誰にとっても厄介な「人生の壁」を超える知恵を語る。

1075
スターの臨終
小泉信一

渥美清、夏目雅子、田中好子、川島なお美ら、時代を彩った29人のスター。彼らの〝死に際〟の物語を全国紙唯一の「大衆文化担当」記者で、がんと闘う著者が綴った。

Ⓢ新潮新書

1074
ギャンブル脳
帚木蓬生

借金まみれでもやめられない――〝沼落ち〟気質なのか脳の異常なのか。家族を苦しめ犯罪まで引き起こすギャンブル症のすべてを臨床歴三五年以上の精神科医が徹底解説。

1073
私の同行二人
人生の四国遍路
黛まどか

出会い、別れ、俳句、死生……自身の半生を振り返りながら、数知れない巡礼者の悲しみとともに巡る、一〇八札所・1600キロの秋遍路。結願までの同行二人。

1072
手段からの解放
シリーズ哲学講話
國分功一郎

楽しむとはどういうことか？　カントの哲学をヒントに、人間の行為を目的と手段に従属させる現代社会の病理に迫る。ベストセラー『暇と退屈の倫理学』に連なる、國分哲学の真骨頂！

1082
伊藤忠　商人の心得
野地秩嘉

「商人は水」「三方よし」「人格者を重用するな」――。創業者・伊藤忠兵衛から当代の岡藤正広CEOまで、最強企業に脈々と受け継がれるユニークな「商人道」を徹底解剖する。

1081
グルメ外道
マキタスポーツ

世間の流行や評価に背を向け、己の〝食道〟を追求する――これ即ち「グルメ外道」なり。「10分どん兵衛」「窒食」など独自すぎる食技法を比類なき言語化能力で綴る、異端のグルメ論！